Iwan Bunin
Grammatik der Liebe

SERIE PIPER
Band 432

Zu diesem Buch

Iwan Bunin, literarischer Nachfahre Turgenjews und Tschechows, bewundert von Zeitgenossen wie Maxim Gorki, Thomas Mann und André Gide – letzterer bezeichnete ihn als den »wohl größten russischen Schriftsteller dieses Jahrhunderts« –, ist ein Autor von Weltrang, den es hierzulande immer noch zu entdecken gilt.

Der vorliegende Band vereint zehn Erzählungen, die alle um die zwei, drei zentralen Themen kreisen, die sich in immer wieder neuer Ausprägung durch Bunins Werk ziehen: Liebe, Tod, Einsamkeit, Verfall. Es ist das alte Rußland, das Bunin beschwört und dessen Zusammenbruch er vorausahnt – »ein Pope, der voller Trauer seiner eigenen Klasse die Totenmesse liest«, wie Gorki ihn charakterisiert.

Hauptstück des Bandes ist die Erzählung »Suchodol«: ein ganzes Dorf geht seinem Untergang entgegen, weil jeder allein vor sich hin lebt und weder fähig noch willens ist, dem anderen zuzuhören oder sich seiner anzunehmen. Daneben stehen die Geschichte des in seine verstorbene Magd verliebten Gutsherrn, der nach dem merkwürdigen Lehrbuch »Grammatik der Liebe« lebt, die Geschichte des Rikschakulis (»Brüder«), der sich von einer Kobra töten läßt, als er am Fenster eines englischen Hotels seine entschwundene Geliebte erblickt, und natürlich jene Erzählung, die Bunin 1915 mit einem Schlag weltberühmt machte: »Der Herr aus San Francisco« – die Geschichte vom einsamen Sterben eines Reichen, die in ihrem Rang nur Meisterwerken wie Tolstois »Polikuschka« und »Der Tod des Iwan Iljitsch« vergleichbar ist.

Iwan Alexejewitsch Bunin, geboren 1870 in Woronesch, gestorben 1953 in Paris. Stammte aus einer verarmten Adelsfamilie. Arbeitet zunächst als Journalist und Bibliothekar; Freundschaft mit Tschechow und Gorki; bereist vor dem Ersten Weltkrieg Ägypten, Israel, Nordafrika, Indien und Ceylon. 1897–1917 erscheinen mehrere Bände Erzählungen und Gedichte, 1910 sein erster Roman »Das Dorf«. 1909 Ehrenmitglied der russischen Akademie. Nach der Oktoberrevolution Emigration nach Frankreich. 1933 Nobelpreis für Literatur. 1956 wird Bunin in der Sowjetunion rehabilitiert; 1965–1967 erscheint eine neunbändige Ausgabe seiner Werke mit einer Einleitung von Alexander Twardowskij.

Iwan Bunin

Grammatik der Liebe

Erzählungen

Auswahl und Nachwort
Horst Bienek

Piper

München Zürich

Der Abdruck sämtlicher Erzählungen in der Übersetzung von Georg Schwarz erfolgt mit Genehmigung des Aufbau-Verlags, Berlin und Weimar, mit Ausnahme der Erzählung *Der Schrei* in der Übersetzung von Ilona Koenig, die mit Genehmigung des J. F. Steinkopf Verlags, Stuttgart, abgedruckt wird.

ISBN 3-492-00732-5
Neuausgabe 1986
3. Auflage, 8.–13. Tausend August 1986
(1. Auflage, 1.–6. Tausend dieser Ausgabe)

Umschlag: Federico Luci,
unter Verwendung des Gemäldes »Porträt
Nekrassows« von Kramskoi Iwan Nikolajewitsch
Satz: Graph. Werkstätten Kösel, Kempten
Druck und Bindung: Clausen & Bosse, Leck
Printed in Germany

Inhalt

Antonäpfel

I

Ich erinnere mich eines heiteren Frühherbsts. Im August hatte es warme Regenhuschen gegeben, die eigens der Saaten wegen zu fallen schienen – genau zur richtigen Zeit, in der Mitte des Monats, um St. Laurentius. Und »Herbst und Winter werden gut, wenn es zu Laurentius regnet und die Wasser still sind«. Im Altweibersommer sanken dann viele Spinnweben auf die Felder. Auch das ist ein gutes Zeichen: »Viel fliegende Spinnenfäden im Altweibersommer bedeuten einen gesegneten Herbst.« Ich erinnere mich eines frischen, stillen frühen Morgens. Ich erinnere mich des großen, ganz goldenen, ein wenig ausgetrockneten und gelichteten Gartens, erinnere mich der Ahornalleen, des feinen Dufts des abgefallenen Laubes und des Geruchs der Antonäpfel, des Geruchs von Honig und herbstlicher Frische. Die Luft ist so rein, als sei sie gar nicht vorhanden; der ganze Garten hallt wider von Stimmen und dem Knarren von Bauernwagen. Die Erntepächter, Gärtner aus dem Kleinbürgerstand, haben Bauern gedungen und lassen Äpfel zusammenschütten, um sie nachts in die Stadt zu schicken – unbedingt nachts, wenn es so angenehm ist, auf der Fuhre zu liegen, zum Sternenhimmel zu blicken, in der frischen Luft den Geruch des Teers zu spüren und zu lauschen, wie der lange Wagenzug in der Dunkelheit vorsichtig auf der Landstraße dahinknarrt. Ein Bauer, der Äpfel einschüttet, wird immer davon essen, einen nach dem anderen und unter saftigem Krachen, aber so ist es nun einmal Brauch; nie wird der Pächter es ihm verwehren, sondern er sagt womöglich noch: »Immer los, iß dich satt, nichts zu machen! Wo Honig geschmolzen wird, trinken alle mit!«

Die kühle Stille des Morgens wird nur unterbrochen durch das satte Glucksen der Drosseln in den korallenroten Ebereschen tief hinten im Garten, durch menschliche Stimmen und durch das dumpfe Prasseln der Äpfel in den Maßen und Fässern. Im gelichteten Garten sieht man weithin einen mit Stroh geschütteten Weg zu einer großen Laube, auch diese Laube selbst, um die herum bei den Kleinbürgersleuten im Laufe des Sommers schon eine ganze Wirtschaft entstanden ist. Überall riecht es stark nach Äpfeln, hier besonders. In der Laube sind Betten aufgebaut, da stehen eine einläufige Büchse und ein grün angelaufener Samowar und in der Ecke Geschirr. Neben der Laube liegen Bastmatten, Kisten und allerlei abgenutzte Habseligkeiten umher, auch eine Feuerstelle ist in der Erde ausgegraben. Mittags kocht man hier einen vorzüglichen Grützbrei mit Speck, abends wird der Samowar warmgestellt, und durch den Garten zieht sich dann zwischen den Bäumen ein langer, bläulicher Rauchstreifen hin. An Feiertagen ist bei der Laube richtiger Jahrmarkt, und alle Augenblicke flirrt hinter den Bäumen ein rotes Kopftuch. In Sarafanen, die stark nach Farbe riechen, drängen die munteren Mädchen der Einzelhöfer herbei, es kommen die »Herrschaftlichen« in ihren hübschen und groben Trachten, die aussehen wie die von Wilden, die junge Aufsehersfrau stellt sich ein, schwanger, mit breitem, schläfrigem Gesicht, gewichtig wie eine Kuh aus Cholmogory. Sie hat auch »Hörner«: die Zöpfe sind zu beiden Seiten des Scheitels aufgesteckt und mit mehreren Tüchern bedeckt, so daß der Kopf riesenhaft wirkt, die Füße in ihren eisenbeschlagenen Stiefeletten ruhen stur und fest; die ärmellose Jacke besteht aus Halbsamt, die Schürze ist lang, der Umschlagerock schwarzviolett mit Streifen in Ziegelrot, am Saum mit einem breiten, goldenen »Prosument« benäht.

»Ein haushälterisches Frauenzimmer«, sagt der Kleinbürger von ihr und wiegt den Kopf. »Solche gibt's heute nicht mehr viele.«

Immerfort kommen Jungen in weißen Hanfhemden und kurzen Hosen, die weißblonden Köpfe unbedeckt. Sie trippeln zu zweit oder zu dritt auf ihren bloßen Füßchen daher und schielen zum zottigen Schäferhund hinüber, der an einem Apfelbaume festgebunden ist. Als Käufer tritt selbstverständlich immer nur einer auf; denn mehr als eine Kopeke oder ein Ei macht der

Einkauf nicht aus, aber der Käufer sind immerhin viele, der Handel geht flott, und der schwindsüchtige Kleinbürger in seinem langen Rock und seinen braunroten Stiefeln ist guter Dinge. Er betreibt seinen Handel zusammen mit einem Bruder, einem fixen, schnarrenden Halbidioten, den er »aus Gnade und Barmherzigkeit« bei sich aufgenommen hat; er betreibt ihn unter Scherzen und spaßigen Redensarten und »legt« gelegentlich sogar auf seiner Tulaer Harmonika »einen hin«. Und bis in den Abend hinein drängt sich im Garten das Volk, hört man neben der Laube Gelächter und Geschwätz und manchmal auch einen stampfenden Tanz.

Zur Nacht wird es bei heiterem Wetter sehr kalt, sehr feucht vom Tau. Hat man sich auf der Tenne satt geatmet am Roggenduft des neuen Strohs und der frischen Spreu, dann strebt man munter nach Hause zum Abendessen, am Zaun des Gartens vorbei. Die Stimmen im Dorf oder das Knarren eines Tores sind in der kalten Abenddämmerung ungewöhnlich deutlich zu hören. Es dunkelt. Und da ein weiterer Geruch: im Garten brennt ein offenes Feuer, und kräftig duftender Rauch von Kirschbaumästen zieht sich in ihm dahin. Im Dunkel, in der Tiefe des Gartens – ein märchenhaftes Bild: als sei es in einer Ecke der Hölle, lodert neben der Laube ein rotes Feuer, umgeben von Finsternis, und schwarze, wie aus Ebenholz geschnittene Silhouetten bewegen sich um die Flamme herum, während ihre riesigen Schatten über die Apfelbäume hingehen. Ein schwarzer, mehrere Arschin langer Arm legt sich über einen ganzen Baum, oder es zeichnen sich deutlich zwei Beine ab, zwei schwarze Pfosten. Und plötzlich gleitet das alles vom Apfelbaum ab, und der Schatten fällt über die ganze Allee, von der Laube bis unmittelbar zur Pforte.

Spätnachts, wenn im Dorf die Lichter erloschen sind und das brillantene Siebengestirn der Plejaden schon hoch am Himmel glänzt, läuft man noch einmal in den Garten. Man raschelt wie ein Blinder durch trockenes Laub und gelangt vor die Laube. Dort auf der Lichtung ist es ein wenig heller, über dem Kopf zeichnet sich weißlich die Milchstraße ab.

»Sie, junger Herr?« ruft mich eine Stimme aus der Dunkelheit an.

»Ja. Und Sie schlafen noch nicht, Nikolai?«

»Das dürfen wir nicht. Es muß wohl schon spät sein? Da scheint ja auch der Personenzug zu kommen.«

Wir horchen lange hinaus und fühlen die Erde beben. Das Beben geht in ein Lärmen über, wächst an, und schließlich hört man, als sei es gleich hinter dem Garten, die Räder immer rascher ihren Takt hämmern: dröhnend und polternd rast der Zug heran, näher und näher, immer lauter und böser. Und plötzlich wird alles leiser, gedämpfter, als ob das Ganze unter die Erde versinkt.

»Und wo haben Sie das Gewehr, Nikolai?«

»Dort neben der Kiste, Herr.«

Ich reiße die einläufige Büchse hoch, die schwer wie ein Brecheisen ist, und feuere sie aus dem Schwung heraus ab. Unter ohrenbetäubendem Krachen blitzt eine rote Flamme zum Himmel hin, blendet für einen Augenblick und löscht die Sterne aus, während ringsum ein lautes Echo dröhnt, am Himmelsrande weiterrollt und weit, weit weg in der reinen und hellhörigen Luft erstirbt.

»Oh, ein schöner Knall!« sagt der Kleinbürger. »Machen Sie ihnen nur Angst, junger Herr, es ist schon eine Plage mit ihnen! Da haben sie mir doch auf dem Wall schon wieder die ganzen Birnen heruntergeschüttelt.«

Den schwarzen Himmel aber zerstricheln Sternschnuppen mit ihren feurigen Bahnen. Ich blicke lange in die dunkelblaue, mit Gestirnen überfüllte Tiefe, so lange, bis sich unter meinen Füßen die Erde zu drehen beginnt. Dann raffe ich mich auf und laufe, die Hände in den Ärmeln versteckt, durch die Allee zum Hause.

Wie kalt, wie tauig, wie schön zu leben es auf der Erde ist!

2

»Saftige Antonäpfel bedeuten ein fröhliches Jahr.« Die Dinge im Dorf stehen gut, wenn der Antonapfel geraten ist: dann geriet auch das Korn. Ich erinnere mich an ein fruchtbares Jahr.

Am frühen Morgen, wenn noch die Hähne krähen und aus

den Bauernhütten Rauch quillt, reißt man wohl rasch das Fenster zum kühlen, von zartviolettem Nebel erfüllten Garten auf; da und dort blitzt durch den Nebel die helle Morgensonne, und man hält es nicht länger aus – man befiehlt, rasch das Pferd zu satteln, während man selber zum Teich hinunterläuft, um sich zu waschen. Das kleinblättrige Laub der Uferweiden ist fast ganz abgefallen, und der türkisfarbene Himmel schimmert zwischen den Ästen hindurch. Das Wasser unter den Weiden ist durchsichtig, eisig, gleichsam schwerer geworden. Es treibt einem im Nu die nächtliche Trägheit aus, und man fühlt, nachdem man sich gewaschen und in der Gesindestube mit den Knechten heiße Kartoffeln mit Schwarzbrot und grobem, feuchtem Salz als Frühstück gegessen hat, mit Vergnügen das glatte Leder des Sattels unter sich, während man durch Wysselki zur Jagd hinausreitet. Der Herbst ist die Zeit vieler kirchlicher Feiertage, und das Volk ist zufrieden und geputzt; das Dorf hat ein anderes Aussehen als sonst. Ist das Jahr aber fruchtbar gewesen und wächst auf den Tennen etwas wie eine goldene Stadt ganz für sich in die Höhe, während morgens am Fluß laut und schrill die Gänse schnattern, dann ist es auf dem Dorf gleichfalls gar nicht so übel. Dazu galt unser Wysselki seit alters, schon seit des Großvaters Zeiten her als »reich«.

Die alten Männer und Frauen lebten in Wysselki sehr lange – das sicherste Merkmal eines wohlhabenden Dorfs – und waren alle hochgewachsen, groß und schneeweiß. Man hörte eigentlich nur noch sagen: »Ja, Agafja hat ihre dreiundachtzig Jährchen hinter sich!« Oder man hörte Gespräche wie dieses: »Wann gedenkst du denn endlich zu sterben, Pankrat? Du bist doch sicher schon deine hundert Jahre?« – »Wie beliebt, Väterchen?« – »Ich frage dich, wie alt du bist!« – »Das weiß ich nicht, Väterchen.« – »Erinnerst du dich denn noch an Platon Apollonytsch?« »Gewiß doch, Väterchen, ganz deutlich sogar.« – »Na siehst du! Dann bist du also bestimmt nicht weniger als hundert Jahre!«

Der Alte, der dem Herrn in straffer Haltung gegenübersteht, lächelt schuldbewußt und bescheiden. Was soll man machen, scheint er sagen zu wollen, ich seh es ja ein, ich halt mich ein bißchen lange auf. Und vermutlich hätte er sich auch noch länger aufgehalten, wenn er sich in den Petrifasten nicht an Zwiebeln übergessen hätte.

Ich erinnere mich auch an Pankrats Alte. Sie pflegte auf einem Bänkchen vor ihrem Hause zu sitzen, hielt sich gebeugt, wackelte mit dem Kopf, bekam schwer Luft und klammerte sich mit den Händen an das Bänkchen; immer grübelte sie über etwas nach. »Über ihre Schätze sicher«, sagten die Weiber, und Schätze hatte sie in ihrer Truhe genug, das stimmte. Sie schien das aber gar nicht zu hören; sie blickte unter den traurig gehobenen Brauen schwachsichtig in die Ferne, wackelte mit dem Kopf und versuchte, sich gleichsam auf etwas zu besinnen. Sie war großgewachsen, die Alte, und von irgendwie dunkler Haut. Der Rock stammte womöglich aus dem vorigen Jahrhundert, die Hanfpantoffeln waren wie Totenschuhe, der Hals gelb und vertrocknet, das Hemd mit den dicken Leinenzwickeln immer sehr weiß – »alles wie für den Sarg«. Neben dem Hauseingang aber lag seit langem ein großer Stein: den hatte sie für ihr Grab gekauft, ebenso wie ein Totenhemd, ein vorzügliches Totenhemd mit Engeln, mit Kreuzen und einem Gebet, das an den Rändern aufgedruckt war.

Zu diesen Alten paßten in Wysselki auch die Höfe: sie waren aus Ziegelstein, schon von den Großvätern erbaut. Und bei den reichen Bauern – so bei Sawelij, bei Ignat und bei Dron – bestanden die Häuser sogar aus zwei oder drei Stuben, weil in Wysselki das Aufteilen noch nicht üblich war. In solchen Familien züchtete man Bienen, war stolz auf seinen eisengrauen Lasthengst und hielt den Hof in Ordnung. Dunkel zeichneten sich auf den Tennen dichte und schwere Hanfschober ab. Getreidedarren standen da, mit Schopfdächern gedeckt; die Schuppen und Speicher hatten eiserne Türen, und Leinwand, Spinnräder, neue Halbpelze, metallverziertes Pferdegeschirr und mit kupfernen Reifen beschlagene Maße wurden dahinter verwahrt. Auf Toren und Schlitten waren Kreuze eingebrannt. Und ich erinnere mich, daß es mir manchmal außergewöhnlich verlockend erschien, Bauer zu sein. Wenn ich gelegentlich an einem sonnigen Morgen durchs Dorf ritt, dachte ich immer wieder, wie schön es doch sein müsse, zu mähen, zu dreschen, in einem Schober auf der

Tenne zu schlafen, am Feiertag aber zusammen mit der Sonne zum vollen, melodischen Klang der Dorfglocken aufzustehen, sich an der Wassertonne zu waschen und sich ein sauberes Hanfhemd, ebensolche Hosen und unzerstörbare eisenbeschlagene Stiefel anzuziehen. Dachte man sich, so sagte ich mir, eine gesunde und schöne Ehefrau im Feiertagsstaat dazu und eine Wagenfahrt mit ihr zur Mittagsmesse, danach ein Mittagmahl beim bärtigen Schwiegervater, ein Mittagmahl mit heißem Hammelfleisch, das man von hölzernen Tellern aß, mit Brot aus gebeuteltem Mehl, mit Wabenhonig und selbstgebrautem Bier, so bliebe nichts zu wünschen übrig.

Die durchschnittliche Lebensweise des Adels hatte auch noch zu Zeiten, die mein Gedächtnis umfaßt – und das ist keineswegs lange her –, in ihrer Häuslichkeit und Gediegenheit, ihrer ländlichen, altväterlichen Geborgenheit viel Gemeinsames mit der Lebensweise der reichen Bauern. So war es zum Beispiel auf dem Gutshof bei meiner Tante Anna Gerassimowna, die etwa zwölf Werst von Wysselki lebte. Bevor man die Strecke zu diesem Gutshof hinter sich brachte, wurde es meist heller Tag. Mit Hunden an der Koppel ist man genötigt, Schritt zu reiten, aber auch sonst verspürt man zur Eile keine Lust: man wird so froh auf freier Flur an einem sonnigen und kühlen Tage! Die Gegend verläuft eben, man kann weit sehen. Der Himmel ist schwerelos und so weit und tief. Die Sonne funkelt an der Seite, und der Weg, der nach den Regenfällen durch Bauernwagen wieder eingefahren ist, hat einen öligen Schimmer und glänzt wie ein Schienenstrang. Ringsum erstrecken sich die breiten, schrägen Streifen der frischen, üppig grünenden Wintersaaten. Irgendwoher schwingt sich ein junger Habicht in die durchsichtige Luft und steht unbeweglich auf der Stelle, nur die spitzen Flügel beben und regen sich. In die klare Ferne entfliehen deutlich sichtbare Telegrafenmasten, und die Drähte an ihnen gleiten wie silberne Saiten am klaren Himmelsgewölbe dahin. Wespenfalken sitzen auf ihnen; sie sind ganz schwarz und sehen aus wie Zeichen auf Notenpapier.

Die Leibeigenschaft habe ich nicht mehr gekannt und nicht mehr gesehen, ich erinnere mich aber, sie bei meiner Tante Anna

Gerassimowna noch gefühlt zu haben. Man reitet ein in den Hof und spürt sofort, daß sie hier noch durchaus lebendig ist. Das Herrenhaus ist nicht groß, aber alt und dauerhaft, von hundertjährigen Birken und Weiden umgeben. Es sind zahlreiche Wirtschaftsgebäude vorhanden, niedrig, aber gediegen, unter Strohdächern, und alle sehen aus wie aus dunklen Eichenstämmen zusammengewachsen. Durch seine Größe oder, besser gesagt, Länge fällt nur das geschwärzte Gesindehaus auf, aus dem die letzten Mohikaner des Gesindestandes herausschauen – uralte Männer und Frauen, darunter ein altersschwacher, verabschiedeter Koch, der an Don Quijote erinnert. Reitet man in den Hof, dann reißen sich alle zusammen und verneigen sich tief, sehr tief. Der grauhaarige Kutscher, der aus der Wagenremise tritt, um hinzugehen und das Pferd zu holen, nimmt schon am Schuppen die Mütze ab und überquert den ganzen Hof, ohne sie aufzusetzen. Er war früher einmal Vorreiter bei der Tante, die er jetzt nur noch zur Mittagsmesse fährt, im Winter in einer Schlittenkutsche, im Sommer in einem festen, mit Eisen beschlagenen Wägelchen, wie sie die Popen benutzen. Der Garten meiner Tante war durch seine Verwilderung, durch seine Nachtigallen, Turteltauben und Äpfel berühmt, das Haus durch sein Dach. Das Haus stand an der Querseite des Hofes, unmittelbar am Garten, von Lindenzweigen umfangen; es war nicht sehr groß und niedrig, schien aber für die Ewigkeit gebaut, so wohlgegründet ruhte es unter dem ungewöhnlich hohen, dicken, vom Alter geschwärzten und hart gewordenen Dach. Mir stellte sich seine Vorderfront immer als etwas Lebendiges dar: als luge unter einer riesigen Mütze ein altes Gesicht aus tiefen Augenhöhlen hervor – den Fensterscheiben, die von Regen und Sonne schillerten wie Perlmutt. Zu beiden Seiten dieser Augen aber lagen zwei Außenflure, alte, große Vorhallen mit Säulen. Immer saßen auf ihren Giebeldächern satte Tauben, während Tausende von Spatzen von einem Dach zum anderen schwirrten, dicht wie ein Regen. Und behaglich genug fühlte sich der Gast in diesem Nest unter dem türkisblauen herbstlichen Himmel.

Man betritt das Haus, und das erste, was man verspürt, ist der Geruch von Äpfeln; erst dann stellen sich die anderen ein: der

Geruch alter Mahagonimöbel und der Geruch von Lindenblüten, die seit dem Juni auf den Fensterbrettern trocknen. In allen Zimmern, in der Bedientenstube, im Wohnzimmer und im Saal, ist es dämmerig und kühl – dämmerig, weil der Garten das Haus umgibt und die Oberlichter der Fenster farbig sind, blau oder lila. Überall herrscht Stille und Sauberkeit, obwohl man meint, die Sessel, die Intarsientische, die Spiegel in ihren schmalen, verschnörkelten Rahmen wären noch nie von ihren Plätzen gerückt. Und schließlich hört man ein Hüsteln: die Tante erscheint. Sie ist nicht groß, aber gediegen wie alles ringsum. Um ihre Schultern schmiegt sich ein großer persischer Schal. Sie tritt vornehm, aber freundlich auf den Besucher zu, und unter endlosen Gesprächen über alte Zeiten und Erbfälle werden sogleich Erfrischungen aufgetischt: erst Birnen und Äpfel – Antonäpfel, der Winterapfel Borowinka, »Belle Barynja« und »Plodowitka« – und hinterher ein wunderbares Mittagessen: durch und durch rosiger gekochter Schinken mit grünen Erbsen, gefülltes Huhn, dann Pute, Marinaden und roter Kwas, stark und sehr süß.

Die Fenster zum Garten sind offen, und herzhafte herbstliche Kühle strömt durch sie ein.

3

In den letzten Jahren hat nur noch eins den erlöschenden Standesgeist bei den Gutsbesitzern aufrechterhalten – die Jagd.

Früher waren Gutshöfe wie der Anna Gerassimownas keine Seltenheit. Es gab zwar auch solche, die verfielen, aber man lebte auch da noch auf großem Fuß, umgeben von einem riesigen Gut, mit einem Garten, der seine zwanzig Desjatinen maß. Gewiß, einige dieser Gutshöfe haben sich bis in unsere Tage erhalten, aber es ist in ihnen kein Leben mehr. Keine Troikas, keine Reitpferde – sogenannte »Kirgisen« –, keine Hetz- und Windhunde und kein Gesinde mehr; auch den Eigentümer alles dessen, einen Gutsbesitzer und Jäger vom Schlage Arsenij Semjonytschs, meines verstorbenen Schwagers, gibt es nicht mehr.

Ende September pflegten unsere Gärten und Tennen leer zu

werden, das Wetter schlug in der Regel um. Ganze Tage hindurch zerrte und zauste der Wind an den Bäumen, und Regen ergoß sich von morgens bis in die Nacht über sie. Gegen Abend drang manchmal im Westen das zitternde goldene Licht der tiefstehenden Sonne zwischen den finsteren, niedrigen Wolken durch; die Luft wurde rein und klar, und der Sonnenschein funkelte blendend hell durch das Laub, zwischen den Zweigen hindurch, die sich im Winde bewegten und wehten wie ein lebendiges Netz. Im Norden leuchtete kalt und grell der wäßrig hellblaue Himmel über den schweren, bleiernen Schleiern; hinter ihnen tauchten gleich Bergen langsam die Grate von Schneewolken auf. Man stand am Fenster und dachte: Vielleicht klärt es sich auf. Geb es Gott! Doch der Wind ließ nicht nach. Er versetzte den Garten in Aufruhr, zerriß die Rauchfahne, die ununterbrochen dem Schornstein auf dem Gesindehaus entquoll, und trieb aufs neue unheildrohende Fetzen von aschgrauen Wolken herbei. Sie zogen niedrig und schnell dahin und verschleierten rasch wie Rauch die Sonne. Ihr Glanz erlosch, das Fensterchen zum blauen Himmel schloß sich, im Garten sah es auf einmal öde und traurig aus, und wieder ging Regen nieder, erst leise und vorsichtig, dann immer dichter, bis er sich schließlich in einen Guß verwandelte, mit Sturm und Finsternis. Eine lange, unruhige Nacht brach an.

Aus einem solchen Gezause ging der Garten gewöhnlich fast völlig kahl hervor, besät mit nassen Blättern und irgendwie gottergeben und kleinlaut. Aber wie schön war er dafür, wenn wieder klares Wetter anbrach, Anfang Oktober mit seinen durchsichtigen, kalten Tagen, das Abschiedsfest des Herbstes! Das Laub, das sich dann noch erhalten hat, bleibt bis in die ersten Fröste hinein an den Bäumen hängen. Der schwarze Garten steht umrißhaft gegen den kalten, türkisblauen Himmel, wärmt sich am Glanz der Sonne und wartet gehorsam auf den Winter. Die Felder schimmern da, wo sie aufgepflügt sind, tiefschwarz, während die Wintersaaten sich stauden und kräftig grünen. Die richtige Zeit für die Jagd!

So sehe ich mich denn bei Arsenij Semjonytsch, im Saal seines großen Hauses, der voller Sonne und voller Pfeifen- und Zigarettenrauch ist. Es sind viele Menschen versammelt, alle gebräunt, mit wetterharten Gesichtern, alle in Wämsern und Langschäftern. Man hat eben sehr reichlich zu Mittag gegessen, ist rot im Gesicht und durch die lauten Gespräche von der bevorstehenden Jagd angeregt, vergißt aber nicht, dem Wodka auch nach dem Essen noch zuzusprechen, bis er alle ist. Auf dem Hof aber bläst schon das Horn und heulen die Hunde in den verschiedensten Tonarten. Arsenij Semjonytschs Lieblingshund, ein schwarzes Windspiel, langt mit den Vorderläufen auf den Tisch und macht sich über eine Schüssel mit Resten von Hasenbraten und Sauce her. Doch plötzlich gibt er ein entsetzliches Winseln von sich und stürzt davon vom Tisch, wobei er Teller und Schnapsgläser umreißt; Arsenij Semjonytsch, der mit Hetzpeitsche und Revolver aus seinem Arbeitszimmer tritt, erschüttert unvermittelt den Saal durch einen Schuß. Der Saal füllt sich noch stärker mit Rauch, Arsenij Semjonytsch aber steht da und lacht.

»Wie schade, daß ich gefehlt habe!« sagt er, und seine Augen blitzen.

Er ist hoch von Wuchs, mager, aber breitschultrig und gut gebaut, mit einem Gesicht wie ein schöner Zigeuner. Seine Augen haben einen wilden Glanz, er ist äußerst gewandt und trägt ein himbeerrotes Seidenhemd, samtene Pluderhosen und Langschäfter. Nachdem er durch seinen Schuß sowohl den Hund als auch die Gäste erschreckt hat, deklamiert er mit scherzhaft-gewichtigem Bariton: »Die höchste Zeit, den raschen Gaul vom Don zu satteln und umzuhängen sich das Horn von gutem Klang«, wonach er mit lauter Stimme hinzusetzt: »Nun gut, immerhin sollten wir nicht die kostbare Zeit verlieren!«

Ich fühle noch heute, wie gierig und tief die junge Brust die Kälte des klaren und feuchten Tages einatmete, wenn ich gelegentlich gegen Abend mit Arsenij Semjonytschs lärmendem Haufen mitritt, aufgepeitscht durch das melodische Hundegekläff im Laubwald, in irgendeinem Krasnyj Bugor oder Gremjatschij Ostrow, die einen Jäger allein schon durch ihren Namen erregen können. Man reitet einen hitzigen, starken, kleinen Kirgisen, hält ihn energisch im Zaum und fühlt sich beinahe mit ihm verwachsen. Er schnaubt, er möchte gerne in Trab übergehen, er raschelt mit seinen Hufen über den tiefen und leichten Teppich des schwarzen, abgefallenen Laubs, und jeder Laut hallt durch das leere, feuchte, frische Gehölz. Irgendwo weit weg schlägt ein Hund an, eifrig und kläglich antwortet ihm ein zweiter, ein dritter, und plötzlich erklirrt der Wald, als wäre er ganz aus Glas, von stürmischem Hundegebell und von Schreien. Laut kracht mitten in diesen Lärm hinein ein Schuß – und alles ist »eingerührt«, alles rollt irgendwohin davon ins Gelände.

»Aach-tung!« brüllt jemand mit desperater Stimme über den ganzen Wald.

Achtung – aha! durchzuckt dich ein berauschender Gedanke. Ein kurzer Anfeuerungsschrei, und du jagst wie losgerissen von einer Kette durch den Wald, ohne auf deinem Weg noch etwas zu unterscheiden. Nur die Bäume flimmern an deinen Augen vorbei, und Schlammklümpchen, die ein Pferdehuf aufgewühlt hat, spritzen dir ins Gesicht. Du sprengst aus dem Walde hinaus, erblickst auf den Wintersaaten die bunte, auf dem Boden auseinandergezogene Meute der Hunde und treibst den Kirgisen noch stärker an, dem Wild den Weg abzuschneiden – über die Saat, über Aufbrüche und Stoppelfelder hinweg, bis hin zu einer anderen Waldinsel, wo dir die Meute aus den Augen kommt, die Meute mit ihrem wilden Bellen und Stöhnen. Dann bringst du, völlig durchnäßt und vor Anspannung zitternd, den schäumenden, schnaufenden Gaul zum Stehen und atmest gierig die eisige Feuchte des Waldtals ein. Das Hundegebell und die Rufe der Jäger verhallen irgendwo in der Ferne, während um dich herum alles totenstill ist. Der halb entlaubte Hochwald steht unbeweglich, du glaubst in einem verwunschenen Schloß zu sein. Aus den Schluchten riecht es würzig nach feuchten Pilzgründen, nach durchgefaultem Laub, nach nasser Baumrinde. Und die Feuchtigkeit, die aus den Schluchten heraufsteigt, wird immer spürbarer, immer kälter und dunkler wird es im Wald. Es wird Zeit, an das Nachtquartier zu denken. Aber die Hunde nach der Jagd wieder zu sammeln, ist schwer. Lange und hoffnungslos traurig klingen im Walde die Hörner, lange noch hört man Hundegewinsel, Rufe und Schimpfen. Schließlich fällt bei schon völliger Dunkelheit die Jägerschar in einen Landsitz ein, der irgendeinem kaum gekannten Junggesellen von Gutsbesitzer gehört, und erfüllt mit ihrem Lärmen den ganzen Hof, den Laternen, Kerzen und Lampen erhellen, mit denen man den Gästen aus dem Hause entgegenkommt.

Es kam vor, daß die Jagd bei einem solchen gastfreien Nachbarn mehrere Tage wohnen blieb. Bei der ersten Morgenröte ritt man im eisigen Wind, im ersten, noch nassen Frost in die Wälder und auf die Felder hinaus und kehrte bei anbrechender Dämmerung wieder zurück, verschmutzt und mit geröteten Gesichtern, nach Pferdeschweiß und dem Fell des erlegten Tieres riechend – und ein Gelage begann. Nach einem Tage, den man im Freien, in der Kälte der Fluren verbracht hat, wird einem im hell erleuchteten Hause unter den vielen Menschen sehr warm. Man geht in aufgeknöpften Wämsern in den Zimmern umher, ißt und trinkt unordentlich durcheinander und tauscht lärmend seine Eindrücke über den kapitalen toten Wolf aus, der mit gefletschten Zähnen und gebrochenem Auge, den buschigen Schwanz zur Seite geworfen, im Saale liegt und mit dem blassen, schon erkalteten Blut den Fußboden färbt. Nach dem Wodka und dem Essen verspürt man eine so angenehme Müdigkeit, ein so jugendlich überwältigendes Schlafbedürfnis, daß man die Unterhaltung wie durch ein Medium hört, wie durch Wasser. Das Gesicht brennt noch vom Wind, und schließt man die Augen, dann gleitet einem der Boden unter den Füßen weg. Legt man sich dann zu Bett, auf ein weiches Pfühl, irgendwo in einem altertümlichen Eckzimmer, wo vor dem Ikonenschrein ein Öllämpchen brennt, so flimmern einem feurigbunte Hundephantome vor den Augen, den Körper überkommt das quälende Gefühl, daß man noch immer reite, und man versinkt, ehe man sich dessen versieht, mit allen diesen Bildern und Empfindungen in einen lieblichen, gesunden Schlaf, ja man vergißt sogar, daß dieses Zimmer einstmals die Betstätte jenes Alten war, um dessen Namen sich finstere Legenden aus der Leibeigenzeit ranken, und daß er in diesem Betzimmer – wahrscheinlich auf ebendiesem Bett – gestorben ist.

Verschlief man einmal die Jagd, dann tat das Ausruhen besonders wohl. Man erwacht und liegt lange im Bett. Im ganzen

Hause herrscht Stille. Man hört, wie der Gärtner vorsichtig durch die Zimmer geht und die Öfen heizt, hört, wie das Holz knackt und knistert. Man hat einen ganzen Tag Ruhe in dem schon winterlich lautlosen Hause vor sich. Man zieht sich ohne Eile an, man schlendert durch den Garten und findet im nassen Laub einen durch Zufall vergessenen kalten und nassen Apfel; aus irgendeinem Grunde wird man ihn ungewöhnlich schmackhaft finden, ganz anders als jeden anderen. Später nimmt man sich dann die Bücher vor, des Großvaters Bücher in dicken Ledereinbänden, die Saffianrücken mit goldenen Sternen verziert. Wie anziehend diese Bände riechen, die mit dem dicken, rauhen, vergilbten Papier an kirchliche Bücher erinnern! Nach säuerlichem Schimmel und altem Parfüm. Gut auch die Glossen auf den Rändern, in großer Schrift mit dem Gänsekiel rund und weich hingeschnörkelt. Man schlägt einen Band auf und liest: »Ein Gedanke, würdig der alten wie der neueren Philosophen, eine Blüte des Verstandes und des herzlichen Gefühls.« Und unwillkürlich gerät man auch in den Bann des Buches selber. Es ist »Der Edelmann als Philosoph«, eine Allegorie, die vor etwa hundert Jahren auf Kosten eines »Ritters vieler Orden« herausgebracht und in der Druckerei des Amts für öffentliche Fürsorge gedruckt wurde – die Erzählung von einem »Edelmann und Philosophen, der, mit der Muße und der Fähigkeit begabt, das zu denken, wozu sich der menschliche Verstand zu erheben vermag, eines Tages den Wunsch verspürte, für das ausgedehnte Gebiet seines Dorfs einen eigenen Weltenplan zu ersinnen«. Später stößt man auf die »Satirischen und philosophischen Schriften des Herrn Voltaire« und ergötzt sich eine ganze Weile an der Übersetzung mit ihrem treuherzig-manierierten Stil: »Meine werten Herren! Erasmus hat im 16. Jahrhundert ein Lob der Narrheit verfaßt (affektierte Pause, Semikolon); Sie indessen befehlen mir, vor Ihnen die Vernunft zu preisen ...« Dann geht man von den Zeiten Katharinas zu den Tagen der Romantik über, zu den Almanachen, den langen, empfindsam-schwülstigen Romanen. Aus der Wanduhr über dir kommt ein Kuckuck hervorgeschnellt und kuckuckt spöttisch und traurig durchs leere Haus. Und eine süße und seltsame Wehmut schleicht sich allmählich ins Herz.

Da sind »Die Geheimnisse des Alexis«, dort »Viktor oder Das Kind im Walde«: »Es schlägt Mitternacht! Heilige Stille löst die Geräusche des Tages, die fröhlichen Lieder der Dorfbewohner ab. Der Schlaf streckt seine dunklen Schwingen über die Oberfläche unserer Erdhälfte aus; er schüttelt das Dunkel und die Träume von ihnen auf uns herab. Die Träume ... Wie oft stellen sie für den Unglücklichen nur die Fortsetzung seiner Leiden dar ...« Und die geliebten altmodischen Worte flimmern an deinen Augen vorbei: die Felsen und die Haine, der bleiche Mond und die Einsamkeit, Gespenster und Phantome, »Eros der Liebesgott«, Rosen und Lilien, die »Streiche und Mutwilligkeiten der jungen Galgenstricke«, die lilienweiße Hand, all die Ljudmilas und Alinen. Und schließlich sind da die Zeitschriften mit den Namen Shukowskij und Batjuschkow, mit dem Namen des Lyzeisten Puschkin. Und du erinnerst dich mit Wehmut deiner Großmama, erinnerst dich der auf dem Klavichord gespielten Polonaisen, erinnerst dich der schmachtenden Art, in der sie Verse aus »Eugen Onegin« rezitierte. Und das alte, verträumte Leben steigt vor dir auf. Liebe Mädchen und Frauen haben damals auf den Landsitzen der Edelleute gelebt! Ihre Bildnisse sehen dich von der Wand herab an – aristokratische schöne Köpfchen, altertümlich frisiert, senken voll weiblicher Sanftmut die langen Wimpern auf traurig-zärtliche Augen herab.

4

Der Geruch der Antonäpfel verschwindet aus den Häusern der Gutsbesitzer. Die alten Tage sind gar nicht so lange vorbei, und doch will mir scheinen, es sei fast ein ganzes Jahrhundert seither vergangen. Die Alten in Wysselki sind alle gestorben. Anna Gerassimowna ist tot, Arsenij Semjonytsch hat sich erschossen. Das Reich des kleinen Gutsbesitzers bricht an, die Zeit der bis zum Bettel Verarmten. Doch auch das Leben so eines armen Kleingutsbesitzers ist schön!

Da sehe ich mich aufs neue im Dorf, diesmal im Spätherbst. Die Tage sind bläulich und trüb. Ich steige morgens in den Sattel und reite, von einem einzigen Hund begleitet, mit Büchse und Horn auf die Felder hinaus. Der steife Wind, der mir entgegenbläst und gelegentlich trockenen Schnee mit sich bringt, klingt und heult im Lauf des Gewehrs. Ich streife den ganzen Tag auf den kahlen Ebenen umher. Hungrig und durchfroren kehre ich in der Abenddämmerung zum Gutshof zurück, und es wird mir so warm und freudig ums Herz, wenn die Lichter von Wysselki vor mir auftauchen und der Geruch von Rauch, der Geruch einer menschlichen Behausung vom Gutshof herüberweht. Ich erinnere mich, daß man bei uns im Hause zu jener Zeit gern »eine Schummerstunde abhielt«, kein Licht machte und sich im Halbdunkel unterhielt. Ich trete ins Haus und finde die »Winterrahmen«, die Doppelrahmen, schon eingesetzt, und dieser Umstand stimmt mich noch stärker winterlich und friedlich. In der Bedientenstube heizt ein Knecht den Ofen an, ich hocke mich wie in der Kindheit neben dem Strohhaufen nieder, von dem ein scharfer, schon vom Winter kündender Geruch von Frische ausgeht, und blicke bald in die Ofenflamme, bald zu den Fenstern hin, hinter denen, noch blauend, traurig die Dämmerung erlischt. Dann gehe ich in das Gesindehaus hinüber. Dort ist es hell, und viele Menschen sind da; die Mägde hacken Kohl, die Hackmesser blinken, ich höre ihr rasches, einträchtiges Hämmern, höre den einträchtigen, traurig-heiteren Dorfliedern zu. Gelegentlich fährt irgendein kleiner Gutsbesitzer aus der Nachbarschaft bei mir vor und nimmt mich für eine ganze Weile als Gast zu sich mit. Ja, auch das Leben des kleinen Gutsbesitzers ist schön!

Der kleine Gutsbesitzer steht zeitig auf. Nachdem er sich kräftig gereckt hat, erhebt er sich vom Bett und dreht sich eine dicke Zigarette aus billigem schwarzem Tabak oder auch einfach aus Machorka. Das bleiche Licht des Novembermorgens erhellt den einfachen Arbeitsraum, die kahlen Wände, die gelben, verschrumpelten Fuchsfelle über dem Bett und eine stämmige Gestalt in Pumphosen und ungegürtetem Hemd, deren verschlafenes, tatarisch geschnittenes Gesicht im Spiegel erscheint. Im warmen, halbdunklen Haus ist es totenstill. Und nur die alte Köchin, die schon im herrschaftlichen Hause lebte, als sie noch Mädel war, schnarcht auf dem Gang hinter der Tür. Das hindert ihren Herrn jedoch nicht, mit heiserer Stimme über das ganze Haus zu rufen: »Lukerja! Den Samowar!«

Dann zieht er die Stiefel an, hängt sich das Wams über die Schultern und tritt mit offenem Hemdkragen vor das Haus. Im abgeschlossenen Flur riecht es nach Hund; und ein paar Hetzhunde, die sich träge strecken und gleichsam lächelnd unter Winseln gähnen, umringen ihn.

»Laß ab!« sagt er langsam mit nachsichtigem Baß und wendet sich durch den Garten zur Tenne. Seine Brust atmet die scharfe Morgenluft und den Geruch des kahlen, während der Nacht von Kälte durchdrungenen Gartens in kräftigen Zügen ein. Zusammengerollte, vom Frost geschwärzte Blätter rascheln in der zur Hälfte schon ausgehauenen Birkenallee unter den Stiefeln. Auf dem First der Getreidedarre zeichnen sich gegen den niedrigen, trüben Himmel aufgeplusterte schlafende Dohlen ab. Das wäre ein Tag für die Jagd! Und der Gutsherr bleibt mitten in der Allee stehen und blickt lange auf die herbstlichen Felder, auf die einsamen grünen Wintersaaten hinaus, auf denen Kälber umherstreifen. Die beiden Hetzhündinnen umwinseln seine Beine, während Saliwai längst aus dem Garten ist: er zieht in Sätzen über die stachligen Stoppeln und bettelt, lockt gleichsam seinen Herrn auf die Felder. Aber was fängt man jetzt mit Hetzhunden an? Das Wild ist auf den Feldern, auf umgebrochenen Äckern, auf der schwarzen, noch nicht von Schnee bedeckten Erde, denn im Wald ängstigt es sich, im Wald raschelt der Wind mit den Blättern. Ja, wenn man Windhunde hätte!

In der Getreidedarre beginnt der Drusch. Die Trommel der Dreschmaschine kommt langsam in Gang und beginnt zu summen. Träge in die Siele gelegt, treiben die Pferde das Göpelwerk an; schaukelnd, immer im Kreis, der von ihrem Mist vorgezeichnet ist, stemmen sie sich mit den Hufen gegen die Erde. Auf einem Bänkchen, das in der Mitte des Göpels kreist, sitzt der Antreiber und treibt eintönig die Pferde an, wobei er die Peitsche immer wieder nur gegen den braunen Wallach schwingt, der träger ist als alle anderen und im Gehen regelrecht schläft: schließlich hat er ja auch verbundene Augen!

»Los, los, ihr Mädel, los!« ruft barsch der nicht mehr ganz junge Zugeber, während er sich ein weites Leinenhemd überstreift.

Die Mägde fegen eilig den Dreschboden und hasten mit Tragen und Besen umher.

»Mit Gott!« sagt der Zugeber, und ein erstes Bund Stroh, das er versuchsweise hereingibt, fliegt sausend und pfeifend zur Trommel und steigt als zerzauster Fächer unter ihr auf. Die Trommel aber tönt immer nachdrücklicher, die Arbeit fließt immer rascher dahin, und bald verschmelzen alle Laute zu einem allgemeinen angenehmen Lärm. Der Gutsherr steht im Tor der Getreidedarre und sieht, wie in der Dunkelheit rote und gelbe Tücher, Hände, Rechen und Strohbündel flimmern, wie sich das alles gleichmäßig bewegt und zum Gedröhn der Trommel, zum monotonen Rufen und Pfeifen des Treibers regt. Wolken von Spreu fliegen zum Tor. Der Gutsherr steht da und wird völlig grau. Er blickt häufig aufs Feld hinaus. Bald, sehr bald werden die Felder weiß sein, bald bedeckt sie der erste Schnee.

Winteranfang, der erste Schnee! Windspiele hat man nicht, es ist nichts da, womit man im November jagen könnte; aber dann stellt sich der Winter ein, und die »Arbeit« mit den Hetzhunden beginnt. Und wieder versammeln sich wie in alten Zeiten die kleinen Gutsbesitzer bald bei dem, bald bei jenem, trinken für ihr letztes Geld und verschwinden für ganze Tage auf den verschneiten Feldern. Abends aber leuchten auf einem einsamen Gehöft die Fenster des Wohnflügels weithin ins winterliche Dunkel. Dort in jenem kleinen Wohnflügel wogen Rauchwolken durch den Raum, brennen mit trüber Flamme die Talglichter, wird eine Gitarre gestimmt.

»Zum Abend zogen wilde Sturmwinde auf, öffneten weit die Tore zu meinem Haus ...«, so fängt mit Brustton ein Tenor zu singen an.

Und die anderen fallen ein, unharmonisch und so, als ob sie nur scherzten, aber mit schwermütiger, hoffnungsloser Bravour: »Öffneten weit die Tore zu meinem Haus, streuten weißen Schnee auf der Straße aus ...« (1900)

Suchodol

I

Was an Natalja immer in Erstaunen setzte, war ihre Anhänglichkeit an Suchodol.

Eine Milchschwester unseres Vaters und im gleichen Hause mit ihm aufgewachsen, verbrachte sie volle acht Jahre bei uns in Lunewo, wo sie wie eine Verwandte mit uns lebte, nicht wie eine einstige Leibeigene und einfache Magd. Und volle acht Jahre ruhte sie sich dabei nach ihren eigenen Worten von Suchodol aus, von dem, was sie dort hatte erleiden müssen. Aber man sagt nicht umsonst, man kann einen Wolf füttern, soviel man will, er strebt immer zurück in den Wald; auch sie kehrte, nachdem sie uns lange gewartet und großgezogen hatte, nach Suchodol zurück.

Ich erinnere mich an einige Bruchstücke unserer kindlichen Gespräche mit ihr.

»Du bist doch Waise, Natalja?«

»Waise, jawohl. Ich komme da ganz nach der Herrschaft. Eure Großmutter Anna Grigorjewna hat ihre weißen Hände ja auch weiß Gott sehr früh für immer gefaltet! Nicht anders als mein Vater und meine Mutter.«

»Warum sind denn sie so früh gestorben?«

»Der Tod kam, und da sind sie eben gestorben. Jawohl!«

»Nein, wirklich, warum so früh?«

»Gott hat es nicht anders gewollt. Den Vater hat die Herrschaft für seine Vergehen unter die Soldaten gesteckt, und Mutter hat der herrschaftlichen Puten wegen ihr Leben gelassen. Ich selbst kann mich natürlich nicht mehr daran erinnern, wie sollte ich; doch unter dem Gesinde erzählte man sich: Sie war Geflügelmagd und hatte zahllose Truthühner unter sich, die überraschte eines Tages auf der Weide der Hagel und schlug sie alle bis auf das letzte tot. Sie stürzte zu ihnen hin, kam angelaufen, sah's und gab vor Schrecken den Geist auf!«

»Und warum hast du eigentlich nicht geheiratet?«

»Aber mein Bräutigam wächst doch erst noch heran!«

»Nein, im Ernst?«

»Man sagt, eure Frau Tante hat's nicht gewollt. Dafür haben sie mich Ärmste dann auch noch zum Fräulein ernannt.«

»Aber geh, was bist du schon für ein Fräulein!«

»Akkurat bin ich das!« entgegnete Natalja, und ein feines spöttisches Lächeln kräuselte ihre Lippen; sie wischte mit ihrer dunklen Greisinnenhand über sie hin. »Schließlich bin ich Arkadij Petrowitschs Milchschwester, etwas wie eine zweite Tante für euch.«

Wir achteten, während wir heranwuchsen, immer aufmerksam auf alles, was in unserem Hause über Suchodol gesprochen wurde. Immer verständlicher wurde, was früher unverständlich gewesen war, immer schärfer traten die seltsamen Einzelheiten des Suchodoler Lebens hervor. Wer hätte besser gefühlt als wir, daß Natalja, die ein halbes Leben mit unserem Vater verbracht und fast das gleiche Leben wie er gelebt hatte, eine wirkliche Vertraute von uns Chruschtschows, ihrer uradligen Herrschaft, war. Und plötzlich stellte sich heraus, daß diese Herrschaft ihren Vater zu den Soldaten verjagt und ihre Mutter in eine solche Angst gehetzt hatte, daß ihr beim Anblick der verendeten Puten das Herz zersprang!

»Und in der Tat«, sagte Natalja, »wie hätte sie auch bei solchem Unglück nicht tot umfallen sollen? Die Herrschaft hätte sie ja weiß Gott wohin verbannt!«

Später erfuhren wir dann über Suchodol manches, was noch sonderbarer klang. Wir erfuhren, daß es eine einfachere, gutherzigere Herrschaft als die von Suchodol »auf der ganzen Welt nicht gab«, freilich auch keine, die hitziger, »heißer« gewesen wäre als sie; wir erfuhren, daß das alte Suchodoler Gutshaus dunkel und düster war und unser geistesgestörter Großvater Pjotr Kirillytsch in diesem Hause von seinem illegitimen Sohn Gerwaska, einem Freund unseres Vaters und Vetter Nataljas, erschlagen wurde; wir erfuhren, daß auch Tante Tonja, die in einer der alten Gesindehütten in der Nähe des herabgekommenen Gutshauses lebte und verzückt auf einem dröhnenden, vor Alter klirrigen Klavier spielte, vor längerer Zeit aus unglücklicher Liebe um den Verstand gekommen war; und wir erfuhren, daß auch Natalja eine Zeitlang ganz von Sinnen gewesen war, daß sie sich noch als Mädel sterblich in unseren verstorbenen Onkel Pjotr Petrowitsch verliebte, der sie jedoch verbannte und auf das Vorwerk Soschki bringen ließ. Unsere leidenschaftlichen Träume von Suchodol waren verständlich. Für uns war Suchodol nur ein poetisches Denkmal der Vergangenheit. Und für Natalja?

Schließlich hatte sie eines Tages grübelnd und zweifelnd und gleichsam zu sich selbst gesagt: »Nun ja! In Suchodol setzte man sich mit Riemenpeitschen zu Tisch! Man erschrickt, wenn man daran zurückdenkt.«

»Also mit Hetzpeitschen?« fragten wir.

»Das ist alles dasselbe«, sagte sie.

»Und warum?«

»Für den Fall eines Streits nämlich. Jawohl.«

»In Suchodol stritt man sich wohl immer?«

»Gott sei's geklagt! Kein Tag, an dem nicht Krieg geführt wurde! Alle waren sie hitzig, das reinste Schießpulver.«

Wir unsererseits lauschten verzückt ihren Worten und sahen uns begeistert an; noch lange danach standen uns der riesige Garten, der riesige Gutshof, das Herrenhaus mit seinen aus Eichenstämmen gefügten Wänden unter dem schweren, verwitterten, schwarzen Strohdach und die Mittagstafel in diesem Hause vor Augen: Alle saßen am Tisch, aßen, warfen die Knochen den Jagdhunden auf den Fußboden hin und blickten sich scheel an, jeder mit einer Hetzpeitsche auf den Knien; wir träumten von der goldenen Zeit, da einst auch wir heranwachsen und mit der Hetzpeitsche auf den Knien zu Mittag essen würden. Wir verstanden jedoch sehr gut, daß diese Hetzpeitschen Natalja keine Freude bereiteten. Und dennoch kehrte sie aus Lunewo nach Suchodol, zur Quelle ihrer düsteren Erinnerungen, zurück. Sie hatte dort weder einen eigenen Winkel noch nahe Verwandte; und sie diente in Suchodol auch nicht mehr ihrer früheren Herrin, der Tante Tonja, sondern Klawdija Markowna, der Witwe des verewigten Pjotr Petrowitsch. Aber ohne dieses Gutshaus konnte Natalja eben nicht leben.

»Was soll man machen – die Gewohnheit«, sagte sie bescheiden. »Wo die Nadel hin will, da muß wohl auch der Faden mit. Wo geboren, dort verschworen.«

Und nicht sie allein litt unter der Anhänglichkeit an Suchodol. Mein Gott, wie leidenschaftlich liebten auch alle übrigen Suchodoler ihre Erinnerungen, wie glühend hingen sie an Suchodol! Tante Tonja lebte in Bettelarmut, lebte in einer Hütte dahin. Suchodol hatte sie des Glücks, des Verstandes, ja des menschlichen Anblicks beraubt. Aber sie ließ trotz aller Überredungsversuche unseres Vaters niemals auch nur den leisesten Gedanken zu, das heimatliche Nest zu verlassen und sich in Lunewo anzusiedeln.

»Lieber würde ich Steine aus dem Felsen hauen!«

Vater war ein unbekümmerter Mann; für ihn schien es keinerlei Anhänglichkeiten zu geben. Doch auch aus seinen Erzählungen über Suchodol hörte man eine tiefe Schwermut heraus. Er war schon vor sehr langer Zeit aus Suchodol nach Lunewo, einem Feldgut unserer Großmutter Olga Kirillowna, übergesiedelt. Und doch klagte er ziemlich bis an sein Lebensende: »Ein Chruschtschow, ein einziger, ist auf der Welt übriggeblieben. Und auch der lebt nicht in Suchodol!«

Es kam freilich auch öfter vor, daß er nach solchen Worten in Nachdenken versank, zum Fenster hinaus auf die Felder blickte, dann plötzlich spöttisch lächelte und die Gitarre von der Wand nahm.

»Es hat es aber auch in sich, dieses Suchodol, hol es der Teufel!« fügte er mit der gleichen Aufrichtigkeit hinzu, mit der er auch schon vorhin gesprochen hatte.

Dennoch hatte auch er eine echte Suchodoler Seele, eine Seele, die der unbegrenzten Macht der Erinnerungen verfallen war, der Macht der Steppe, ihres trägen Lebensflusses, jenes urtümlichen Familiensinns, der das Dorf, das Hofgesinde und das Suchodoler Herrenhaus in eins verschmolz. Gewiß, wir Chruschtschows gehören zum Uradel, wir sind im sechsten Geschlechterbuch eingetragen und haben unter unseren legendären

Ahnen viele angesehene Männer aus altem litauischem Blut und kleine Tatarenfürsten gehabt. Aber das Blut der Chruschtschows vermischte sich schon immer mit dem des Hofgesindes und des Dorfs. Wer hat Pjotr Kirillytsch das Leben geschenkt? Die Überlieferung ist sich in diesem Punkte nicht einig. Wer war der Vater Gerwaskas, seines Mörders? Wir hatten von Jugend an gehört, es sei Pjotr Kirillytsch gewesen. Woher kam die so schroffe Verschiedenheit zwischen den Charakteren unseres Vaters und unseres Onkels? Auch darüber gehen die Meinungen auseinander. Natalja war ebenfalls des Vaters Milchschwester, und mit Gerwaska hatte er das Segenskreuzchen getauscht. Längst, schon längst ist es für die Chruschtschows an der Zeit, über ihre Verwandtschaft mit dem Hofgesinde und mit dem Dorf ins klare zu kommen!

In der Hinneigung zu Suchodol, verzaubert durch seine Vergangenheit, lebten lange auch ich und meine Schwester. Das Hofgesinde, das Dorf und das Gutshaus bildeten in Suchodol eine Familie. Unsere Urgroßeltern hatten diese Familie noch regiert. Und das machte sich auch in der Nachkommenschaft noch lange fühlbar. Das Leben einer Familie, eines Geschlechts, einer Sippe ist tief, vielfach verknotet und geheimnisvoll, oft auch erschreckend. Aber eben durch seine dunkle Tiefe, durch seine Legenden, durch seine Vergangenheit ist es stark. An schriftlichen und sonstigen Denkmälern ist Suchodol nicht reicher als ein Nomadenlager in der baschkirischen Steppe. In Rußland werden solche Denkmäler durch die Legende ersetzt. Die Legende aber ist wie das Lied Gift für die slawische Seele! Unser ehemaliges Gesinde, lauter leidenschaftliche Faulpelze und Träumer, wo hätten sie ihr Herz ausschütten können, wenn nicht in unserem Hause? Als einziger Vertreter der Suchodoler Herren war unser Vater übriggeblieben. Und die erste Sprache, die wir sprachen, war die Sprache von Suchodol. Die ersten Erzählungen, die ersten Lieder, die uns rührten, stammten aus Suchodol, stammten von Natalja oder vom Vater. Wer hätte auch so singen können wie der Vater, der ja darin ein Schüler unseres Hofgesindes war, wer hätte mit so unbekümmerter Traurigkeit, mit solchem zärtlichen Vorwurf, mit solcher willenlosen Innigkeit

»von der treuen, lieblich-scheuen Herrin sein« singen können? Konnte irgend jemand erzählen wie Natalja? Und wer stand uns näher als die Suchodoler Bauern?

Zwist und Streitigkeiten, das ist es, wodurch die Chruschtschows seit alters bekannt waren – wie jede Familie, die lange in enger Gemeinschaft zusammenlebt. In unseren Kindestagen brach zwischen Suchodol und Lunewo ein solcher Streit aus, daß der Vater beinahe zehn Jahre lang den Fuß nicht über die heimische Schwelle setzte. So bekamen wir Suchodol in unserer Kindheit nicht einmal richtig zu sehen; wir sind dort nur einmal gewesen, auch das nur auf der Durchreise nach Sadonsk. Aber Träume sind mitunter ja stärker als alle Wirklichkeit. Und undeutlich, aber unauslöschlich prägten sich dem Gedächtnis ein langer Sommertag, irgendwelche hügligen Felder und eine verödete Landstraße ein, die uns durch ihre freie Weite und die hier und da erhaltengebliebenen hohlen Stämme von Silberweiden bezauberte; an einer dieser Weiden, die jetzt weit weg von der Straße im Kornfeld stand, prägte sich uns ein Bienenstock ein, ein Bienenstock, der mitten in den Feldern neben der verödeten Landstraße seinem Schicksal überlassen war; auch eine breite Wegkehre, die einen Hügelhang hinaufstieg, eine riesige kahle Gemeindewiese, auf die ärmliche, rauchfanglose Hütten blickten, die gelben Hänge der Schluchten hinter diesen Hütten, das Weiß der Kiesel und des Gerölls auf ihrem Grunde prägten sich uns ein. Das erste Ereignis, das uns in Schrecken versetzte, geschah ebenfalls in Suchodol: Großvaters Ermordung durch Gerwaska. Wenn wir den Erzählungen von dieser Ermordung lauschten, geisterten diese gelben, irgendwo sich verlaufenden Schluchten ständig vor unseren Augen; immer schien uns, eben durch diese Schluchten sei Gerwaska geflohen, nachdem er sein schreckliches Werk getan hatte: »Er blieb verschwunden wie ein Schlüssel, der auf dem Meeresgrund versank.«

Die Suchodoler Bauern hatten, wenn sie Lunewo aufsuchten, anderes im Sinn als die Leute vom Hofgesinde: sie kamen meist wegen eines Streifens Land; aber auch sie betraten unser Haus als Vertraute. Sie verneigten sich vor dem Vater bis an den Gürtel und küßten ihm die Hand; dann warfen sie das Haar zurück und küßten ihn, Natalja und uns beide je dreimal auf den Mund. Sie brachten Honig, Eier und Handtücher als Geschenke mit. Und wir, die wir auf den Feldern aufgewachsen und für Gerüche nicht weniger empfindlich, nach ihnen nicht weniger begierig waren als nach Liedern und Legenden, behielten jenen besonderen und angenehmen, irgendwie an Hanf erinnernden Geruch, den wir verspürten, wenn wir uns mit den Suchodolern küßten, für immer in unserem Gedächtnis zurück; auch daran erinnerten wir uns, daß ihre Gaben nach altem Steppendorf rochen: der Honig nach blühendem Buchweizen und Bienenstöcken in morschen Eichen, die Handtücher nach den Speichern, nach rauchfanglosen Hütten aus großväterlicher Zeit.

Die Suchodoler Bauern erzählten nichts. Was hätten sie auch erzählen sollen? Bei ihnen gab es nicht einmal Legenden. Ihre Gräber waren namenlos und ihre Lebensläufe einander so ähnlich, so dürftig, so ohne Spur! Denn die Frucht ihrer Mühen und Sorgen war nur das tägliche Brot, das wirkliche Brot, das man ißt. Sie legten Teiche im steinigen Bett des längst versiegten Flüßchens Kamenka an. Doch Teiche sind wenig zuverlässig; sie trocknen aus. Sie bauten Häuser für sich. Doch ihre Häuser sind wenig langlebig; bei dem geringsten Funken brennen sie ab bis auf den Grund. Was also zog uns alle so an – selbst an der kahlen Wiese, den Hütten und Schluchten, dem ruinierten Gutshof von Suchodol?

2

Auf den Gutshof zu gelangen, der Nataljas Seele geboren hatte, diesen Gutshof, von dem wir soviel gehört hatten, wurde uns erst in unseren Jugendjahren zuteil.

Ich erinnere mich daran, als ob es erst gestern gewesen wäre. Als wir uns gegen Abend Suchodol näherten, ging unter ohrenbetäubenden Donnerschlägen und blendend-raschen, feurigen Schlängelblitzen ein schwerer Regenguß nieder. Eine schwarzviolette Wolke, die lastend im Nordwesten niedersank, verstellte majestätisch den halben Himmel. Flach, deutlich und leichenhaft fahl lag die Ebene der Getreidefelder unter ihrem riesenhaften Schatten, während das niedrige nasse Gras auf der Landstraße grell und ungewöhnlich frisch wirkte. Die nassen, scheinbar plötzlich abgemagerten Pferde patschten mit blitzenden Hufeisen durch den blauen Schlamm, und der Reisewagen knisterte durch das Feuchte. Und plötzlich erblickten wir unmittelbar neben der Stelle, wo man nach Suchodol abbiegt, mitten im hohen nassen Roggen eine hohe und äußerst sonderbare Gestalt in Morgenrock und Kappe, vielleicht einen alten Mann, vielleicht eine alte Frau, die auf eine scheckige Kuh ohne Hörner mit einer Gerte einschlug. Als wir uns näherten, arbeitete die Gerte noch kräftiger darauf los, und die Kuh kam mit wirbelndem Schwanz schwerfällig auf die Landstraße gelaufen. Die Alte aber wandte sich rufend zum Wagen um, trat auf uns zu und näherte ihr blasses Gesicht unseren Gesichtern. Wir sahen erschrocken in ihre irren schwarzen Augen, fühlten die Berührung der kalten und spitzen Nase, spürten einen herben Geruch – es roch nach Bauernhütte – und gaben ihr den verlangten Kuß. War es vielleicht die Zauberin Baba-Jaga persönlich? Auf dem Kopf der Baba-Jaga saß eine hohe, aus schmutzigen Lumpen gefertigte Kappe, während ihr Körper in einem zerlumpten, bis an den Gürtel durchnäßten Morgenrock steckte, der ihre dürren Brüste den Blicken preisgab. Und dabei schrie sie, als ob wir taub wären, als ob sie vorhätte, uns in ein wütendes Gezänk zu verwickeln. An diesem Schreien erkannten wir, daß es Tante Tonja war.

Auch Klawdija Markowna schrie auf, als sie uns sah, doch fröhlich und begeistert wie der Zögling eines Mädchenpensionats. Sie war klein und dick, hatte ein graues Bärtchen und ungewöhnlich lebhafte kleine Augen; sie saß an einem offenen Fenster des Hauses mit den zwei großen Außenfluren, strickte an einem Zwirnstrumpf und überblickte, die Brille in die Stirn geschoben, die an den Hof grenzende Gemeindewiese. Natalja, klein, dürr und sonnengebräunt, in Bastschuhen, rotem Wollrock und grauem Hemd mit einem weiten Ausschnitt um ihren dunklen, runzligen Hals, stand auf dem rechten der beiden Außenflure, verneigte sich tief und mit leisem Lächeln. Ich entsinne mich, daß ich diesen Hals, die mageren Schlüsselbeine, die müden, traurigen Augen ansah und dachte: Sie ist mit unserem

Vater aufgewachsen, das ist zwar lange her, aber hier und nirgendwo anders ist es gewesen, hier, wo vom großväterlichen, aus Eiche gefügten Haus, nachdem es mehrmals gebrannt hat, noch dieser unansehnliche Bau übriggeblieben, vom Garten die Sträucher und einige alte Birken und Pappeln, von den Wirtschaftsgebäuden und Gesindehäusern noch diese eine Hütte, ein Speicher, ein Lehmschuppen und drei von Wermut und bogigem Fuchsschwanz umwucherte Schneekeller. Es roch sogleich nach Samowar, und tausend Fragen prasselten auf uns ein; aus einem hundertjährigen Glasschrank kamen hochgestielte Kristallschalen für Eingemachtes zum Vorschein, goldene Teelöffel, die mit der Zeit dünn wie Ahornblätter geworden waren, und Zuckergebäck in Form von Kringeln, das für den Fall eines unerwarteten Besuches aufgehoben worden war. Und während das Gespräch, nach der so langen Entzweiung geflissentlich freundlich geführt, in Gang kam, streiften wir durch die dämmrigen Stuben und suchten nach der Veranda, nach einem Ausgang zum Garten.

In diesen leeren, niedrigen Stuben, die in der gleichen Weise wie zu Großvaters Zeiten angeordnet und aus den Resten jener zusammengefügt waren, in denen er selber gelebt hatte, war alles geschwärzt vom Alter, einfach und grob. In einer Ecke der Bedientenstube hing eine große dunkle Ikone des heiligen Merkurij von Smolensk, desselben, dessen Eisensandalen und Helm vor der Altarwand der ehrwürdigen Smolensker Kathedrale bewahrt werden. Wir wußten: Merkurij war ein angesehener Mann gewesen, der durch die Stimme der Ikone der Gottesmutter Hodegitria, der Wegweiserin, dazu berufen wurde, das Smolensker Gebiet vor den Tataren zu retten. Der Heilige besiegte die Tataren, schlief ein und wurde von den Feinden enthauptet. Da nahm er sein Haupt in die Hände und kam vor das Stadttor, um vom Geschehenen zu berichten. Und es war unheimlich genug, diese Susdaler Darstellung des enthaupteten Mannes, der in der einen Hand seinen behelmten, leichenhaft fahlen, bläulichen Kopf und in der anderen die Ikone der Hodegitria trug, zu sehen, dieses, wie man uns sagte, von Großvater so verehrte Heiligenbild, das mehrere Brände überstanden hatte, im Feuer gesprungen und dick mit Silber beschlagen war; auf seiner Rückseite stand, wenn auch mit abgekürzten Namen, der Stammbaum der Chruschtschows verzeichnet. Zum Heiligenbilde passend waren an den schweren Türflügeln oben und unten schwere eiserne Riegel befestigt. Die Fußbodenbretter im Saal waren unmäßig breit, glatt und dunkel, die Fenster klein und die Rahmen zum Hochklappen eingerichtet. Durch den Saal, einen kleineren Doppelgänger jenes, in dem sich die Chruschtschows einst mit Hetzpeitschen zu Tisch setzten, kamen wir in das Wohnzimmer. Hier hatte gegenüber der Tür zur Veranda früher das Klavier gestanden, auf dem Tante Tonja spielte, als sie in den Offizier Woitkewitsch, einen von Pjotr Petrowitschs Kameraden, verliebt war. Weiter hinten gähnten offene Türen zum Sofaraum und zum Eckzimmer, Türen, die dorthin führten, wo einst die eigentlichen Räume des Großvaters gelegen hatten.

Der Abend war trüb. Draußen, hinter dem stark gelichteten Garten, hinter der halbentblößten Getreidedarre, hinter den silbrigen Pappeln wetterleuchtete es, und für Augenblicke flammten da und dort rosig-goldene Wolkengebirge auf. Den dunklen Troschiner Wald, der sich fern hinter dem Garten an den Hügellehnen jenseits der Schluchten abzeichnete, hatte der Regenguß offenbar nicht gestreift. Trockener, warmer Eichengeruch wehte von dort herüber und vermischte sich mit dem Geruch des Gemüsegartens, mit dem weichen und feuchten Wind, der über die Wipfel der Birken dahinging, die von der Allee übriggeblieben waren, über die hohen Brennesseln, das Steppengras und das Gesträuch um die Veranda. Und über allem, alles beherrschend – die tiefe Stille des Abends, der Steppe, des weiten und einsamen russischen Landes.

»Zum Tee bitte«, rief eine leise Stimme uns an.

Sie war es, Natalja, die an diesem ganzen Leben teilgenommen hatte und nun seine Zeugin, seine wichtigste Künderin war. Und hinter ihr her bewegte sich ihre Herrin; sie starrte aus aufmerksamen irren Augen und glitt zeremoniös, ein wenig vorgebeugt, über den glatten dunklen Fußboden auf uns zu. Die Kappe hatte sie nicht abgelegt, doch trug sie jetzt statt jenes Morgenrocks ein altmodisches Kleid aus Barège; um ihre Schultern war ein ausgeblaßter goldtoniger Seidenschal gelegt.

»Où êtes-vous, mes enfants?« rief sie mit einem artigen Lächeln, und ihre Stimme, deutlich und schrill wie die eines Papageis, schwang wunderlich durch die leeren, finsteren Räume.

3

Wie von Natalja, von ihrer bäuerlichen Einfachheit, von ihrer schönen und bemitleidenswerten, gänzlich von Suchodol hervorgebrachten Seele, ging auch vom ruinierten Suchodoler Herrenhaus ein Zauber aus.

Im alten Wohnzimmer, wo sich der Fußboden gesenkt hatte, duftete es nach Jasmin. Die morsche, vor Alter graublaue Veranda, von der man, da Stufen fehlten, hinunterspringen mußte, ertrank in Brennesseln, Holunder und Spindelbaum. An heißen Tagen, wenn die Sonne herabbrannte, die durchgehangenen Glastüren geöffnet waren und von den Scheiben ein fröhlicher Abglanz auf einen trüben ovalen Spiegel übersprang, der an der Wand gegenüber der Tür hing, erinnerten wir uns an Tante Tonjas Klavier, das einst unter diesem Spiegel gestanden hatte. Sie hatte auf ihm gespielt, den Blick auf die vergilbten, mit verschnörkelten Titeln geschmückten Notenblätter gerichtet, während er hinter ihr stand, die linke Hand in die Hüfte stemmte, die Kiefer fest aufeinanderbiß und ein finsteres Gesicht machte. Wunderbare Schmetterlinge – in Kleidchen aus buntem Kattun, in japanische Gewänder, in schwarzvioletten Samt gehüllt – flatterten ins Zimmer. Und eines Tages vor seiner Abreise klatschte er einen solchen Falter, der bebend auf dem Pianodeckel erstarb, ärgerlich mit der flachen Hand. Alles, was übrigblieb, war silberner Staub. Und als die ahnungslosen Stubenmädchen ihn nach einigen Tagen wegwischten, bekam Tante Tonja einen hysterischen Anfall.

Wir traten aus dem Wohnzimmer auf die Veranda hinaus, setzten uns auf die erwärmten Bretter und grübelten. Der Wind, der über den Garten hinging, trug uns das seidige Rascheln der Birken zu – der Birken mit ihren weißen, schwarz gemusterten Atlasstämmen, dem breiten, verästelten grünen Gezweig; der

Wind blies rauschend und raschelnd von den Feldern, und schrill und freudig schrie eine grüngoldene Amsel auf und schoß wie ein Pfeil über weiße Blumen hinter den geschwätzigen Dohlen einher, die mit ihrer zahlreichen Verwandtschaft in den zerfallenen Schornsteinen und auf den dunklen Dachböden hausten, wo es nach alten Ziegelsteinen roch und Streifen von goldenem Licht durch die Dachluken auf die grauvioletten Aschehügel niederfielen; der Wind erstarb, auf den Blumen vor der Veranda krochen schläfrige Bienen umher und taten ihre gemächliche Arbeit, und nur noch das Flüstern des silbrigen Pappellaubs hörte man in der Stille, gleichmäßig rieselnd wie ununterbrochener Regen. Wir streiften durch den Garten und drangen bis in das Dickicht an seinem Rande vor. Dort, an seinem Rande, wo der Garten mit den Getreidefeldern zusammenfloß, lebten in einem urgroßväterlichen Badehaus mit eingestürzter Decke weiße Kaninchen; es war dasselbe Badehaus, in dem Natalja Pjotr Petrowitschs entwendeten kleinen Spiegel verwahrte. Wie weich die Kaninchen auf die Schwelle gehoppelt kamen, wie drollig sie ihren Schnurrbart und ihre gespaltenen Lippen bewegten und mit den hervortretenden, weit auseinanderstehenden Augen zu den hohen Kratzdisteln, den Tollkrautbüschen, dem Brennesselgestrüpp hinüberschielten, in dem die Schlehenpflaume und der Kirschbaum erstickten! In der halbabgedeckten Getreidedarre aber hauste ein Uhu. Er saß auf einem Querbalken in einer möglichst dunklen Ecke, hielt die Ohren steif aufgerichtet und glotzte aus gelben blinden Pupillen; er hatte etwas Scheues und Teuflisches an sich. Die Sonne sank fern hinter dem Garten ins Getreidemeer, ein heiterer, friedlicher Abend brach an, im Troschiner Wald rief ein Kuckuck, und irgendwo über den Wiesen ließ voller Wehmut der alte Stjopa die Holunderpfeife erklingen. Der Uhu saß da und wartete auf die Nacht. In der Nacht lag alles im Schlaf: die Felder, das Dorf, der Gutshof. Der Uhu aber stöhnte und weinte. Er kreiste lautlos um die Getreidedarre, strich über den Garten hin und kam zu Tante Tonjas Hütte geflogen; dort ließ er sich schwerelos auf das Dach nieder und schrie jämmerlich auf. Die Tante erwachte auf ihrer Ofenbank.

»Jesus, lieblicher, erbarme dich mein«, flüsterte sie und seufzte.

Schläfrig und unzufrieden summten die Fliegen unter der Decke der heißen und dunklen Stube. Jede Nacht wurden sie durch etwas geweckt. Mal rieb sich die Kuh mit ihrer Flanke an der Hüttenwand, mal lief eine Ratte über die abgerissen erklirrenden Tasten des Klaviers, glitt ab und stürzte polternd auf die Scherben, die Tante Tonja sorgfältig in einer Ecke zusammentrug, mal kehrte der alte schwarze Kater erst spät in der Nacht nach Hause zurück und miaute träge um Einlaß, oder es kam der Uhu mit seinen unheilverkündenden Schreien herbeigeflogen. Und die Tante überwand ihre Schläfrigkeit, scheuchte die Fliegen fort, die bei der Dunkelheit in ihre Augen krochen, stand auf, tastete sich an den Bänken entlang zum Ausgang, klappte mit der Tür, trat auf die Schwelle und schleuderte auf gut Glück ein Nudelholz zum Sternenhimmel hinauf. Der Uhu schurrte mit den Flügeln über das Stroh, glitt raschelnd vom Dach und ließ sich in die dunkle Tiefe fallen. Er berührte fast den Boden, schwebte auf die Getreidedarre zu, schwang sich hoch und landete auf dem Dachfirst. Und wieder drang sein Weinen hinüber bis zum Herrenhaus. Da saß er, als grüble er über Vergangenes nach, bis er urplötzlich einen Schrei des Erstaunens ausstieß; dann schwieg er still und begann unvermittelt hysterisch zu ächzen, zu lachen, aufzukreischen; er hielt aufs neue inne und brach in Stöhnen, Jammern und Schluchzen aus. Die Nächte aber, dunkel und warm unter den violetten Wölkchen, waren ruhig und still. Schläfrig rieselte das Flüstern der schläfrigen Pappeln in ihnen dahin. Ein zögerndes Wetterleuchten flimmerte über dem dunklen Troschiner Wald, und es roch warm und trocken nach Eiche. Über den ebenen Haferfeldern am Walde flammte in einer Himmelsschneise zwischen den Wolken gleich einem überdachten Grabkreuz das silberne Dreieck des Skorpions.

Wir kehrten meist spät in das Haus zurück. Wir hatten uns sattgeatmet am Tau, an der Frische der Steppe, der Feldblumen und der Gräser, stiegen vorsichtig die Treppenstufen zum Flur hinauf und betraten das dunkle Vorzimmer. Und oft trafen wir Natalja beim Gebet vor der Ikone des Merkurij an. Sie stand da barfuß, klein, die Hände ans Herz gedrückt, flüsterte; bekreuzigzigte sich und verneigte sich vor dem, der im Dunkeln nicht zu sehen war – und das alles so einfach, als spräche sie mit jemand, der ihr sehr nahe und ebenso einfach, gütig und mitleidig war wie sie.

»Natalja!« riefen wir sie leise an.

»Ja?« gab sie schlicht und leise zur Antwort und unterbrach ihr Gebet.

»Warum schläfst du denn noch nicht?«

»Dazu hat's wohl noch Zeit im Grabe.«

Wir setzten uns auf eine Bank und öffneten das Fenster; Natalja stand, die Hände ans Herz gedrückt. Der geheimnisvolle Schein des Wetterleuchtens erhellte die dunklen Stuben; weit draußen in der taufeuchten Steppe schlug eine Wachtel. Eine wach gewordene Ente erhob auf dem Teich ein warnendes, aufgeregtes Geschnatter.

»Spazieren gewesen?«

»Ja.«

»Warum auch nicht? Wenn man noch jung ist. Wir sind damals so manches Mal die ganze Nacht draußen geblieben. Die Abenddämmerung lockte uns aus dem Haus, die Morgendämmerung trieb uns wieder zurück.«

»Es war wohl früher ein schönes Leben?«

»Jawohl.«

Und ein langes Schweigen trat ein.

»Warum nur der Uhu so schreit, Wärterin?« fragte meine Schwester.

»Der schreit auch ohne vernünftigen Grund, hol ihn der Teufel! Wenn doch wenigstens irgendwer ein paar Schreckschüsse auf ihn abgeben wollte! Man grault sich geradezu, man denkt: wird es ein Unglück geben? Das Fräulein ängstigt sich immerfort. Sie ist doch so furchtbar schreckhaft!«

»Wie ist sie denn eigentlich erkrankt?«

»Wie soll sie schon erkrankt sein? Immer nur Tränen, Tränen und Sehnsucht. Später fing sie an zu beten. Immer grimmiger wurde sie gegen uns Mägde und immer böser mit ihren Brüdern.«

Und wir erinnerten uns der Hetzpeitschen und fragten: »Man lebte also nicht gerade friedlich?«

»Von friedlich konnte wohl keine Rede sein! Besonders nicht, seit das Fräulein krank, der Großvater tot und die junge Herrschaft an der Macht war und seit der verstorbene Pjotr Petrowitsch geheiratet hatte. Sie waren alle sehr hitzig, das reinste Schießpulver!«

»Und bekam das Gesinde oft Prügel?«

»Das gab es bei uns nicht. Wie sehr hatte ich mich vergangen! Und dennoch geschah weiter nichts, als daß Pjotr Petrowitsch befahlen, mir mit der Schafschere den Kopf kahlzuscheren, mich in ein grobes Zwillichhemd zu stecken und auf ein Vorwerk zu bringen.«

»Was hattest du denn eigentlich verbrochen?«

Doch die Antwort kam keineswegs immer sehr rasch und war keineswegs immer unmittelbar. Natalja erzählte bisweilen mit erstaunlicher Offenheit und Genauigkeit; aber gelegentlich stockte sie auch und dachte nach; dann pflegte sie flüchtig zu seufzen, und wir erkannten an ihrer Stimme, ohne in der Dunkelheit ihr Gesicht zu sehen, daß sie traurig vor sich hinlächelte.

»Was konnte ich schon verbrochen haben? Ich hab es doch schon erzählt. Jung und töricht bin ich gewesen, jawohl. Wie zum Trotz, mir zum Leid, sang im Garten derzeit ... Nun ja, ich war eben ein unschuldiges Ding.«

Meine Schwester drängte dann wohl behutsam: »So sag diese Verse doch schon her, Wärterin!«

Und Natalja wurde verlegen.

»Das sind keine Verse, das ist ein Lied. Ich weiß jetzt auch gar nicht, wie's weitergeht.«

»Das ist nicht wahr, das ist nicht wahr!«

»Also gut, bitte ...«

Und hastig vollendete sie: »Sang zum Trotz, mir zum Leid ... Oder nein: Wie zum Trotz, mir zum Leid, sang im Garten derzeit schmachtend die Nachtigall. Keinen Schlaf mehr vergönnt mir, der Törin, der Hall ...«

Die Schwester mußte sich überwinden, bevor sie fragte: »Und hast du unseren Onkel sehr geliebt?«

»Jawohl, sehr.«

»Gedenkst du seiner jedesmal, wenn du betest?«

»Jawohl, immer.«

»Man sagt, du bist damals ohnmächtig geworden, als man dich nach Soschki brachte?«

»Jawohl, das bin ich. Wir Leute vom Hofgesinde waren schrecklich empfindlich. Wenn's hart auf hart ging, versagten wir, ganz anders als so ein grauer Einzelhöfer. Als Jewsej Bodulja mich damals fortbrachte, war ich vor Leid und Entsetzen ganz außer mir. In der Stadt wäre ich bald erstickt, so ungewohnt war mir das alles. Als wir dann aber in die Steppe hinausfuhren, wie traurig und empfindsam mir da zumute wurde! Ein Offizier jagte an uns vorüber, der Pjotr Petrowitsch ähnlich sah, und ich schrie auf und fiel in Ohnmacht. Als ich dann aber wieder zu mir kam, lag ich ausgestreckt auf dem Wagen und dachte mir: Wie gut mir doch ist, ganz wie im Himmelreich!«

»Er war wohl sehr streng?«

»Streng, daß sich Gott erbarm!«

»Aber eigenwilliger als alle anderen war denn doch wohl die Tante!«

»Jawohl, das ganz gewiß. Ich sage euch ja, man brachte sie damals sogar zu einem gottgefälligen Mann. Was haben wir alles ausgestanden! Da hätten sie leben können, herrlich und in Freuden, aber sie wurden hochmütig und verloren den Verstand. Wie sehr dieser Woitkewitsch sie geliebt hat! Aber nein – helf er sich!«

»Nun gut, und der Großvater?«

»Was machte das ihnen schon aus! Sie waren ja nicht bei vollem Verstande! Aber natürlich fuhren auch sie gelegentlich aus der Haut. Hitzig waren sie damals alle. Dafür aber nahm die Herrschaft damals ja auch mit unsereinem vorlieb. So kam es, daß euer Vater – wie sich das schließlich auch gehörte – Gerwaska zum Mittagessen als Bedienung befahlen, des Abends aber, kaum daß man sich dessen versah, mit dem Gesinde allerlei Kurzweil trieben und sich im Balalaikaspielen mit ihm ergötzten.«

»Und sag, sah er denn gut aus, dieser Woitkewitsch?«

Natalja überlegte.

»Nein, das wohl nicht, er sah eher aus wie ein Kalmücke. Aber ernst und beharrlich, das war er. Immerzu las er ihr Verse vor und ängstigte sie, er werde sterben und wiederkehren, um sie zu holen.«

»Auch Großvater war wohl durch Liebe um den Verstand gekommen?«

»Der büßte ihn euer Großmutter wegen ein. Das, Verehrte, steht auf einem andern Blatte. Doch schließlich war das ganze Haus bei uns ein wenig düster, fröhlich jedenfalls nicht, weiß Gott. Aber hört zu, was ich in einfältigen Worten zu erzählen habe.«

Und Natalja begann zögernd und flüsternd einen langen, sehr langen Bericht ...

4

Wenn man der Überlieferung trauen darf, ist unser Urgroßvater, ein reicher Mann, schon betagt aus der Gegend von Kursk nach Suchodol übergesiedelt; er fand an unseren Breiten mit ihrer Einsamkeit, mit ihren Wäldern keinen Gefallen. Daß aber »in alten Tagen überall Wald war«, ist schließlich eine sprichwörtliche Wahrheit. Wer vor zweihundert Jahren auf unseren Landstraßen dahinzog, kam überall durch dichte Wälder. Im Wald verloren sich sowohl das Flüßchen Kamenka als auch die Anhöhen, auf denen es entsprang, das Dorf, der Gutshof und die hügeligen Felder um das Dorf herum. Doch schon zu Großvaters Zeiten hatte sich das geändert. Zu Großvaters Zeiten bot sich dem Auge ein anderes Bild: freie, schon halb an Steppe erinnernde Weite, kahle Hänge, Roggen, Hafer und Buchweizen auf den Feldern, entlang der Landstraße hier und da eine hohle Weide und in den Suchodoler Schluchten nichts als weißes Geröll. Von all den Wäldern war nur noch das Troschiner Wäldchen übrig. Der Garten allerdings war gewiß wunderbar; eine Allee von siebzig weitverzweigten Birken, Kirschbäume, die in Brennesseln ertranken, undurchdringliche Dickichte von Himbeersträuchern, Akazien, Flieder und außen, an den Rändern, so gut wie ein ganzer Hain von Silberpappeln, der in die Kornfelder überging. Das Haus hatte ein Strohdach, dick, dunkel und zuverlässig. Und es ging auf einen Gutshof hinaus, zu dessen Seiten sich ganz lange Wirtschaftsgebäude und mehrgliedrige Gesindehäuser hinzogen, während sich jenseits des Hofs die endlose grüne Gemeindewiese und das weitläufige gutsherrliche Dorf ausbreiteten, groß, arm und unbekümmert.

»Ganz nach der Herrschaft!« pflegte Natalja zu sagen. »Denn auch die Herrschaft dachte nicht wirtschaftlich, war nicht habgierig. Semjon Kirillytsch, des Großvaters Bruder, ließen sich mit einem eigenen Anteil abfinden; sie nahmen das meiste und beste, das eigentliche Stammgut, für sich in Anspruch, während man uns nur Soschki und Suchodol sowie vierhundert leibeigene Seelen zuschlug. Und von diesen vierhundert lief beinahe die Hälfte davon.«

Großvater Pjotr Kirillytsch starb mit ungefähr fünfundvierzig Jahren. Der Vater erzählte uns wiederholt, Großvater sei von Verstand gekommen, als er auf einem Teppich im Garten eingeschlafen und von einem plötzlich losbrechenden Wirbelsturm mit einem wahren Hagel von Äpfeln überschüttet worden sei. Unter dem Hofgesinde erklärte man sich nach Nataljas Worten seinen Schwachsinn jedoch auf andere Weise, und zwar damit, daß ihn der Tod seiner schönen Frau, unserer Großmutter, in Liebeskummer gestürzt habe und daß gegen Abend an diesem Tage ein äußerst schweres Gewitter über Suchodol niedergegangen sei. So brachte Pjotr Kirillytsch, ein etwas gebeugter brünetter Mann mit schwarzen, aufmerksam-freundlichen Augen, der einige Ähnlichkeit mit Tante Tonja hatte, den Rest seiner Tage in stillem Wahnsinn zu. Mit dem Geld wußte man nach Nataljas Worten früher einfach nicht mehr wohin, so daß der Großvater, der in Saffianstiefeln und buntem Hausrock lautlos im Hause umherschlich, sich vorsichtig umsah und die Goldstücke in den Ritzen der eichenen Balken versteckte.

»Ich leg das für Tonetschkas Mitgift zurück«, murmelte er, wenn man ihn ertappte. »Es ist sicherer so, meine Freunde, glaubt mir! Aber im übrigen – wie ihr wollt: Wenn ihr's nicht wünscht, tue ich es nicht wieder.«

Und dann tat er es aufs neue. Oder er stellte die schweren Möbel im Speisesaal und im Wohnzimmer um; immer erwartete er jemand, obwohl sich die Nachbarn fast nie in Suchodol blicken ließen. Oder er klagte über Hunger und braute sich eigenhändig eine Wassersuppe zurecht; er zerstieß und zerrieb mit ungeschickten Händen grünen Lauch in einer Holzschale, bröckelte Brot hinein, goß dicken, schäumenden Weizenmehlkwas darüber und schüttete soviel graues, grobkörniges Salz dazu, daß sich die Suppe als bitter erwies und er sie nicht essen konnte. Wenn aber nach dem Mittagessen das Leben im Gutshaus erstarb, alle in ihre Lieblingsecken verschwanden und sich für längere Zeit schlafen legten, wußte der einsame Pjotr Kirillytsch, der selbst nachts nur wenig schlief, nichts mit sich anzufangen. Und er hielt die Einsamkeit nicht aus, lugte in Schlafzimmer, Vorzimmer und Mädchenkammern und rief die Schlafenden vorsichtig mit Namen an.

»Schläfst du, Arkascha? Schläfst du, Tonjuscha?«

Und wenn er dann mit einem ärgerlichen »So lassen Sie mich doch in Frieden, Papachen!« angefahren worden war, beschwichtigte er sein Opfer mit den hastigen Worten: »Schlaf nur, schlaf, meine Liebe! Ich will dich nicht wecken ...«

Und er setzte seinen Rundgang fort, wobei er nur die Lakaienstube mied, denn die Lakaien waren ein reichlich grobes Volk; doch zehn Minuten später erschien er wieder auf der Schwelle und rief den Schlafenden noch vorsichtiger an, wobei er schwindelte, durchs Dorf sei unter Schellengeklingel eine Postkutsche gerollt – »Womöglich Petenka, der aus dem Regiment in Urlaub kommt?« –, oder es ziehe sich eine schreckliche Hagelwolke zusammen.

»Vor einem Gewitter hatten die Guten denn doch sehr große Angst«, erzählte Natalja. »Ich war damals noch ein kleines Mädel und lief ohne Kopftuch herum, aber erinnern kann ich mich daran dennoch. Unser Haus war irgendwie schwarz, nicht gerade heiter, weiß Gott! Und ein Sommertag ist lang wie ein Jahr. Das Gesinde stand sich gegenseitig im Wege; allein an Lakaien hatten wir fünf. Nun ja, wie das so ist, wenn sich die junge Herrschaft nach dem Mittagessen zur Ruhe legte, dann machten wir treuen Knechte und vorbildlichen Diener es ihnen nach. Und hier nun durfte Pjotr Kirillytsch uns nicht behelligen, besonders den Gerwaska nicht. ›Lakaien! He, Lakaien! Schlaft ihr?‹ Gerwaska hebt seinen Kopf über der Truhe und fragt: ›Willst du, daß ich dir deinen Hosenboden mit Brennesseln ausstopfe?‹ – ›Zu wem sagst du das, Nichtsnutz verdammter?‹ – ›Zum Hausgeist, Herr; ich sprach noch im Schlaf.‹ Nun ja, da gehen denn Pjotr Kirillytsch aufs neue durch den Speisesaal, durchs Wohnzimmer und spähen immer wieder zum Fenster hinaus in den Garten: ob sich auch keine Wolke zeigt? Und Gewitter, das stimmt nun mal, zogen sich in alten Zeiten weiß Gott wie häufig zusammen. Und schwer waren sie auch. Wenn am Nachmittag manchmal die Goldamsel schrie und hinter dem Garten hervor die Wolken heraufzogen ... Ganz dunkel wurde es dann im Haus, das Steppengras und das Brennesseldickicht rauschten, die Puten mitsamt den Küken verkrochen sich unter der Veranda. Geradezu unheimlich, geradezu unbehaglich war einem zumute. Pjotr Kirillytsch aber, der Verehrte, seufzten, bekreuzigten sich und beeilten sich, eine Wachskerze vor den Heiligenbildern zu entzünden und das geweihte Handtuch eures verstorbenen Urgroßvaters hinzuhängen. Vor diesem Handtuch ängstigte ich mich zu Tode! Oder sie warfen eine Schere vors Fenster. Das mit der Schere war wichtig vor allen Dingen; es ist sehr gut gegen Gewitter.«

Ein wenig fröhlicher ging es im Suchodoler Hause zu, solange die Franzosen in ihm lebten – zuerst ein gewisser Louis Iwanowitsch, der in äußerst weiten, nach unten engeren Hosen herumging, einen langen Schnurrbart und träumerische blaue Augen hatte und seine Haare über der Glatze von Ohr zu Ohr gekämmt trug, später die schon bejahrte, ewig fröstelnde Mademoiselle Sizy –, solange durch alle Zimmer Louis Iwanowitschs Stimme schallte, der Arkascha anschrie: »Ge-en Sie, aber kommen Sie nicht surück!«, solange man im Klassenzimmer noch hörte: »Maître corbeau sur un arbre perché ...«, solange Tonetschka sich im Klavierspielen übte. Acht Jahre lang lebten die Franzosen in Suchodol, sie blieben dort, damit sich Pjotr Kirillytsch nicht langweile, und verließen, nachdem die Kinder in die Gouvernementsstadt gebracht worden waren, erst kurz vor deren drittem Ferienaufenthalt das Haus. Als diese Ferien aber zu Ende waren, schickte Pjotr Kirillytsch weder Arkascha noch Tonetschka wieder fort; seiner Ansicht nach genügte es, wenn Petenka allein fuhr. Und die Kinder blieben von da an für immer ohne Schule und Aufsicht.

Natalja pflegte zu sagen: »Ich war ja jünger als sie alle. Was aber Gerwaska anbetrifft, so waren er und der Vater beinahe gleichaltrig und so die allerbesten Freunde und Gefährten. Nur allerdings heißt es mit Recht: Wolf und Pferd sind kein Paar. Sie freundeten sich an, schworen einander ewige Freundschaft und tauschten sogar die Segenskreuzchen, aber gleich darauf richtete Gerwaska etwas an: es fehlte nicht viel, und er hätte euren Vater im Teich ertränkt! Obwohl noch nicht trocken hinter den Ohren, verstand er sich doch schon auf üble Streiche. ›Wie ist das‹, sagte er eines Tages zum Herrchen, wenn Ihr erwachsen seid, werdet Ihr mich dann prügeln lassen?‹ – ›Gewiß.‹ – ›Und ich sage: Nein!‹ – ›Wieso denn das?‹ – ›Einfach so.‹ Und er dachte sich etwas aus: Da stand bei uns über denTeichen unmittelbar am Hang ein Faß herum; er nun bemerkte das und gab Arkadij Petrowitsch ein, ins Faß hineinzukriechen und hinunterzurollen. ›Zuerst‹, sagte er, ›seid Ihr daran, Herrchen, dann komme ich.‹ Und das Herrchen ging denn auch wirklich darauf ein, kroch in das Faß, stieß sich ab und polterte den Berg hinunter geradswegs auf das Wasser zu... Heilige Muttergottes! Hinunter ging's, daß eine Säule von Staub hochwirbelte! Ein Glück noch, daß ein paar Hirten in der Nähe waren.«

Solange die Franzosen in Suchodol lebten, bewahrte das Haus noch eine gewisse Wohnlichkeit. Zu Großmutters Zeiten gab es in ihm sowohl herrschaftliche Gewalt als auch hausherrliche Umsicht, Macht und Unterordnung, repräsentative und gewöhnliche Räume, Werk- und Feiertage. Der äußere Schein alles dessen erhielt sich noch, solange die Franzosen da waren. Doch die Franzosen fuhren fort, und das Haus war endgültig ohne Herrn. Während die Kinder noch klein waren, schien Pjotr Kirillytsch dem Ganzen vorzustehen. Aber was vermochte er schon? Wer beherrschte wen: er das Gesinde oder das Gesinde ihn? Der Flügel wurde verschlossen, das Tischtuch auf dem eichenen Tisch verschwand; man aß ohne Tischtuch zu Mittag, aß wie sich's traf, und im Flur war vor Windhunden kaum zu treten. Es war plötzlich niemand mehr da, der für Sauberkeit sorgte, und die ohnehin dunklen Balkenwände, die dunklen Fußböden und Decken, die dunklen, schweren Türen und Türstürze, die alten Heiligenbilder mit ihren Susdaler Gesichtern, die eine ganze Saalecke bedeckten, schwärzten sich bald ganz und gar. In den Nächten, besonders wenn es gewitterte, der Garten im rauschenden Regen dalag, alle Augenlicke die Antlitze auf den Heiligenbildern aufflammten und über dem Garten der zuckende, rosig-goldene Himmel aufbrach, bis dann im Dunkeln krachend die Donnerschläge zerbarsten – in den Nächten war es im Hause unheimlich. Am Tage dagegen erschien alles schläfrig, öde und leer. Mit den Jahren wurde Pjotr Kirillytsch immer schwächer und trat immer weniger hervor, so daß als Frau des Hauses die altersschwache Darja Ustinowna, Großvaters einstige Amme, einsprang. Doch ihre Macht war kaum größer als seine, der Gutsaufseher Demjan aber mischte sich in die Verwaltung des Hauses nicht ein; er kannte nur die Feldwirtschaft und meinte gelegentlich mit trägem Spott: »Was denn, ich lasse doch meine Herrschaft nicht darben.« Der Vater, damals ein Jüngling, hatte anderes zu tun, als sich um Suchodol zu kümmern: er hatte nur die Jagd, die Balalaika und seine Liebe zu Gerwaska im Sinn, der zwar zu den Lakaien zählte, aber zusammen mit seinem Herrn für ganze Tage an irgendwelche Meschtschersker Sümpfe oder in die Wagenremise verschwand, wo man die Raffinessen des Balalaika- und Rohrpfeifenspielens studierte.

»Wir wußten von vornherein«, erzählte Natalja, »zu Hause schliefen sie nur. Schliefen sie aber nicht, dann konnten sie nur im Dorf, in der Wagenremise oder zur Jagd sein: im Winter auf Hasen, im Herbst auf Füchse, im Sommer auf Wachteln, auf Enten oder auf Trappen; sie bestiegen die Reitdroschke, warfen sich das Gewehr über, riefen Dianka, und fort ging's mit Gott: heute zur Serednjaja-Mühle, morgen zu den Meschtschersker Sümpfen, übermorgen in die Steppe hinaus. Und immer mit Gerwaska. Der war bei allem der Anführer, tat aber so, als stifte der junge Herr ihn zu allem an. Ihn, seinen Feind, liebte Arkadij Petrowitsch wie seinen leiblichen Bruder, der aber verhöhnte ihn nur – je weiter, je ärger. Da sagen der junge Herr: ›Also los, Gerwassij, zu den Balalaikas! So bring mir doch um Christi willen »Versunken ist hinter dem Wald die rote Sonne...« bei!‹ Gerwaska aber sieht ihn nur an, bläst Rauch durch die Nase und sagt mit einem spöttischen Lächeln: ›Küssen Sie mir doch erstmal die Hand!‹ Arkadij Petrowitsch wird kreidebleich, springt auf und schlägt ihm mit aller Kraft auf die Wange, der aber zuckt nur zurück mit dem Kopf und wird noch düsterer, verfinstert sich wie irgendein Räuber. ›Aufstehen, du Taugenichts!‹ Er steht auf, strafft sich wie so ein Windhund, die Plüschhosen hängen an ihm herunter, er schweigt. ›Bitte mich um Verzeihung!‹ – ›Ich bitte um Verzeihung, Herr!‹ Der junge Herr aber bekommt keine Luft mehr und weiß nicht, was er noch sagen soll. ›Na also, Herr!‹ schreit er ihn an. ›Ich bin darauf bedacht, dich Taugenichts wie meinesgleichen zu behandeln, ich denke manchmal, ich würde meine Seele für ihn hergeben. Und du? Erbost du mich mit Absicht gegen dich?‹«

»Seltsame Sache!« sagte Natalja. »Gerwaska verhöhnte den Großvater und den jungen Herrn, und mich verhöhnte das Fräulein. Und doch hatten der junge Herr und, wenn man ehrlich ist, auch der Großvater an Gerwaska einen Narren gefressen, wie ich das Fräulein grenzenlos lieb gewann, nachdem ich aus Soschki zurückgekehrt war und mich nach meinem Vergehen allmählich besann.«

5

Mit Hetzpeitschen pflegte man sich erst nach des Großvaters Tod an den Tisch zu setzen, nachdem Gerwaska bereits geflohen war, Pjotr Petrowitsch geheiratet, Tante Tonja, im Geiste gestört, sich ihrem innigst geliebten Jesus als Braut geweiht hatte und Natalja aus dem besagten Soschki zurückgekehrt war. An Tante Tonjas Geistesgestörtheit und an Nataljas Verbannung aber hatte die Liebe schuld.

Die langweiligen, dumpfen Großvaterzeiten wurden durch die Zeit der jungen Herrschaft abgelöst. Pjotr Petrowitsch, der überraschend für alle den Abschied nahm, kehrte nach Suchodol zurück. Und seine Ankunft erwies sich für Tante Tonja wie für Natalja als verhängnisvoll.

Beide verliebten sich. Sie merkten nicht, wie das geschehen war. Zuerst schien ihnen nur, das Leben sei einfach vergnügter geworden.

Pjotr Petrowitsch gab dem Leben in Suchodol zunächst eine andere Wendung: es wurde feiertäglich und herrschaftlich. Er war mit einem Kameraden, Woitkewitsch, angekommen und hatte einen Koch mitgebracht, einen rasierten Alkoholiker, der verächtlich zu den grün angelaufenen, geriefelten Geleeformen und zu den ungeschlachten Messern und Gabeln hinüberschielte. Pjotr Petrowitsch wollte vor seinem Kameraden gastfrei, freigebig und reich erscheinen und tat es ungeschickt, auf jungenhafte Weise. Er war ja auch wirklich fast noch ein Knabe, von zartem und wohlgestaltem Äußeren zwar, doch seiner Natur nach heftig und hart, ein Knabe, der selbstsicher schien, sich aber leicht verwirren ließ, dann beinah Tränen weinte und seinen Ärger über den, der ihn verwirrt hatte, lange Zeit nicht vergaß.

»Wenn ich mich recht erinnere, Bruder Arkadij«, sagte er gleich am ersten Tage nach seiner Ankunft in Suchodol, »wenn ich mich recht erinnere, hatten wir einen gar nicht so üblen Madeira im Hause?«

Der Großvater wurde rot, wollte zwar etwas sagen, fand aber nicht den Mut dazu und nestelte nur an seinem Hausrock und auf der Brust herum.

Arkadij Petrowitsch fragte verwundert: »Was denn für ein Madeira?«

Gerwaska aber sah Pjotr Petrowitsch unverschämt an und grinste.

»Sie belieben das wohl vergessen zu haben, gnädiger Herr«, wandte er sich an Arkadij Petrowitsch, ohne auch nur den Versuch zu machen, seinen Spott zu verbergen. »Bei uns wußte man mit diesem Madeira tatsächlich nicht mehr wohin. Aber zuletzt haben wir Knechte uns über ihn hergemacht. Der Wein war herrschaftlich, aber wir tranken ihn ohne Sinn und Verstand statt Kwas.«

»Was soll das heißen?« rief Pjotr Petrowitsch und wurde dunkelrot. »Mund halten!«

Der Großvater fiel begeistert ein.

»Gut so, gut, Petenka! Bravo!« rief er freudig mit dünner Stimme und hätte beinahe geweint. »Du kannst dir einfach nicht vorstellen, wie er mich fertigmacht! Ich habe mir schon mehr als einmal gesagt: Schleich dich an ihn heran und schlag ihm mit einem ehernen Stößel den Schädel ein! Mein Wort, so habe ich mir gesagt! Ich setz ihm noch einen Dolch zwischen die Rippen, gleich bis ans Heft!«

Aber Gerwaska verlor auch hier nicht den Kopf.

»Ich, mein gnädiger Herr, habe mir sagen lassen, daß dergleichen ziemlich empfindliche Strafen nach sich zieht«, entgegnete er, während er sich verfinsterte. »Im übrigen geht auch mir schon der Gedanke nicht mehr aus dem Kopf: Ob's für den gnädigen Herrn nicht an der Zeit wäre, ins Himmelreich abzukratzen?«

Pjotr Petrowitsch ließ später durchblicken, er habe sich bei der so überraschend frechen Antwort nur des Fremden wegen zurückgehalten.

Er sagte zu Gerwaska nur das eine: »Daß du sofort verschwindest!« Später tat ihm seine Hitzigkeit sogar leid, und er schlug, während er sich bei Woitkewitsch entschuldigte, lächelnd seine bezaubernden Augen zu ihm auf, Augen, die man lange nicht mehr vergaß, wenn man Pjotr Petrowitsch gekannt hatte.

Diese Augen gingen denn auch Natalja allzu lange nicht aus dem Sinn.

Ihr Glück war außerordentlich kurz; wer hätte auch geglaubt, daß es mit einer Reise nach Soschki, dem bemerkenswertesten Ereignis ihres Lebens, enden würde?

Das Vorwerk Soschki hat sich bis auf den heutigen Tag erhalten, wenn es auch längst in den Besitz eines Kaufmanns aus Tambow übergegangen ist. Es besteht aus einem langgestreckten Bauernhaus, das inmitten einer leeren Ebene steht, einem Speicher, einem Ziehbrunnen und einer Tenne, um die herum sich Gemüsefelder hinziehen. So war das Vorwerk natürlich auch schon zu Großvaters Zeiten, und auch die Stadt, die auf dem Wege von Suchodol zu ihm liegt, hat sich wenig verändert.

Vergangen hatte sich Nataschka dadurch, daß sie, ganz überraschend für sich selber, Pjotr Petrowitsch einen zusammenklappbaren, silbergefaßten kleinen Spiegel stahl. Sie sah diesen Spiegel und war von seiner Schönheit entzückt – wie übrigens von allem, was Pjotr Petrowitsch gehörte, und sie konnte nicht widerstehen. Sie verlebte einige Tage, während derer man das Verschwinden des Spiegels noch nicht bemerkte, niedergeschmettert von ihrer Missetat und behext von ihrem schrecklichen Geheimnis, ihrem Schatz, wie im Märchen von der feuerroten Blume. Wenn sie sich schlafen legte, flehte sie zu Gott, die Nacht möge schnell vergehen und der Morgen recht bald anbrechen; es war so feiertäglich im Haus, das aufgelebt war und sich mit etwas Neuem und Wunderbarem erfüllt hatte, seitdem der schöne junge Herr angekommen war, elegant, mit Pomade im Haar, mit einem hohen roten Kragen am Waffenrock und einem Gesicht, das zwar dunkel, zugleich aber zart wie das eines Fräuleins war; feiertäglich war es sogar im Vorzimmer, wo Nataschka schlief und wo sie sich, wenn sie beim Morgengrauen von ihrer Truhe sprang, sofort erinnerte, daß in der Welt Freude war, weil an der Schwelle ein Paar so leichter Stiefel, daß selbst ein Zarensohn sie hätte tragen können, auf Reinigung warteten; am schrecklichsten und am feiertäglichsten aber war es hinter dem Garten, im verlassenen Badehaus, wo der Doppelspiegel mit seiner schweren Silberfassung verborgen war, hinter dem Garten, wohin Nataschka, während alle noch schliefen, verstohlen durch tauige Dickichte lief, um sich an ihrem Schatz zu erfreuen, den Spiegel auf die Schwelle hinauszutragen, ihn in der heißen Morgensonne aufzuklappen, sich in ihm sattzusehen, bis ihr der Kopf schwindelte, um ihn dann wieder zu verbergen, zu vergraben, wieder zurückzulaufen und während des ganzen Morgens dem zu dienen, zu dem sie nicht einmal die Augen aufzuschlagen wagte, um dessentwillen sie sich – in der wahnwitzigen Hoffnung, ihm zu gefallen – eben in jenem Spieglein besah.

Doch das Märchen von der feuerroten Blume fand ein rasches, sehr rasches Ende. Es endete mit einer Schmach und Schande, für die es, wie Nataschka glaubte, keinen Namen gab. Es endete damit, daß Pjotr Petrowitsch befahl, sie kahlzuscheren, sie zu entstellen, sie, die sich hübsch gemacht, die Augenbrauen vor dem Spiegel gefärbt und etwas wie ein süßes Geheimnis, wie eine unerhörte Nähe zwischen sich und ihm geschaffen hatte. Er selbst entdeckte ihr Verbrechen und machte einen ganz gewöhnlichen Diebstahl daraus, den dummen Streich einer Hofmagd, die man im Zwillichhemd, mit tränenverschwollenem Gesicht, vor den Augen des ganzen Gesindes auf einen Mistkarren setzte und in die weite Steppe, auf irgendein unbekanntes, schreckliches Vorwerk hinausfuhr, mit Schande bedeckt, unvermittelt aus allem gerissen, was Heimat war. Sie wußte bereits, dort auf dem Vorwerk würde sie Küken und Puten hüten und Gemüsefelder bewachen müssen; dort würde sie in der Sonne verdorren, vergessen von aller Welt; die Tage würden ihr zu Jahren werden dort in der Steppe, wo die Himmelsränder im flimmernden Glast versinken und wo es so still, so glühend heiß ist, daß man am liebsten den ganzen Tag verschliefe, müßte man nicht dem leisen Knacken der ausgetrockneten Erbsenschoten, dem betulichen Gewühl der Gluckhennen in der heißen Erde, dem traulich-traurigen Rufen der Puten lauschen, nicht auf den von oben herunterschießenden, unheimlichen Habichtschatten achten, nicht aufspringen und mit dünner Stimme ein lang ausgehaltenes »Schu-u!« schreien. Was allein würde ihr dort auf dem Vorwerk die alte Ukrainerin zusetzen, die Gewalt über ihr Leben und ihren Tod erhalten hatte und sicher schon voller Ungeduld auf ihr Opfer wartete! Einen einzigen Vorteil hatte Nataschka gegenüber denen, die man zur Richtstatt fuhr: die Möglichkeit, sich zu erhängen. Und dieser Umstand allein erhielt sie auf ihrem Wege in die Verbannung aufrecht, die, wie sie annahm, lebenslänglich sein würde.

Was bekam sie aber auch auf dem Wege von einem Ende des Kreises bis an sein anderes zu sehen! Doch davon hatte sie nichts. Sie dachte – oder eher, sie fühlte – nur eins: Das Leben war aus, ihr Verbrechen und ihre Schande waren zu groß, als daß sie hoffen könnte, je wieder ins Leben zurückzukehren. Zunächst verblieb zwar noch ein vertrauter Mensch neben ihr: Jewsej

Bodulja. Aber was würde kommen, nachdem er sie der Ukrainerin überantwortet, die Nacht im Hause verbracht und sich auf den Rückweg gemacht haben würde, um sie für immer in der Fremde allein zu lassen? Sie weinte sich satt; danach verspürte sie Hunger. Jewsej nahm das alles zu ihrer Verwunderung sehr einfach auf und unterhielt sich mit ihr, während sie aßen, als ob nichts geschehen wäre. Dann schlief sie ein und wurde erst wach, als sie schon in der Stadt waren. Und die Stadt setzte sie durch weiter nichts in Erstaunen als durch Öde, Trockenheit, Stickigkeit und noch einiges mehr, das undeutlich beängstigend und bedrückend war und an einen Traum erinnerte, den man nicht wiederzugeben vermag. Von diesem ganzen Tag behielt sie nur im Gedächtnis, daß es im Sommer in der Steppe sehr heiß ist und daß es auf der Welt nichts gibt, das endloser als ein Sommertag und länger als eine Landstraße wäre. Auch daran konnte sie sich erinnern, daß in der Stadt manche Straßen mit Steinen gepflastert waren, auf denen der Wagen höchst sonderbar polterte, und daß die Stadt von weitem nach eisernen Dächern, der Platz aber, in dessen Mitte man rastete, um vor den abends verlassenen Eßwarenständen das Pferd zu füttern, nach Staub, Teer und faulendem Heu roch, das auf den Halteplätzen der Bauern in Büscheln herumlag, mit Pferdemist vermischt. Jewsej spannte das Pferd aus und drehte es mit dem Kopf zum Wagen, zum Futter um; er schob die warme Mütze in den Nacken, wischte sich mit dem Ärmel den Schweiß und verschwand, ganz geschwärzt von der Hitze, in einer Garküche. Nataschka erhielt den strengsten Befehl, »nach dem Rechten zu sehen« und gegebenenfalls über den ganzen Platz hin zu schreien. Und Nataschka saß da, ohne sich zu rühren, und ließ kein Auge von der Kuppel der damals eben erst erbauten Kathedrale, die Kuppel flammte fern hinter den Häusern wie ein riesiger silberner Stern; sie saß regungslos da, bis Jewsej, kauend und ein wenig angeheitert, zurückkehrte und, eine Semmel unter dem Arm, den Gaul zwischen die Deichselstangen zurückmanövrierte.

»Bißchen spät geworden, Prinzessin!« murmelte er angeregt, wobei nicht recht zu verstehen war, ob er sich an das Pferd oder an Nataschka wandte. »Macht nichts, sie werden uns nicht gleich aufhängen! Schließlich sind wir nicht von der Feuerwehr. Ich werde auch auf dem Rückweg nicht hetzen, mir, Verehrtester, ist das herrschaftliche Pferd wichtiger als dein großes Maul«, sagte er und meinte nun schon ganz offensichtlich Demjan. »Reißt das Maul auf: ›Paß auf, du! Wenn was passiert, ich komme schon noch dahinter, was da in deinem Hosenboden verborgen ist.‹ Hach! denke ich mir, und mein Bauch ist voller Zorn. ›Mir‹, sage ich, ›hat bisher nicht mal die Herrschaft die Hosen strammgezogen, und die sind schließlich nicht du, Großmaul!‹ – ›Paß auf!‹ Was heißt hier aufpassen? Zu guter Letzt bin ich nicht dümmer als du. Wenn ich will, komme ich erst gar nicht wieder: ich liefere das Mädel ab, bekreuzige mich, und fort bin ich. Auch über das Mädel kann ich nur staunen: was die sich abhärmt, die Dumme! Als ob die Welt mit Brettern vernagelt wäre! Da kommen Frachtfuhrleute oder bettelnde Pilger am Vorwerk vorbei, brauchst nur ein Wort zu sagen, und schon bist du weit weg nach dem Süden. Sollen sie dich doch suchen!«

Und der Gedanke »Ich erhänge mich!« wurde in Nataschkas geschorenem Kopf von dem Gedanken an Flucht abgelöst. Der Wagen kreischte auf und begann zu holpern. Jewsej verstummte und führte das Pferd zum Brunnen, der mitten auf dem Platz stand. In der Richtung, aus der man gekommen war, versank die Sonne hinter einem großen Klostergarten, und die Fensterscheiben des gelben Gefängnisgebäudes, das dem Kloster gegenüber auf der anderen Straßenseite lag, funkelten wie Gold. Und der Anblick des Gefängnisses erregte den Gedanken an Flucht für einen Augenblick noch stärker. Es stellte sich heraus: man konnte auch als Flüchtling leben! Freilich wurde behauptet, daß diese Pilger verschleppten Mädchen und Burschen die Augen mit kochender Milch verbrannten, um sie beim Betteln als Krüppel auszugeben, während die Frachtfuhrleute sie ans Meer brachten und dort den Ungläubigen verkauften. Gelegentlich kam auch vor, daß die Herrschaft ihre Geflüchteten einfing, sie in Ketten schmieden und ins Gefängnis werfen ließ. Aber schließlich lebten auch im Gefängnis nicht Rinder, sondern gewöhnliche Menschenkinder, wie Gerwaska zu sagen pflegte.

Doch die Fensterscheiben des Gefängnisses erloschen, und die

Gedanken verwirrten sich: Nein, fliehen war noch schrecklicher als sich erhängen! Und auch Jewsej war verstummt, war wieder nüchtern geworden.

»Wir haben Verspätung, Mädel«, sagte er, nun schon beunruhigt, und schwang sich seitlich auf die Wagenwand.

Und der Wagen, der auf die Landstraße hinausgelangt war, begann wieder zu rütteln, zu stuckern und laut über die Steine zu poltern. Ach ja, das beste wär schon zu wenden, dachte oder fühlte vielleicht nur Nataschka, zu wenden, nach Suchodol zurückzujagen und sich der Herrschaft vor die Füße zu werfen! Doch Jewsej trieb das Pferd zur Eile an. Der Stern hinter den Häusern war nicht mehr zu sehen. Vorne lagen die kahle weiße Straße, der weiße Fahrdamm, weiße Häuser, und alles das schloß die riesige weiße Kathedrale unter der neuen Weißblechkuppel ab, wobei der Himmel über ihr nun schon mattblau und trocken wirkte. Dort aber, zu Hause, fiel um diese Zeit schon der Tau, der Garten atmete Frische, es duftete aus der Küche, in der bereits Feuer angemacht war; fern hinter den flachen Getreidefeldern, hinter den silbrigen Pappeln am Gartenrain, hinter dem heimeligen alten Badehaus verglomm die Abendröte, während im Wohnzimmer die Türen zur Veranda offenstanden, das purpurrote Licht sich in den Ecken mit der Dämmerung mischte und das gelblich-brünette, schwarzäugige Fräulein, das sowohl dem Großvater wie Pjotr Petrowitsch ähnlich sah, alle Augenblicke die Ärmel ihres leichten, weiten, orangefarbenen Seidenkleides zurechtstrich, im Rücken das Abendrot, den Blick beharrlich auf das Notenblatt gerichtet, in die gelblichen Tasten griff, den Raum mit den feierlich-wohltönenden, wollüstig-hoffnungslosen Klängen einer Oginskischen Polonäse erfüllte und völlig den Offizier zu übersehen schien, der hinter ihr stand, einen gedrungenen, dunkelgesichtigen Mann, der die linke Hand gegen die Hüfte stemmte und mit düsterer Gespanntheit auf ihre flinken Hände sah.

Sie hat ihren, und ich habe meinen, dachte oder fühlte an solchen Abenden mit Herzklopfen Nataschka und lief in den kalten, betauten Garten hinaus; sie verbarg sich im Dickicht der Brennesseln und scharf riechenden feuchten Kletten, stand da und wartete auf das Unerfüllbare: daß der junge Herr von der Veranda kommen, durch die Allee gehen, sie erblicken und, plötzlich die Richtung wechselnd, mit raschen Schritten auf sie zueilen werde, während sie vor Schrecken und Glück keinen Laut von sich geben würde.

Der Wagen aber polterte weiter. Ringsum war heiße, stinkende Stadt, dieselbe Stadt, die ihr früher als etwas Zauberhaftes erschienen war. Und Nataschka blickte mit krampfhafter Verwunderung auf das geputzte Volk, das auf den Steinplatten vor den Häusern, den Torwegen und den Läden mit den geöffneten Türen hin- und herging. Warum Jewsej gerade hier fahren muß, dachte sie, wie konnte er sich entschließen, hier mit dem Wagen zu poltern?

Doch endlich war man auch an der Kathedrale vorüber und fuhr bergab über holprige, staubige Hänge, an schwarzen Schmieden und morschen Kleinbürgerhütten vorbei zum seichten Fluß. Wieder kam der vertraute Geruch von fauligem, warmem Wasser, von Schlamm, von ländlicher Abendkühle auf sie zu. Fern auf dem Berg, der vor ihnen lag, blitzte in einem einsamen Häuschen unweit des Schlagbaums ein erstes Licht auf. Schließlich gelangte man völlig ins Freie, kam über eine Brücke, fuhr zum Schlagbaum hinauf, und vor den Augen lag die einsame, steinerne Landstraße, die sich undeutlich weiß in der unendlichen Ferne, im Blau der frischen Steppennacht verlor. Das Pferd schlug einen leichten Trab an und verfiel, nachdem der Schlagbaum vorüber war, vollends in Schritt. Und man konnte wieder hören, daß es auf der Erde wie im Himmel nachts sehr still ist, nur irgendwo in der Ferne klagte eine Schelle. Ihr Klagen drang immer hörbarer, immer klangvoller ans Ohr und verschmolz schließlich mit dem einmütigen Getrappel eines Dreigespanns, mit dem gleichmäßigen Geratter von Rädern, die auf der Chaussee näher kamen. Das Dreigespann wurde von einem jungen Mietkutscher gelenkt, während in der Kalesche, das Kinn in den Kapuzenmantel vergraben, ein Offizier saß. Als die Kalesche am Bauernwagen vorüberfuhr, hob er für einen Augenblick den Kopf, und plötzlich sah Nataschka einen roten Kragen einen schwarzen Schnurrbart und junge Augen vor sich, die unter einem eimerähnlichen Tschako aufblitzten. Sie schrie auf, wurde totenbleich und verlor das Bewußtsein.

Ihr war der wahnwitzige Gedanke gekommen, daß es Pjotr Petrowitsch sei, und an dem Schmerz und der Zärtlichkeit, die blitzartig ihr nervöses Gesindeherz durchzuckten, erkannte sie plötzlich, was sie verloren hatte: die körperliche Nähe zu ihm.

Jewsej goß aus der hölzernen Reisekanne Wasser auf ihren geschorenen, hintenüber gesunkenen Kopf. Sie kam dann durch einen Anfall von Übelkeit wieder zu sich und beugte sich schnell über die Wagenwand. Jewsej schob eilig seine Hand unter ihre kalte Stirn.

Später lag sie, erleichtert und frierend, mit nassem Kragen auf dem Rücken und sah zu den Sternen auf. Der verängstigte Jewsej schwieg in der Meinung, sie sei eingeschlafen; er schüttelte nur den Kopf und trieb immerzu das Pferd an. Der Wagen rollte rüttelnd dahin. Nataschka aber schien, als ob sie keinen Körper mehr hätte, als ob sie nichts hätte als ihre Seele. Und ihrer Seele war wohl, »so wohl wie im Himmelreich«.

Wie eine feuerrote Blume im Märchengarten war ihre Liebe aufgeblüht. Aber sie nahm ihre Liebe in die Steppe mit, in eine Einsamkeit, die unzugänglicher war als die von Suchodol, um dort in aller Stille ihre ersten süßen und brennenden Qualen zu überwinden, sie dann aber für lange, für immer, bis an das Grab im Innersten ihrer Suchodoler Seele zu bewahren.

6

Die Liebe in Suchodol war ungewöhnlich. Ungewöhnlich war auch der Haß.

Großvater, der ebenso sinnlos zugrunde ging wie sein Mörder, wie alle, die in Suchodol zugrunde gingen, starb noch im selben Jahr. Zu Mariä Schutz und Fürbitte, einem in Suchodol in hohen Ehren gehaltenen Feiertag, lud Pjotr Petrowitsch zahllose Gäste ein, wobei er sehr aufgeregt darüber war, ob der Adelsmarschall, der zugesagt hatte, auch kommen werde. Freudig erregt, wenn auch unerfindlich warum, war auch Großvater. Der Adelsmarschall kam, und das Diner geriet auf das beste. Man war laut und vergnügt, am vergnügtesten – Großvater. Am frühen Morgen des zweiten Oktober fand man ihn tot im Wohnzimmer auf dem Fußboden.

Als Pjotr Petrowitsch den Abschied nahm, verbarg er nicht, daß er sich für die Ehrenrettung der Chruschtschows, des angestammten Nests, des Stammguts aufopfere. Er verheimlichte nicht, daß er »gezwungen sei«, die Wirtschaft in die Hand zu nehmen. Auch müsse er Bekanntschaften anknüpfen, um mit dem fortgeschrittensten und nützlichsten Teil des Adels im Kreise Verbindung zu halten, die Beziehungen zum übrigen aber wenigstens nicht abreißen zu lassen. Und zuerst hielt er sich auch genau daran und stattete selbst den kleineren Gutsbesitzern einen Besuch ab, sogar der Tante Olga Kirillowna auf ihrem Vorwerk, einer ungeheuer dicken, alten Frau, die an der Schlafkrankheit litt und die Zähne mit Schnupftabak putzte. Im Herbst wunderte sich bereits niemand mehr, daß Pjotr Petrowitsch das Gut ganz allein verwaltete. Und er sah auch gar nicht mehr aus wie ein hübscher Offizier, der seinen Urlaub in der Heimat verbringt, sondern wie ein Landwirt, wie ein junger Gutsbesitzer. Wenn er verlegen war, wurde er nicht mehr so dunkelrot wie früher. Er hatte sich verzärtelt, war voller geworden, trug teure Hausröcke, verwöhnte seine kleinen Füße durch rote tatarische Pantoffeln und schmückte seine kleinen Hände mit Türkisringen. Arkadij Petrowitsch scheute sich, ihm in die braunen Augen zu sehen, wußte nicht, wovon er mit ihm reden sollte, gab in der ersten Zeit in allem nach und verschwand auf der Jagd.

Zu Mariä Schutz und Fürbitte wollte Pjotr Petrowitsch jedermann, aber auch wirklich jedermann durch seine Gastfreundschaft bezaubern. Zugleich aber wollte er auch zeigen, daß niemand anderes als er die erste Person im Hause sei. Schrecklich hinderlich war ihm dabei der Großvater. Großvater war selig vor lauter Glück, aber taktlos und geschwätzig und wirkte denn doch recht dürftig in seinem Samtkäppchen, das aussah, als stamme es von eines Heiligen Gebein, in seinem neuen, vom Hausschneider genähten und allzu weiten blauen Halbrock. Er kam sich seinerseits als der gastfreie Hausherr vor und hetzte sich von frühmorgens an ab, wobei er den Empfang der Gäste zu einer albernen Zeremonie verbog. Der eine Flügel der Tür, die aus dem Vorraum zum Saal führte, wurde sonst nie geöffnet. Er schob eigenhändig die eisernen Riegel zurück, unten wie oben, indem er einen Stuhl heranrückte und ihn am ganzen Leibe zitternd bestieg; nachdem er aber die Tür sperrangelweit geöffnet hatte, blieb er auf ihrer Schwelle stehen und wich nicht von der Stelle, bevor der letzte Gast gekommen war; er machte sich dabei zunutze, daß Pjotr Petrowitsch, der vor Scham und Ärger verging, aber entschlossen war, das Äußerste zu erdulden, zu allem schwieg. Der Großvater starrte zum Flur hinaus – auch die Tür zum Flur mußte aufgesperrt werden, das verlangte angeblich ein alter Brauch –, trat aufgeregt von einem Fuß auf den anderen, stürzte, sobald er jemand eintreten sah, auf den Gast zu, machte hastig einige Schrittchen, schnellte hoch, wobei er das eine Bein hinter das andere warf, vollführte einen tiefen Bückling und versicherte außer Atem zu jedermann: »Nein, nein, wie ich mich freue! Wie ich mich freue! Wie lange her es schon ist, daß Sie mich beehrten! Treten Sie näher, treten Sie näher!«

Es brachte Pjotr Petrowitsch auch außer sich, daß der Großvater allen und jedem von Tonetschkas Abreise nach Lunewo, zu Olga Kirillowna, berichtete: »Tonetschka leidet an Schwermut, sie ist für den ganzen Herbst zur Tante gefahren.« Was sollten die Gäste nach solchen ungebetenen Erklärungen denken? Schließlich war die Geschichte mit Woitkewitsch natürlich schon allen bekannt. Woitkewitsch mochte ja in der Tat ernste Absichten gehegt haben, während er sich in Tonetschkas Nähe in rätselhaften Seufzern erging, vierhändig Klavier mit ihr spielte, mit dumpfer Stimme die »Ljudmila« vorlas oder voll düsterer Nachdenklichkeit rezitierte: »An einen Toten bindet dich dein heiliges Versprechen ...« Doch Tonetschka flammte selbst bei dem unschuldigsten Versuch, ihr seine Gefühle auszudrücken – zum Beispiel ihr eine Blume zu überreichen –, lichterloh auf, und Woitkewitsch reiste ab. Nachdem er aber fort war, fand Tonetschka nachts keinen Schlaf, saß im Dunkeln am offenen

Fenster, als warte sie auf eine bestimmte, nur ihr allein bekannte Stunde, um plötzlich in lautes Schluchzen auszubrechen und Pjotr Petrowitsch damit aufzuwecken. Er lag lange mit aufeinandergebissenen Zähnen da und horchte auf dieses Schluchzen und auf das schläfrige Pappelgeflüster im dunklen Garten draußen vor den Fenstern, das wie ununterbrochener Regen klang. Dann ging er sie beruhigen. Auch die verschlafenen Mägde kamen, manchmal lief auch der aufgescheuchte Großvater herbei. Zuletzt begann Tonetschka mit den Füßen zu trampeln und zu schreien: »Laßt von mir ab, ihr grimmigen Feinde!« Und alles endete mit einem häßlichen Geschimpfe, beinahe mit einer Schlägerei.

»So begreife doch, begreife«, zischte Pjotr Petrowitsch außer sich, nachdem er die Mägde und den Großvater hinausgejagt, die Tür zugeknallt und sich fest an die Klinke geklammert hatte, »begreife, du Schlange, was die Leute denken könnten!«

»Oh!« kreischte Tonetschka rasend vor Wut. »Papachen, er schreit in alle Welt hinaus, ich sei schwanger!«

Und Pjotr Petrowitsch griff sich an den Kopf und stürzte aus dem Zimmer.

Sehr viel Sorge bereitete zu Mariä Schutz und Fürbitte auch Gerwaska: würde er bei irgendeinem unvorsichtigen Wort nicht frech werden?

Gerwaska war schrecklich groß geworden. Riesig und unharmonisch von Wuchs, zugleich aber auch der ansehnlichste und klügste unter den Dienern, trug er wie alle anderen einen blauen Halbrock, ebensolche Pumphosen und weiche, absatzlose ziegenlederne Stiefel. Um den dünnen dunklen Hals hatte er ein lila Wolltuch gebunden. Seine schwarzen, trockenen, dicken Haare waren zwar auf der Seite gescheitelt, doch hatte er es abgelehnt, sich eine »Polkafrisur« schneiden zu lassen, und die Haare ringsum nur gekürzt. Zu rasieren gab es bei ihm nichts, nur zwei, drei spärliche harte Kraushaare dunkelten am Kinn und in den Winkeln des großen Mundes, von dem es hieß: »Er geht bis an die Ohren, bind ihn an ihnen fest, dann geht er nicht verloren!« Hohlwangig, die flache, knochige Brust sehr breit, mit kleinem Kopf und tiefen Augenhöhlen, dünnen graublauen

Lippen und großen bläulichen Zähnen, hatte dieser antike Arier aus Suchodol bereits seinen Spitznamen weg: der Barsoi. Viele dachten, wenn sie sein Zähneblecken sahen, sein Hüsteln hörten: Du kratzt wohl doch bald ab, Barsoi! Laut aber redeten sie den Milchbart wie alle anderen mit Gerwassij Afanasjewitsch an.

Auch die Herrschaft fürchtete ihn. Es lag im Charakter der Herrschaft wie im Charakter der Knechte: entweder herrschte man, oder man fürchtete sich. Gerwaska ging nach der frechen Antwort, die er am Tage von Pjotr Petrowitschs Ankunft dem Großvater gegeben hatte, zur Verwunderung des Gesindes straffrei aus. Arkadij Petrowitsch bemerkte damals nur kurz: »Du bist ein richtiges Rindvieh, mein Bester«, worauf er denn auch die ebenso kurze Antwort erhielt: »Ich kann ihn nun mal nicht leiden, gnädiger Herr!« Zu Pjotr Petrowitsch aber kam er aus eigenem Antrieb; er blieb auf der Schwelle stehen, hockte sich in seiner ungezwungenen Art auf seinen unverhältnismäßig langen, in äußerst weiten Pumphosen steckenden Beinen nieder, schob eckig das linke Knie vor und bat, man möge ihm Prügel verabfolgen.

»Ich bin ein großer Flegel und allzu hitzig, gnädiger Herr«, sagte er unbeteiligt und funkelte mit den riesigen schwarzen Augen.

Und Pjotr Petrowitsch, der aus den Worten »allzu hitzig« eine Anspielung heraushörte, bekam es mit der Angst.

»Damit hat es noch seine Zeit, mein Bester! Aufgeschoben ist nicht aufgehoben!« rief er mit geheuchelter Strenge. »Geh hinaus! Ich kann dich Frechling nicht sehen!«

Gerwaska stand herum und schwieg. Dann sagte er: »Wie Sie wünschen.«

Er blieb noch eine Weile stehen, drehte an einem harten Haar auf seiner Oberlippe, bleckte auf Hundeart seine bläulichen Zähne, ohne daß sein Gesicht irgendein Gefühl ausdrückte, und ging. Er war von den Vorteilen dieser Manier – ein ausdrucksloses Gesicht zu machen und möglichst kurz in den Antworten zu sein – von da an fest überzeugt. Pjotr Petrowitsch aber vermied seither nicht nur, mit ihm zu sprechen, sondern auch, ihm in die Augen zu sehen.

Ebenso unbeteiligt und rätselhaft verhielt sich Gerwaska auch zu Mariä Schutz und Fürbitte. Jedermann brachte sich um, alles zum Fest vorzubereiten, gab oder empfing Befehle, schimpfte, stritt, wischte Fußböden, putzte mit bläulicher Kreide das dunkel gewordene schwere Silber an den Ikonen, scheuchte mit Fußtritten die neugierigen Hunde aus dem Flur, stand Ängste aus, das Gelee würde nicht fest werden, es könnte an Gabeln fehlen, Pasteten und Butterplätzchen könnten anbrennen, allein Gerwaska grinste ungerührt und meinte zu Kasimir, dem tobenden Koch und Alkoholiker: »Nicht so aufgeregt, Vater Diakonus, die Kutte könnte dir platzen!«

»Paß auf, betrinke dich nicht«, sagte Pjotr Petrowitsch, der wegen des Adelsmarschalls aufgeregt war, zerstreut zu Gerwaska.

»Das hab ich noch nie getan«, warf Gerwaska hin, als spreche er zu seinesgleichen. »Das interessiert mich nicht.«

Und später, als schon die Gäste da waren, schrie Pjotr Petrowitsch geradezu liebedienerisch über das ganze Haus: »Gerwassij! So bleibe doch bitte in der Nähe! Ohne dich ist man wie ohne Hände.«

Gerwaska aber meldete sich sehr höflich und würdevoll: »Belieben der gnädige Herr sich nicht zu besorgen! Ich werde mir nicht erlauben, mich zu entfernen.«

Er bediente wie noch nie. Er rechtfertigte Pjotr Petrowitschs Worte vollauf, der laut zu den Gästen sagte: »Sie können sich nicht vorstellen, wie frech dieses lange Laster ist! Aber geradezu ein Genie! Er hat goldene Hände!«

Konnte er ahnen, daß dieser eine Tropfen die Schale so füllen würde, daß sie überlief?

Großvater hörte seine Worte. Er nestelte an seinem Halbrock, an seiner Brust herum und rief plötzlich dem Adelsmarschall über den ganzen Tisch zu: »Euer Exzellenz! So reichen Sie mir Ihre helfende Hand! Ich wende mich an Sie gleichwie an meinen Vater mit einer Klage über meinen Knecht! Über diesen da, über diesen Gerwassij Afanasjew Kulikow! Er macht mir das Leben auf Schritt und Tritt zur Hölle! Er ...«

Man unterbrach ihn, redete ihm gut zu, beruhigte ihn. Er war vor Aufregung nahe am Weinen, aber man sprach so einmütig und mit so großem, wenn auch natürlich ein wenig spöttischem Respekt auf ihn ein, daß er nachgab und sich aufs neue kindlich glücklich fühlte. Gerwaska stand an der Wand, streng, mit niedergeschlagenen Augen, den Kopf leicht zur Seite gewandt. Großvater sah, daß dieser Riese einen zu kleinen Kopf hatte, daß er noch kleiner gewesen wäre, wenn man ihn kahlgeschoren hätte, und daß sein Nacken spitz und besonders dicht mit Haaren bewachsen war; sie waren stark und schwarz, grob abgeschnitten und sprangen über dem dünnen Halse vor. Gerwaskas dunkles Gesicht, auf den Jagdausflügen von Sonne und Wind verwittert, schälte sich und wies hier und da blaßlila Flecken auf.

Und der Großvater blickte sich mit ängstlicher Besorgnis nach ihm um, rief den Gästen aber dennoch vergnügt zu: »Also gut, ich verzeihe ihm! Aber dafür, liebe Gäste, lasse ich Sie volle drei Tage nicht fort! Auf keinen Fall! Besonders aber bitte ich Sie, sich nicht am Abend auf den Weg zu machen. Sobald es Abend wird, finde ich keine Ruhe mehr: so eine Schwermut, so ein Grauen befällt mich! Da ziehen Wölkchen auf, und im Troschiner Wald sollen sie wieder zwei Bonapartesche Franzosen gefaßt haben. Ich sterbe bestimmt mal abends, denken Sie an mein Wort! Martyn Sadeka hat es mir prophezeit.«

Aber er starb am frühen Morgen.

Er hatte seinen Willen durchgesetzt: »ihm zuliebe« blieben viele Leute zur Nacht; den ganzen Abend wurde Tee getrunken, es gab Eingemachtes – schrecklich viel und von den verschiedensten Früchten, so daß man sich in einem fort bedienen, in einem fort kosten konnte; man stellte zahlreiche Tische auf und entzündete so viele Walratkerzen, daß sie in allen Spiegeln flimmerten und über den Räumen, die vom Rauch des stark riechenden Shukow-Tabaks, von Gesumm und Gesprächen erfüllt waren, ein goldener Glanz lag wie in der Kirche. Die Hauptsache aber war, daß viele zur Nacht blieben. Und daß somit aufs neue nicht nur ein fröhlicher Tag, sondern auch große Mühen und Sorgen bevorstanden; denn wäre nicht er, Pjotr Kirillytsch, gewesen, niemals hätte das Fest so ausgezeichnet verlaufen, nie ein so angeregtes glänzendes Essen stattfinden können.

Ja, ja, dachte Großvater aufgeregt, als er nachts den Halbrock abwarf, sich im Schlafzimmer vor das Betpult mit den brennenden Wachskerzen stellte und zur schwarzen Ikone des Merkurij aufsah. Ja, ja, bitter ist für den Sünder der Tod. Möge die Sonne für uns nicht in einer Stunde des Zorns untergehn!

Doch hier erinnerte er sich, daß er an etwas anderes hatte denken wollen; er durchmaß mit gekrümmtem Rücken, den 50. Psalm murmelnd, das Zimmer, richtete die auf dem Nachttisch brennende Räucherkerze, nahm den Psalter zur Hand, schlug ihn auf und erhob die Augen aufs neue zum enthaupteten Heiligen. Und plötzlich fiel ihm ein, woran er hatte denken wollen; ein Lächeln erstrahlte auf seinem Gesicht.

Ja, ja. Ist der Alte da, wünscht man ihn fort in die Hölle; fehlt er, dann hätte man ihn gern zur Stelle!

Aus Angst, er könne zu spät erwachen und irgendeine Anordnung unterlassen, fand er so gut wie keinen Schlaf. Am frühen Morgen aber, als in den Zimmern, die noch unaufgeräumt waren und nach Tabak rochen, jene besondere Stille herrschte, die nur nach einem Fest zu herrschen pflegt, schlich er sich auf bloßen Füßen vorsichtig ins Wohnzimmer, hob sorgsam einige Kreidestücke auf, die neben den aufgeklappten, grün überzogenen Spieltischen herumlagen, und schrie vor Entzücken leise auf, als sein Blick hinter die Glastür in den Garten fiel, in den blendenden Glanz des kalten Himmels, auf den silbernen Rauhreif, der die Veranda ebenso wie ihre Brüstung bedeckte, auf das braune Laub in den kahlen Sträuchern davor. Er öffnete die Tür und schnupperte; aus dem Gesträuch stieg zwar noch bitter und alkoholisch ein Geruch von herbstlicher Verwesung, doch er ging unter in der winterlichen Frische. Und alles war regungslos, beruhigt, beinahe feierlich. Die hinter dem Dorf eben erst aufgegangene Sonne erhellte die Wipfel der malerischen Allee, der weißstämmigen, bereits halbkahlen, von spärlichem, feinem Gold überglänzten Birken; auf ihren weißgoldenen, vor dem Himmelsblau flimmernden Kronen lag ein bezaubernder, heiterer, zartvioletter Schein. Ein Hund lief durch den kahlen Schatten vor der Veranda über das knirschende, wie mit Salz bestreute, vom Frost verbrannte Gras. Das Knirschen erinnerte an den Winter, und wohlgefällig die Schultern straffend, kehrte der Großvater ins Wohnzimmer zurück, wo er mit angehaltenem Atem die schweren, über den Fußboden hinknarrenden Möbelstücke zu rücken begann und ab und zu in den Spiegel blickte, in dem man den Himmel sah. Plötzlich trat rasch und geräuschlos Gerwaska ein: ohne Rock, verschlafen und »fuchsteufelswild«, wie er das später selber ausdrückte.

Er kam herein und herrschte Großvater im Flüsterton an: »Sachte, du! Was steckst du deine Nase in Dinge, die dich nichts angehen?«

Großvater erhob das erregte Gesicht und gab flüsternd und mit der Sanftheit, die ihn den ganzen gestrigen Tag und während der Nacht nicht verlassen hatte, zur Antwort: »Da sieht man, was du für einer bist, Gerwassij! Ich habe dir gestern verziehen, aber statt deinem Herrn dankbar zu sein ...«

»Du Geifermaul ödest mich schlimmer an als der Herbst!« fuhr ihm Gerwaska über den Mund. »Laß mich durch!«

Großvater sah voller Angst auf seinen Nacken, der jetzt noch stärker als sonst über dem dünnen, aus einem weißen Hemdkragen ragenden Halse hervortrat, geriet jedoch plötzlich in Zorn und stellte sich vor den Lombertisch, den er in eine Ecke rücken wollte.

»Laß du mich durch!« rief er halblaut, nachdem er einen Augenblick überlegt hatte. »Du bist es, der nachzugeben hat, nicht der Herr! Du bringst mich noch so weit, daß ich dir einen Dolch zwischen die Rippen setze!«

»Ach!« machte Gerwaska ärgerlich, bleckte die Zähne, holte aus und schlug ihn mit dem Handrücken vor die Brust.

Großvater glitt auf dem glatten eichenen Fußboden aus, warf die Arme hoch und schlug genau mit der Schläfe gegen eine scharfe Tischecke.

Als Gerwaska das Blut, die irren, verdrehten Augen und den aufgerissenen Mund sah, riß er Großvater das goldene Heiligenbildchen und das Amulett an der abgetragenen Schnur vom noch warmen Hals, blickte sich um und zog ihm auch Großmutters Ehering vom kleinen Finger. Dann verließ er lautlos und rasch das Wohnzimmer; es war, als hätte ihn die Erde verschlungen.

Der einzige Mensch aus ganz Suchodol, der ihn danach noch gesehen hat, war Natalja.

7

Während sie in Soschki lebte, geschahen in Suchodol noch zwei weitere bedeutende Ereignisse: Pjotr Petrowitsch verheiratete sich, und die Brüder zogen als Freiwillige in den Krimkrieg.

Natalja kehrte erst nach zwei Jahren zurück; man hatte sie vergessen. Und als sie zurückgekehrt war, erkannte sie Suchodol nicht wieder, wie Suchodol auch sie nicht wiedererkannte.

An jenem Sommerabend, als der vom herrschaftlichen Hof herübergeschickte Bauernwagen knirschend vor der Hütte des Vorwerks hielt und Nataschka auf die Schwelle gesprungen kam, rief Jewsej Bodulja verwundert aus: »Bist du es wirklich, Nataschka?«

»Wer denn sonst?« entgegnete sie mit einem kaum merkbaren Lächeln.

Und Jewsej schüttelte den Kopf.

»Bist aber gar nicht mehr so hübsch wie früher!«

Dabei sah sie nur anders aus als früher: Die geschorene, klaräugige, rundgesichtige Göre hatte sich in ein junges Mädchen verwandelt, mittelgroß, etwas schmächtig und schlank, das ruhig, zurückhaltend und freundlich blickte. Sie trug einen ukrainischen Rock und eine bestickte Bluse, um den Kopf allerdings ein dunkles Tuch, wie in der Heimat üblich; sie war etwas stark von der Sonne verbrannt und übersät mit hirsefarbenen kleinen Sommersprossen. Als echtem Suchodoler aber erschienen Jewsej sowohl das dunkle Tuch als auch die Sonnenbräune sowie die Sommersprossen natürlich unschön.

Auf dem Wege nach Suchodol sagte Jewsej: »Nun ja, Mädel, so bist du also auch schon erwachsen. Du möchtest wohl gerne heiraten?«

Sie schüttelte nur den Kopf.

»Nein, Onkel Jewsej, ich werde nie heiraten.«

»Aus welchem Grunde denn das?« fragte Jewsej und nahm sogar die Pfeife aus dem Mund.

Und sie erklärte es ihm ohne Eile. Es könnten schließlich nicht alle heiraten; man werde sie sicher dem Fräulein zuteilen, das Fräulein aber habe sich Gott geweiht und würde sie nicht heiraten lassen; auch habe sie wiederholt sehr deutliche Träume gehabt.

»Was hat dir denn da geträumt?«

»Ach, nichts Besonderes, Dummheiten«, sagte sie. »Gerwaska hat mich damals zu Tode erschreckt; er hat mich mit Neuigkeiten überschüttet, und ich begann zu grübeln. Da hatte ich eben diese Träume.«

»Stimmt es denn wirklich, daß er bei euch gefrühstückt hat, der Gerwaska?«

Nataschka zögerte. Dann sagte sie: »Ja, das hat er. Er kam und sagte: ›Ich komme von der Herrschaft in einer großen Sache zu euch, nur gebt mir vorher etwas zu essen.‹ Da deckte man eben für ihn den Tisch, wie man für jemand deckt, der auf der Wanderschaft ist. Er aß sich satt, ging vor das Haus und zwinkerte mir zu. Ich sprang hinaus, er erzählte mir hinter der Haushecke haarklein, was alles geschehen war, und ging.«

»Aber wieso hast du deine Wirtsleute nicht gerufen?«

»Ja, was denn! Er hat mir doch gedroht, er würde mich totschlagen! Er hat mir verboten, vor dem Abend davon zu reden. Ihnen aber hat er gesagt, er gehe zum Speicher schlafen.«

In Suchodol sah sie das ganze Gesinde mit großer Neugier an, Freundinnen und Gefährtinnen von der Mägdekammer setzten ihr zu und versuchten sie auszufragen. Doch auch zu ihren Freundinnen war sie kurz und antwortete ihnen so, als ob sie Gefallen an einer Rolle fände, die sie nun einmal übernommen hatte.

»Es war schön«, wiederholte sie immer wieder.

Und einmal sagte sie im Ton einer Pilgerin: »Gott hat von allem viel. Es war schön.«

Und einfach und ohne Verzögerung nahm sie ihr alltägliches Arbeitsleben auf, als ob sie sich gar nicht darüber wundere, daß Großvater nicht mehr da, das Brüderpaar in den Krieg gezogen und das Fräulein »gestört« war und nun wie Großvater durch die Zimmer irrte, während in Suchodol eine neue und allen fremde Herrin regierte: klein, füllig, sehr lebhaft und schwanger.

Diese Herrin rief während des Mittagessens: »Holt mir doch diese – wie heißt sie? –, diese Nataschka herbei!«

Und Nataschka trat rasch und lautlos ein, bekreuzigte sich, verneigte sich vor den Heiligenbildern in der Ecke, dann vor der Herrin und vor dem Fräulein und stand in Erwartung von Fragen und Befehlen still. Es fragte sie natürlich nur die Herrin aus; das Fräulein, sehr gewachsen, abgemagert und spitznäsig, blickte aus seinen unwahrscheinlich schwarzen Augen stumpfsinnig-aufmerksam vor sich hin und verlor kein einziges Wort. Die Herrin war es denn auch, die bestimmte, Nataschka werde dem Fräulein zur Verfügung stehen. Und Nataschka verneigte sich und sagte schlicht und einfach: »Jawohl.«

Das Fräulein stürzte sich noch am selben Abend, während es ebenso teilnahmslos-aufmerksam vor sich hin blickte, unvermittelt auf sie, begann wild zu schielen und zauste sie unbarmherzig und mit Genuß an den Haaren, weil sie ihm ungeschickt die Strümpfe von den Beinen gezogen hatte. Nataschka weinte wie ein Kind, aber sie schwieg; als sie sich dann im Mägdezimmer aufs Fensterbrett setzte und die ausgerissenen Haare auskämmte, lächelte sie sogar durch die Tränen, die an ihren Wimpern hingen.

»Die ist aber grimmig!« sagte sie. »Leicht werde ich es nicht haben.«

Als das Fräulein am Morgen erwachte, lag es noch lange im Bett, während Nataschka mit gesenktem Kopf an der Schwelle stand und aus den Augenwinkeln auf ihr bleiches Gesicht blickte.

»Wovon hat dir denn nun geträumt?« fragte das Fräulein mit einem Gleichmut, als ob ein anderer für sie spräche.

Sie gab zur Antwort: »Es scheint – von nichts.«

Da sprang das Fräulein ebenso plötzlich wie gestern aus dem Bett, schleuderte außer sich die Tasse mit dem Tee nach ihr, warf sich wieder aufs Bett und brach in bitteres Schluchzen und Schreien aus. Nataschka konnte der Tasse ausweichen; das Ausweichen beherrschte sie bald mit außerordentlicher Geschicklichkeit. Es stellte sich heraus, daß das Fräulein den dummen Mädchen, die auf die Frage nach ihren Träumen entgegneten: »Ich habe nichts geträumt«, gelegentlich zurief: »So lüge mir etwas vor!« Da aber Nataschka im Lügen keine Meisterin war, mußte sie eben eine andere Fähigkeit in sich entwickeln: das Ausweichen.

Schließlich wurde zum Fräulein ein Arzt geholt. Der Arzt verschrieb ihr viele Pillen und Tropfen. Aus Furcht, man wolle sie vergiften, ließ das Fräulein Nataschka alle diese Pillen und Tropfen durchprobieren, und Nataschka nahm von allem der Reihe nach etwas ein. Bald nach ihrer Ankunft erfuhr sie, daß das Fräulein »wie auf den Jüngsten Tag« auf sie gewartet habe; das Fräulein hatte sich nämlich auch ihrer erinnert. Es sah sich nach den Ankömmlingen aus Soschki die Augen aus dem Kopf und versicherte eifrig zu jedermann, es werde ganz gesund werden, sobald Nataschka zurück wäre. Nataschka kehrte zurück – und wurde völlig gleichmütig aufgenommen. Aber waren die Tränen des Fräuleins nicht Tränen einer bitteren Enttäuschung? Nataschkas Herz preßte sich zusammen, als sie das alles begriff. Sie ging auf den Korridor hinaus, setzte sich auf eine Truhe und brach wieder in Tränen aus.

»Nun, ist dir jetzt leichter?« fragte das Fräulein, als sie dann später mit verschwollenen Augen wieder hereinkam.

»Ja, mir ist leichter«, flüsterte Nataschka, obwohl ihr von den Arzneien das Herz stockte und der Kopf schwindelte, trat auf das Fräulein zu und küßte ihr leidenschaftlich die Hand.

Und noch lange danach ging sie mit niedergeschlagenen Augen umher und wagte, von Mitleid ergriffen, nicht, das Fräulein anzusehen.

»Hu, du tückische Ukrainerin!« rief ihr eines Tages eine von ihren Gefährtinnen von der Mägdekammer nach, Soloschka, die häufiger als alle anderen versuchte, zur Mitwisserin all ihrer Geheimnisse und zur Vertrauten ihrer Gefühle zu werden, aber immer nur auf kurze und schlichte Antworten stieß, die allen Zauber einer wirklichen Mädchenfreundschaft ausschlossen.

Nataschka lächelte traurig vor sich hin.

»Nun ja«, sagte sie nachdenklich. »Es stimmt ja auch. Mit wem man geht, zu dem man steht. Manchmal beklage ich Vater und Mutter nicht so wie meine beiden Ukrainer.«

In Soschki hatte sie all dem Neuen, das sie umgab, zuerst keine Beachtung geschenkt. Man kam gegen Morgen an, und bemerkenswert erschien ihr an diesem Morgen nur, daß die Lehmhütte sehr langgestreckt, sehr weiß und in der Ebene ringsum sehr weit zu sehen war, daß die Ukrainerin, die den Ofen anheizte, freundlich grüßte und der Ukrainer Jewsej nicht zuhörte. Jewsej schwatzte ohne Unterlaß – von der Herrschaft und von Demjan, was für eine Hitze unterwegs gewesen sei, was er in der Stadt alles gegessen habe, von Pjotr Petrowitsch und vom Spieglein natürlich auch –, während Scharyj, der Ukrainer – oder, wie er in Suchodol hieß, »der Dachs« –, nur den Kopf wiegte, dann aber, als Jewsej schwieg, plötzlich zerstreut zu ihm aufsah und seelenvergnügt vor sich hin nölte: »Dreh dich, kreise nur, Reigen ...« Später kam Nataschka allmählich zu sich und fing an, über Soschki zu staunen, es immer reizvoller und Suchodol unähnlicher zu finden. Was war allein diese ukrainische Lehmhütte wert: ihr Weiß, ihr ebenes, glattes, sauber umrissenes Dach! Wie reich erschien ihre innere Ausstattung, wenn man sie mit der ungepflegten Dürftigkeit der Suchodoler Bauernhäuser verglich! Was für teure metallbeschlagene Heiligenbilder in der Ecke hingen, was für herrliche Papierblumen sie umgaben, und wie schön sich über ihnen die buntbestickten Handtücher machten! Und die gemusterte Decke auf dem Tisch! Und die Reihen der graublauen Töpfe und Töpfchen, die auf den Wandbrettern neben dem Ofen standen! Das Erstaunlichste aber waren die Wirtsleute selbst.

Was an ihnen Erstaunliches war, begriff sie nicht ganz, aber sie fühlte es ständig. Noch nie hatte sie einen so sauberen, ruhigen, wohlgestalteten Bauern wie Scharyj gesehen. Er war nicht groß und hatte einen keilförmigen, geschorenen Kopf mit dichten, harten Silberstoppeln, dazu einen schmalen Tatarenschnurrbart, der ebenfalls silbern war. Einen Kinnbart trug er nicht; Gesicht und Nacken waren schwarz verbrannt und voll tiefer Falten, die aber wiederum angenehm und irgendwie notwendig wirkten. Sein Gang schien ungeschickt, die Stiefel waren zu schwer; in diesen Stiefeln steckten seine Hosen aus gebleichter, grober Leinwand und in den Hosen ein ebensolches Hemd, unter den Armen weit und mit Umlegekragen. Er beugte sich beim Gehen ein wenig vor. Doch weder diese Gewohnheit noch die Falten oder das graue Haar machten ihn alt: es war keine russische Müdigkeit, keine Welkheit in seinem Gesicht; die kleinen Augen blickten scharf und mit feinem Spott. Scharyj erinnerte Nataschka an jenen alten Serben, der eines Tages Gott weiß woher mit einem geigenden Jungen in Suchodol erschienen war.

Die Ukrainerin Marina nannten die Suchodoler Kopjo, »den Speer«. Und schlank war sie, diese hochgewachsene fünfzigjährige Frau. Gelbliche Sonnenbräune bedeckte gleichmäßig die feine, so gar nicht an Suchodol erinnernde Haut des backenknochigen, etwas groben Gesichts, das aber durch seine Offenheit und die ernste Lebhaftigkeit der Augen fast schön wirkte; sie schimmerten bald wie Achat, bald bernsteingelb und grau und wechselten ihre Farbe wie die einer Katze. Ein großes schwarzgoldenes, rot getupftes Tuch saß wie ein hoher Turban auf ihrem Kopf; ein schwarzer kurzer Umschlagerock, der scharf gegen das Weiß der Bluse abstach, umspannte ihre länglichen Schenkel und Waden. Sie trug eisenbeschlagene Schuhe über den bloßen Fuß, und ihre nackten Wadenansätze, schlank und gerundet zugleich, waren von der Sonne gelbbraun wie poliertes Holz. Und wenn sie gelegentlich bei der Arbeit die Brauen zusammenzog und mit starker Bruststimme das Lied von der Belagerung Potschajews durch die Ungläubigen sang, davon sang, »wie heraufzog die Abendröte und über Potschajew hing ...«, und wie die Muttergottes selber dem heiligen Kloster beistand, klang so viel Hoffnungslosigkeit und Klage in ihrer Stimme, aber auch so viel Kraft, Größe und Drohung zugleich, daß Nataschka in schauderndem Entzücken kein Auge von ihr wandte.

Kinder hatten die Ukrainer nicht, und Nataschka war Waise. Und hätte sie bei Suchodolern gelebt, man hätte sie die Pflegetochter, gelegentlich aber auch eine Diebin genannt, sie bald bedauert, bald mit endlosen Vorwürfen überhäuft. Die Ukrainer dagegen behandelten sie beinahe kalt, aber gleichmäßig, waren nicht im geringsten neugierig und sprachen nicht viel. Im Herbst schaffte man zum Mähen und Dreschen Weiber und Mädel aus der Gegend von Kaluga herbei, die ihrer bunten Sarafane wegen die »Farbtöpfe« hießen. Doch von den »Farbtöpfen« hielt sich Nataschka fern; sie galten als liederlich, mit häßlichen Krankheiten behaftet, waren vollbusig, zotig und frech, gebrauchten mit Genuß üble Schimpfworte, warfen mit spitzen Redensarten um sich, saßen zu Pferde wie Männer und jagten dahin, als wären sie irr. In gewohnter Umgebung hätte sich Nataschkas Kummer in freimütigen Bekenntnissen, in Tränen und Liedern zerstreut. Doch mit wem sollte sie freimütig sein oder Lieder singen? Die »Farbtöpfe« stimmten ihre Lieder mit rauhen Kehlen an und fielen übertrieben eifrig und schallend laut, unter Tremolieren und Pfeifen, ein. Scharyj sang höchstens etwas, was, spöttisch und hüpfend, nach Tanzliedern klang. Marina aber blieb in ihren Liedern, selbst in den Liebesliedern, herb, grüblerisch-finster und streng. »Am Ende des Damms die Weide rauscht, die ich einmal pflanzte ...« So kündete sie schwermütig und gedehnt und setzte, die Stimme senkend, mit entschiedener Hoffnungslosigkeit hinzu: »Abhanden kam der Liebste mein, den ich einmal herzte ...«

Und auf sich selbst gestellt, kostete Nataschka langsam die erste bitter-süße Verzweiflung der unerwiderten Liebe aus, durchlitt die Schande, die Eifersucht, die schlimmen und lieben Träume, die sie so oft in den Nächten träumte, die unerfüllbaren Sehnsüchte und Erwartungen, die sie noch lange während der schweigsamen Tage in der Steppe heimsuchten. Oft wurde die brennende Kränkung in ihrem Herzen durch Zärtlichkeit abgelöst, die Leidenschaft und die Verzweiflung durch Demut, durch den Wunsch nach einem unauffälligen, noch so bescheidenen Dasein in *seiner* Nähe, den Wunsch nach einer Liebe, die, auf ewig vor allen verborgen, nichts erwartet und nichts verlangt. Die Nachrichten und Neuigkeiten, die aus Suchodol herüberdrangen, ernüchterten sie. Blieben die Nachrichten aber längere Zeit aus und schwand das Gefühl für das Alltagsleben in Suchodol, dann erschien Suchodol so schön, so liebenswert, daß die Kräfte nicht ausreichen wollten, die Einsamkeit und das Leid zu ertragen.

Pötzlich tauchte Gerwaska auf. Bündig und schroff warf er ihr sämtliche Neuigkeiten aus Suchodol hin, erzählte in einer halben Stunde, wozu einem anderen nicht einmal ein Tag genügt hätte – einschließlich dessen, wie er Großvater zu Tode »geschubst« hatte –, und sagte mit fester Stimme: »Und nun leb wohl für immer!«

Er versengte sie, die Fassungslose, mit dem Blick seiner riesigen Augen und rief ihr, noch während er auf die Landstraße hinaustrat, zu: »Die Dummheiten aber schlag dir nur aus dem Sinn! Er kann jeden Tag heiraten, du bist ihm nicht einmal als Liebste gut genug. Komm zu dir!«

Und sie kam zu sich. Sie nahm die schlimmen Neuigkeiten in sich auf und wurde vernünftig.

Die Tage schlichen von da an langweilig und gemessen dahin wie jene frommen Pilgerinnen, die auf der Chaussee an der Hütte vorüberzogen, wenn sie rasteten, lange Gespräche mit ihr führten, sie lehrten, geduldig zu sein und Gott zu vertrauen, dessen Namen sie nur mit stumpfer Klage aussprachen, vor allem aber der einen Regel: nicht nachzudenken.

»Ob man nachdenkt oder nicht, so wie unsereins das will, kommt es ja doch nicht«, sagten die Pilgerinnen, während sie ihre Bastschuhe banden, die müden Gesichter runzelten und entnervt in die Steppenferne hinausblickten. »Der Herrgott hat von allem viel. Reiß uns doch heimlich ein wenig Lauch ab, Mädel.«

Manche aber machten ihr, wie das so üblich ist, auch Angst – mit ihren Sünden, mit dem Jenseits – und stellten ihr Nöte und Schrecken in Aussicht, die schlimmer waren als alles, was sie kannte. Und eines Tages hatte sie fast unmittelbar hintereinander zwei furchtbare Träume. Sie dachte immerfort an Suchodol, es fiel ihr anfangs schwer, nicht immer daran zu denken: an das Fräulein, an Großvater, an die eigene Zukunft; sie fragte sich, ob sie heiraten werde oder nicht, und wenn ja, dann wann und wen. Ihre Gedanken gingen so unmerklich in einen Traum über, daß sie sich selbst ganz deutlich am frühen Abend eines heißen, staubigen, erregend windigen Tages sah: Sie eilte mit Eimern zum Teich hinunter, und auf dem lehmigen, ausgetrockneten Hang stand plötzlich ein widerwärtiger, wasserköpfiger Zwerg vor ihr, ein Bauer in ausgetretenen Stiefeln, mit bloßem Kopf und roten, vom Winde zerwühlten Haarzotteln, ungegürtet, in einem wehenden, feuerroten Hemd. »Großvater!« rief sie besorgt und erschrocken, »es brennt wohl?« – »Bricht alles gleich nieder bis auf den Grund!« entgegnete der Zwerg, schreiend auch er, aber sein Schreien erstickte der heiße Wind. »Eine gewaltige Wolke zieht auf! Schlage dir jeden Gedanken an Heiraten aus dem Sinn!« Der andere Traum aber war noch entsetzlicher: Sie stand mittags – so träumte ihr – in einer leeren, heißen Stube, jemand hatte sie eingesperrt, sie regte sich nicht und wartete auf irgend etwas; plötzlich sprang hinter dem Ofen ein riesiger grauer Ziegenbock hervor, bäumte sich auf und – geradewegs auf sie zu, unzüchtig erregt, mit freudig-irren, flehenden Augen, die wie Kohlen glühten. »Ich bin dein Bräutigam!« rief er mit menschlicher Stimme, eilte, mit den kleinen Hinterhufen trappelnd, hastig und linkisch auf sie zu und warf sich ihr mit seinen Vorderbeinen aus voller Wucht an die Brust.

Wenn sie nach solchen Träumen von ihrem Bett im Flur aufsprang, war ihr, als müßte sie sterben vor Herzklopfen, aus Angst vor der Dunkelheit und beim Gedanken, niemand zu haben, bei dem sie Zuflucht fände.

»Ach, Herr Jesus«, flüsterte sie hastig. »Muttergottes und himmlische Königin! Ihr Heiligen alle!«

Da sie sich aber alle Heiligen braun und hauptlos wie Merkurij vorstellte, ängstigte sie sich dabei nur noch mehr.

Als sie ihre Träume dann überdachte, setzte sich in ihrem Kopf der Gedanke fest, daß ihre Mädchenjahre vorüber, ihr Schicksal bereits entschieden sei – nicht umsonst war ihr Ungewöhnliches zugefallen, die Liebe zu ihrem Herrn –, daß irgendwelche Prüfungen noch auf sie warteten und daß sie ihren Ukrainern in Zurückhaltung, den Pilgerinnen aber in der Schlichtheit und Demut nacheifern müsse. Und da die Suchodoler gerne eine Rolle spielen und sich die Unumgänglichkeit dessen, was angeblich sein muß, einreden, obwohl sie dieses Unvermeidliche selber ersinnen, nahm eben auch Nataschka ihre Rolle auf sich.

8

Die Beine versagten ihr vor Freude, als sie am Tage vor Peter und Paul auf die Schwelle gesprungen kam und verstand, daß Bodulja sie holen kam, als sie den staubigen, zerzausten Suchodoler Bauernwagen sah, die abgerissene Mütze auf Boduljas Zottelkopf, seinen wirren, in der Sonne ausgeblichenen Bart, sein müdes, erregtes Gesicht, das vor der Zeit gealtert und häßlich und in der Dürftigkeit, im Mißverhältnis seiner Züge geradezu irgendwie unverständlich war, als sie den Rüden wiedererkannte, der, gleichfalls zottig, gewissermaßen nicht nur Bodulja, sondern Suchodol überhaupt ähnlich sah; er war trübgrau auf dem Rücken, während er vorn, auf der Brust und am dicht behaarten Halse, wie geräuchert erschien – geräuchert im dunklen Rauch einer Hütte, die keinen Rauchfang besitzt. Aber Nataschka hatte sich rasch wieder in der Gewalt. Bodulja schwatzte auf dem Heimweg von allem, was ihm gerade in den Sinn kam, vom Krimkrieg etwa, über den er sich bald zu freuen, bald wieder zu grämen schien, und Nataschka meinte verständig: »Nun ja, dann muß man sie, wie man sieht, eben zurückpfeifen, diese Franzosen . . .«

Der ganze lange Tag auf dem Wege nach Suchodol verging in der unheimlichen Empfindung, Altes, Vertrautes mit neuen Augen zu sehen und, während man sich seinem heimischen Winkel näherte, sich selbst noch einmal zu erleben, so wie man früher war, Veränderungen wahrzunehmen, Vorüberkommende zu erkennen. Dort, wo man von der Landstraße nach Suchodol abbog, rannte auf einem Brachfeld, das von Wildgras überwuchert war, ein dreijähriges Fohlen umher; ein Bürschlein, das mit dem bloßen Fuß auf dem hanfenen Zaume stand und sich am Halse des Fohlens festklammerte, war eifrig bemüht, mit seinem anderen Bein über den Pferderücken zu kommen, während das Fohlen sich wehrte, hin und her lief und den Jungen abzuschütteln versuchte. Und Nataschka war freudig bewegt, als sie in diesem Jungen Fomka Pantjuchin erkannte. Der hundertjährige Nasaruschka fuhr vorbei; er saß auf dem leeren Wagen nicht wie ein Mann, sondern nach Weiberart, die Beine geradeaus nach vorne gestreckt, mit angespannt und hilflos hochgezogenen Schultern, mit farblosem, kläglich-traurigem Blick, dermaßen abgemagert, »daß für den Sarg nichts übrigblieb«, ohne Mütze, in einem langen, morschen Hemd, das von dem ständigen Herumliegen auf dem Ofen aschgrau war. Und wieder preßte sich ihr Herz zusammen; sie erinnerte sich, daß der so gutmütige und sorglose Arkadij Petrowitsch diesen Nasaruschka vor ungefähr drei Jahren auspeitschen lassen wollte: Nasaruschka war im Gemüsegarten mit einem Rettichschwänzchen erwischt worden und jammerte nun, halbtot vor Angst, inmitten des Gesindes, das um ihn herumstand und lachend durcheinanderschrie: »Nein, Großvater, gib es auf! Man sieht, du wirst die Unaussprechlichen schon abstreifen müssen! Da kommst du nicht herum!«

Wie klopfte ihr erst das Herz, als sie dann die Gemeindeweide, die Reihe der Bauernhäuser und den Gutshof erblickte: den Garten, das hohe Dach des Herrenhauses, die hinteren Wände der Gesindehäuser, der Speicher, der Pferdeställe! Das gelbe Roggenfeld, das voller Kornblumen stand, trat unmittelbar bis an diese Wände, bis an das Steppengras und die Kratzdisteln davor; ein weißes, braun geschecktes Kalb, das Gott weiß wem gehörte, versank in einem Haferfeld, stand im Hafer herum und fraß die Rispen. Alles ringsum war friedlich, einfach, alltäglich, nur ihr wurde immer ungewöhnlicher, immer unruhiger ums Herz, bis ihr vollends die Sinne schwanden, als der Wagen rasch in den weiten Hof einfuhr, der weiß war von schlafenden Windhunden wie ein Friedhof von Grabsteinen, als sie nach ihrem zweijährigen Aufenthalt in einer Hütte zum ersten Male das kühle Haus betrat, das so vertraut nach Wachskerzen roch, nach Lindenblüten, nach dem Anrichtezimmer, nach Arkadij Petrowitschs Kosakensattel, der im Vorzimmer auf einer Bank herumlag, nach den verödeten Wachtelkäfigen, die über einem Fenster hingen. Scheu sah sie zu Merkurij auf, der aus den großväterlichen Gemächern in eine Ecke des Vorzimmers gebracht worden war.

Wie früher war der düstere Saal lustig von Sonne erhellt; sie schien durch die kleinen Fenster vom Garten herein. Ein Küken, das, unerfindlich wieso, ins Haus geraten war, irrte verwaist und piepsend im Wohnzimmer umher. Lindenblüten trockneten duftend auf den heißen, grell besonnten Fensterbrettern. Es schien, als sei alles Alte, was sie umgab, verjüngt – wie immer in Häusern, wo jemand gestorben ist. In allem, ausnahmslos in allem, besonders aber im Duft der Blumen, war ein Teil ihrer eigenen Seele, der Kindheit, der Mädchenjahre, der ersten Liebe. Und sie beklagte die, die herangewachsen, gestorben, verändert waren, sie beklagte sich selbst und das Fräulein. Herangewachsen waren die Altersgefährten und Altersgefährtinnen. Viele alte Männer und Frauen, die vor Gebrechlichkeit mit dem Kopfe gewackelt und gelegentlich von den Schwellen der Gesindehäuser stumpf in die Welt Gottes hinausgelugt hatten, waren für immer von dieser Erde verschwunden. So Darja Ustinowna. So der Großvater, der den Tod auf so kindliche Weise gefürchtet und immer geglaubt hatte, der Tod werde ihn nur langsam überwältigen, werde ihm Zeit lassen, sich auf die schreckliche Stunde vorzubereiten, dann aber so unerwartet, so blitzartig von seiner Sense niedergemäht worden war. Es fiel Nataschka schwer, zu glauben, daß es ihn nicht mehr gab, daß unter dem Grabhügel neben der Kirche im Dorf Tscherkisowo gerade er zu Staub zerfiel. Es wurde ihr schwer, zu glauben, daß diese schwarze, magere, spitznäsige Frau, die bald teilnahmslos und bald rasend, bald erregt-geschwätzig und freimütig wie zu ihresgleichen mit ihr war, bald sie an den Haaren zauste, Fräulein Tonetschka sei. Es war unverständlich, wieso dem Hause irgendeine Klawdija Markowna vorstand, die klein war, gerne herumkommandierte und schrie und ein schwarzes Schnurrbärtchen hatte. Eines Tages sah Nataschka schüchtern in ihr Schlafzimmer herein, erblickte das schicksalhafte Spieglein in der Silberfassung, und alle ihre einstigen Ängste und Freuden brandeten wollüstig an ihr Herz, ihr Schmachten, die Erwartung des Glücks und der Schande, der Geruch der betauten Kletten in der abendlichen Dämmerung. Doch all ihre Gefühle, ihre Gedanken verbarg und unterdrückte sie. In ihr floß uraltes Suchodoler Blut! Sie aß das wenig gesäuerte Brot, das auf dem Lehmboden um Suchodol gewachsen war. Sie trank das fade Wasser, das aus den Teichen stammte, die ihre Ahnen im Bett eines versiegten Flüßchens gegraben hatten.

Der zehrende Alltag schreckte sie nicht, das Ungewöhnliche schreckte. Nicht einmal der Tod ließ sie erschauern; wohl aber versetzten sie ein Traum, die nächtliche Finsternis, der Sturm, Gewitter und Feuer in Ängste. Sie trug, wie man ein Kind unter dem Herzen trägt, die undeutliche Erwartung kommenden Unheils in sich.

Diese Erwartung machte sie älter. Auch flößte sie sich unermüdlich ein, daß ihre Jugend vorbei sei, und suchte in allem nach Beweisen dafür. Und es verging kein Jahr seit ihrer Ankunft in Suchodol, und keine Spur jenes jungen Gefühls blieb übrig, mit dem sie die Schwelle des Hauses überschritten hatte.

Klawdija Markowna gebar einen Sohn. Man beförderte die Geflügelmagd Fedosja zu seiner Wärterin, und Fedosja, ein noch junges Weib, zog sich ein dunkles Altefrauenkleid an, beschied sich und wurde gottesfürchtig. Der neue Chruschtschow sperrte kaum die unverständigen milchigen Äuglein auf, verlor blasigen Speichel und sank, übermannt vom Gewicht seines eigenen Kopfes, hilflos vornüber, wobei er fürchterlich brüllte – aber schon nannte man ihn den jungen Herrn. Schon hörte man aus der Kinderstube die alten, uralten Sprüche: »Da ist er, da ist er, der Alte mit dem Sack ... Alter, he, Alter! Geh nur vorbei, wir geben dir unser Herrchen nicht, er wird nicht mehr schreien ...«

Und Nataschka machte es Fedosja nach und sah sich gleichfalls als Wärterin an: als Wärterin und Freundin des kranken Fräuleins. Im Winter verstarb Olga Kirillowna, und Nataschka bat sich frei, um mit einigen alten Frauen, die den Rest ihrer Tage in den Gesindestuben fristeten, zu ihrer Beerdigung zu fahren, aß dort Kutja, ein Graupengericht mit Honig und Rosinen, dessen süßer und fader Geschmack sie anwiderte, und erzählte, nach Suchodol zurückgekehrt, gerührt, die Herrin habe »fast ganz und gar wie eine Lebende« dagelegen, obwohl sogar die alten Frauen nicht gewagt hatten, zum Sarge mit dem ungeheuerlichen Leichnam hinzusehen.

Im Frühjahr aber wurde zum Fräulein ein Wundertäter geholt, der berühmte Klim Jerochin aus dem Dorf Tschermaschnoje, ein wohlgestalter, reicher Einzelhöfer mit großem grauem Bart und in der Mitte gescheiteltem grauem Haar, der ein sehr tüchtiger Landwirt und für gewöhnlich sehr vernünftig und einfach in seinen Reden war, sich neben einem Kranken aber in einen Hexenmeister verwandelte. Seine Kleidung – der Rock aus grobem stahlgrauem Tuch, die Stiefel, der rote Gürtel – war außerordentlich sauber und fest. Seine listigen und scharf blikkenden kleinen Augen richtete er verständig auf die Heiligenbilder, betrat vorsichtig, den wohlgewachsenen Körper ein wenig vorgebeugt, das Haus und eröffnete die Unterhaltung. Er sprach zuerst vom Korn, von Regen und Dürre, trank danach lange und akkurat seinen Tee, bekreuzigte sich aufs neue, und erst nachdem das alles erledigt war, fragte er, plötzlich den Ton wechselnd, nach der Kranken.

»Die Dämmerung ... Es dunkelt ... Es ist Zeit«, sagte er geheimnisvoll.

Das Fräulein hatte Schüttelfrost, es war nahe daran, sich in Krämpfen auf dem Fußboden zu winden, während es in der Dämmerung im Schlafzimmer saß und darauf wartete, daß Klim auf der Schwelle erscheine. Auch Natalja, die neben ihr stand, war von Kopf bis Fuß von Schauder ergriffen. Das ganze Haus verstummte mehr und mehr; sogar die Herrin hatte ihre Stube voller Mägde geholt und flüsterte. Niemand wagte Licht zu machen, niemand die Stimme zu erhöhen. Der fröhlichen Soloschka, die sich für den Fall, daß Klim rufen oder etwas befehlen sollte, auf dem Korridor aufhielt, flimmerte es vor den Augen, und das Herz hämmerte ihr bis in den Hals. Und schließlich kam er an ihr vorbei und knüpfte im Gehen ein Tüchlein auf, das irgendwelche Zauberwürfel enthielt. Bald darauf hörte man in der Grabesstille seine laute, fremdartige Stimme aus dem Schlafzimmer.

»Erhebe dich, Magd Gottes!«

Dann kam sein grauer Kopf hinter der Tür zum Vorschein.

»Ein Brett«, warf er mit lebloser Stimme hin.

Und auf das Brett, das man auf den Fußboden legte, wurde das Fräulein gestellt – mit Augen, die vor Entsetzen aus ihren Höhlen traten, und kalt wie eine Tote. Es war schon so dunkel, daß Natalja kaum noch Klims Gesicht unterschied.

Plötzlich begann er mit seltsamer, wie aus der Ferne klingender Stimme: »Es wird kommen Filat... Er wird die Fenster öffnen, die Türen auftun... Wird rufen und sagen: Gram, Gram!«

»Gram, Gram!« rief er mit unvermittelter Kraft und mit gebieterischer Gewalt. »Hebe dich fort, Gram, geh in den dunklen Wald, dort mach halt! Im Meer, im Ozian«, murmelte er dumpf, unheildrohend und rasch, »im Meer, im Ozian, auf der Insel Bujan, liegt eine Hündin rauh, ihr Fell ist grau...«

Und Nataschka fühlte, daß es schrecklichere Worte nicht gab und nicht geben konnte als diese, die ihre ganze Seele sogleich irgendwohin an das äußerste Ende einer wilden, sagenhaften, urtümlich-rohen Welt entführten. Es war unmöglich, an ihre Macht nicht zu glauben, wie ja auch Klim selber an ihr nicht zweifeln konnte, der an den Kranken manchmal geradezu Wunder tat – derselbe Klim, der nach der Beschwörung im Vorzimmer saß, die schwitzende Stirn mit dem Taschentuch wischte, sich nochmals über den Tee hermachte und sich so einfach und bescheiden unterhielt.

»Und nun nur noch zweimal die Dämmerung abwarten. So Gott will, wird's vielleicht etwas leichter. Haben Sie in diesem Jahr Buchweizen gesät, gnädige Frau? Soll überall gut stehen, der Buchweizen! Außerordentlich gut!«

Im Sommer erwartete man die Herren des Hauses von der Krim zurück. Doch Arkadij Petrowitsch schickte einen »versicherten« Brief, in dem er aufs neue Geld anforderte und mitteilte, sie könnten nicht eher als Anfang Herbst zu Hause sein: eine zwar unbedeutende, aber längere Ruhe erfordernde Verwundung Pjotr Petrowitschs sei der Grund. Man schickte nach Tscherkisowo zur Wahrsagerin Danilowna, um zu erfragen, ob alles gut ausgehen werde. Die Danilowna begann zu tanzen und mit den Fingern zu schnalzen, was natürlich bedeutete: Ja, bestimmt. Und die Herrin des Hauses beruhigte sich. Doch dem Fräulein und Natalja war um anderes zu tun: Dem Fräulein ging es zuerst besser, aber mit Ende der Petrifasten fing es aufs neue an; wieder solche Schwermut und solche Angst vor den Gewittern, Schadenfeuern und etwas anderem, was sie verheimlichte, daß ihr eben nicht um die Brüder zu tun war. Auch Natalja ging es nicht anders. Zwar gedachte sie Pjotr Petrowitschs in jedem ihrer Gebete und flehte, er möge genesen, wie sie auch später ihr ganzes Leben lang, bis an das Grab, für seinen Seelenfrieden betete. Aber das Fräulein stand ihr schon näher als alle anderen. Und das Fräulein steckte sie immer mehr mit ihren Ängsten, mit ihrem Warten auf ein Unheil an, auch mit dem, was sie geheimhielt.

Der Sommer aber war heiß, staubig, windig, jeden Tag zog ein Gewitter herauf. Im Volk liefen dunkle, beunruhigende Gerüchte um: von einem neuen Krieg, von irgendwelchen Aufständen und Bränden. Die einen sagten, alle Bauern könnten täglich mit der Befreiung rechnen, andere, man werde im Gegenteil vom Herbst an sämtliche Bauern zu den Soldaten einziehen. Wie das in solchen Fällen zu gehen pflegt, tauchten zahllose Vagabunden, Schwachsinnige und Mönche auf. Und das Fräulein ließ sich ihretwegen fast in Schlägereien mit der Frau des Hauses ein und verteilte Brot und Eier unter sie.

So erschien Dronja, lang, rothaarig, über alle Maßen abgerissen.

Er war einfach ein Säufer, spielte aber den armen Irren. Er ging so in Gedanken verloren gradewegs auf das Haus zu, daß er mit dem Kopf gegen die Wand stieß und mit freudigem Gesicht zurückprallte.

»Meine Vugelchen!« rief er mit Fistelstimme und hüpfte hoch, wobei er den ganzen Körper verrenkte und die rechte Hand so verbog, daß sie etwas wie einen Schirm gegen die Sonne bildete. »Da fliegen sie, fliegen hin durch die Lüfte, meine Vugelchen!«

Und Natalja, die es den Weibern nachmachte, blickte auf ihn, wie man auf Gottesnarren eben zu blicken hat: mit stumpfem Mitleid.

Das Fräulein dagegen stürzte ans Fenster und rief unter Tränen mit herzzerreißender Stimme: »Knecht Gottes Dronij, bete für mich Sünderin zum Herrn!«

Bei diesem Aufschrei erstarrte Nataschkas Blick; ihr kamen schreckliche Vermutungen.

Dann und wann kam Timoscha aus dem Dorf Klitschino: klein, fett wie ein Weib, mit großen Brüsten, das Gesicht wie bei einem schielenden Säugling, der vor Fülle verblödet und am Ersticken ist, gelbblond, in weißem Kalikohemd und kurzen Kalikohosen. Er trippelte eilig auf seinen kleinen dicken Füßen, immer die Fußspitze aufsetzend, auf den Eingang zu, und seine schmalen Äuglein blickten so, als habe er sich aus dem Wasser gerettet, als sei er dem unvermeidlichen Tode entgangen.

»Ein Unglick!« murmelte er außer Atem. »Ein Unglick ...«

Man beruhigte ihn, gab ihm zu essen, erwartete etwas von ihm. Doch er schwieg, schnaufte nur und kaute unter gierigem Schmatzen. Hatte er aber fertiggekaut, dann nahm er aufs neue den Sack auf den Rücken und suchte unruhig nach seinem langen Stock.

»Wann kommst du denn wieder, Timoscha?« rief das Fräulein ihm nach.

Und er erwiderte, gleichfalls laut und mit ungereimt hohem Alt, dabei – unerfindlich weshalb – des Fräuleins Vatersnamen entstellend: »In der Osterwoche, Lukjanowna!«

Und das Fräulein jammerte herzzerreißend hinter ihm her: »Knecht Gottes! Bete für mich Sünderin zum Herrn!«

Jeden Tag traf von allen Seiten Kunde von Unglücksfällen, von Gewittern und Bränden ein. Und immer mehr steigerte sich in Suchodol die uralte Angst vor dem Feuer. Kaum verdunkelte eine Wolke, die hinter dem Gutshof heraufzog, das sandgelbe Meer des reifenden Getreides, kaum wirbelte ein erster Windstoß über die Weide, kaum grollte in der Ferne der Donner, trugen die Weiber die dunklen Ikonenbrettchen auf die Türschwellen hinaus und stellten Milch bereit, mit der sich das Feuer, wie man ja weiß, am ehesten besänftigen läßt. Im Gutshaus aber flogen Scheren in die Brennesseln, holte man das schreckliche geweihte Handtuch hervor, verhängte man die Fenster und zündete mit zitternden Händen Wachskerzen an. Ob sich die Frau des Hauses verstellte oder tatsächlich angesteckt war und sich fürchtete, bleibe dahingestellt. Früher hatte sie behauptet, das Gewitter sei eine »Naturerscheinung«. Jetzt bekreuzigte auch sie sich, wenn es blitzte, schloß die Augen und schrie auf; um aber ihre eigene Angst und die der anderen noch zu steigern, erzählte sie immer wieder von einem ungewöhnlichen Gewitter, das im Jahre 1771 über Tirol hingegangen sei und einhundertelf Menschen getötet habe. Ihre Zuhörerinnen aber fielen mit ein und beeilten sich, jede das Ihre zu erzählen: die eine von einer Weide an der Landstraße, die der Blitz bis an die Wurzel niederbrannte, die andere von einer Bauersfrau, die dieser Tage in Tscherkisowo ein Gewitter zu Boden warf, die dritte von einem Dreigespann, das, unterwegs betäubt, so wie es war, in die Knie gesunken sei ...

Schließlich schloß sich diesen Ereiferungen auch ein gewisser Juschka an, ein »versündigter Mönch«, wie er sich nannte.

9

Der Herkunft nach war Juschka Bauer. Aber er hatte noch nie einen Finger gekrümmt, sondern lebte von dem, was der Herrgott ihm schickte, wobei er das Salz und Brot, das man ihm reichte, mit Erzählungen von seinem Müßiggang und seiner »Versündigung« entgalt. »Ich, mein Bester, bin Bauer, aber ich bin auch klug und wirke wie ein Buckliger«, pflegte er zu sagen. »Wozu also sollte ich arbeiten?«

Und in der Tat blickte er giftig und klug wie ein Buckliger, war bartlos, zog infolge einer Rachitis am Brustkasten die Schultern hoch und benagte die Fingernägel; seine Finger, mit denen er alle Augenblicke die langen kupferroten Haare zurückstrich, waren schmal und kräftig. Pflügen, so fand er, sei »unanständig und langweilig«. So ging er denn in die Kiewer Lawra, »wuchs dort heran« und wurde »einer Versündigung halber« davongejagt. Er sagte sich, einen Pilger zu spielen, der von einer heiligen Stätte zur anderen zieht, einen Menschen also, dem es ums Seelenheil geht, sei nicht mehr neu und könne sich obendrein als wenig einträglich erweisen, und versuchte es mit einem anderen Dreh: Ohne die Kutte abzulegen, begann er sich offen seines Müßiggangs und seiner Lüsternheit zu rühmen, zu rauchen und zu trinken, soviel hineinging – er bekam nie einen Rausch –, über sein Kloster zu höhnen und mit Hilfe unanständigster Gebärden und Körperbewegungen zu erläutern, wofür eigentlich er davongejagt worden war.

»Nun ja, gewiß doch«, erzählte er augenzwinkernd den Bauern, »natürlich hatten sie mich, den Knecht Gottes, nach dieser Sache sofort beim Kragen. Da machte ich eben, daß ich nach Hause, nach Rußland kam. Wirst schon nicht umkommen, sagte ich mir!«

Und wirklich, er kam nicht um: Rußland nahm ihn, den schamlosen Sünder, nicht weniger gastfreundlich auf als die, denen es um ihr Seelenheil ging; es gab ihm zu essen und zu trinken, ließ ihn nicht ohne Nachtquartier und hörte ihm mit Begeisterung zu.

»So hast du der Arbeit also für immer abgeschworen?« fragten die Bauern und blitzten in Erwartung gepfefferter Offenherzigkeiten mit den Augen.

»Der Teufel müßte mich reiten, wenn ich noch arbeiten wollte!« entgegnete Juschka. »Ich, Verehrter, bin verwöhnt! Ich bin geladener als ein Klosterbock. Was nämlich die Mädel sind – und Weiber nehm ich nicht einmal umsonst in Kauf –, so fürchten sie mich wie die Pest, aber sie lieben mich. Was Wunder auch! Ich bin schließlich ein Kerl wie kaum sonst irgendwer: nicht grade schön, aber einer, der's in sich hat!«

Als er im Suchodoler Gutshof erschien, trat er als Mann von Erfahrung gleich ins Haus, gleich in das Vorzimmer ein. Dort saß Nataschka auf einer Bank und summte vor sich hin: »Ich, junges Ding, fegte den Flur, fand ein Stück Zucker für mich . . .« Als sie ihn sah, sprang sie erschrocken auf.

»Wer seid Ihr denn?« rief sie aus.

»Ein Mensch«, erwiderte Juschka, der sie mit einem raschen Blick vom Kopf bis zu den Füßen maß. »Melde mich deiner Herrin!«

»Wer ist es?« rief ihrerseits die Herrin aus dem Saal.

Aber Juschka beruhigte sie im Handumdrehen; er sagte, er sei ein ehemaliger Mönch und keineswegs ein desertierter Soldat, wie sie vermutlich annehme, er kehre in seine Heimat zurück und bitte, ihn zu durchsuchen, um ihm sodann zu gestatten, im Hause zu übernachten und sich ein wenig auszuruhen. Und seine Offenherzigkeit beeindruckte die Herrin so sehr, daß er schon gleich am folgenden Tag in die Lakaienstube übersiedeln und sich im Hause einrichten durfte, als ob er dazugehöre. Wenn Gewitter heraufzogen, lenkte er die Herrinnen unermüdlich mit seinen Erzählungen ab; er kam auch auf den Gedanken, die Dachluken zuzunageln und so das Dach vor Blitzschlägen zu sichern, lief bei den schrecklichsten Donnerschlägen auf die Freitreppe hinaus, um zu beweisen, wie ungefährlich sie seien, und half den Mägden Samoware aufstellen. Die Mägde, die seine raschen, lüsternen Blicke auf sich fühlten, sahen ihn mißtrauisch an, lachten jedoch über seine Späße, während Nataschka, die er schon wiederholt mit den hastig geflüsterten Worten »Mädel, ich hab mich in dich verliebt!« auf dem Korridor festzuhalten versucht hatte, zu ihm nicht einmal aufzusehen wagte. Er war ihr zuwider – sowohl durch den Machorkageruch, der seine Kutte durchdrang, als auch sonst; er war entsetzlich, einfach entsetzlich.

Sie wußte bereits genau, was kommen würde. Sie schlief allein, auf dem Gang, vor der Tür zu des Fräuleins Schlafzimmer, und Juschka hatte kurz und bündig zu ihr gesagt: »Ich komme. Mach was du willst, aber ich komme. Und wenn du schreist, brenn ich hier alles nieder bis auf den Grund.« Was ihre Kräfte aber am meisten lähmte, war das Bewußtsein, daß sich ein *Unvermeidliches* vollzog, daß die Erfüllung ihres schrecklichen Traumes – damals in Soschki, vom Ziegenbock – nahe bevorstand und daß es, wie man wohl sah, ihr Schicksal war, zusammen mit dem Fräulein zugrunde zu gehen. Jetzt waren sich alle darüber im klaren: nachts ging im Hause der Teufel um. Alle begriffen, was denn nun eigentlich, von Gewittern und Bränden abgesehen, das Fräulein um den Verstand brachte, warum sie im Schlaf so süß und wild stöhnte, um hinterher aufzuspringen und so entsetzlich zu schreien, daß die betäubendsten Donnerschläge dagegen nicht aufkamen. Sie schrie: »Die Schlange aus dem Garten Eden würgt mich!« Wer aber konnte diese Schlange sein, wenn nicht der Teufel, nicht jener graue Ziegenbock, der in der Nacht bei Frauen und Mädchen eindrang? Und gab es Schrecklicheres auf der Welt als sein Kommen in der Dunkelheit, in Unwetternächten mit unaufhörlichem Donnergegroll und mit dem Abglanz von Blitzen auf den schwarzen Ikonen? Auch die Leidenschaft, die Lüsternheit, mit der der Dahergekommene auf

Nataschka einflüsterte, war nicht mehr menschlich; wie konnte sie ihr widerstehen? Während sie an die Stunde ihres unausweichlichen Schicksals dachte, nachts auf dem Pferdedeckchen im Gang auf dem Fußboden saß, mit klopfendem Herzen in die Dunkelheit starrte und auf das geringste Geräusch, das geringste Knacken horchte, fühlte sie schon die ersten Anfälle jener qualvollen Krankheit, an der sie später lange Zeit litt: In ihrem Fuß entstand plötzlich ein Ziehen, es wurde von einem scharfen, stechenden Krampf abgelöst, der Krampf krümmte die Zehen, bog sie zur Fußsohle um und durchlief, mit grausamer Wollust an den Sehnen zerrend, die Beine, den ganzen Körper bis an die Gurgel hinauf, bis zu dem Augenblick, da sie noch wilder, wonniger, qualvoller hätte aufschreien wollen, als es das Fräulein tat.

Und das Unvermeidliche vollzog sich. Juschka kam – genau in der schrecklichen Nacht gegen Ende des Sommers, in der Nacht vor dem Eliastag, dem Tag, der Ilja, dem uralten Feuerbringer, gehörte. Es war eine Nacht ohne Donner und für Nataschka eine Nacht ohne Schlaf. Sie war eingeschlummert, kam aber plötzlich zu sich wie durch einen Stoß. Es war um die einsamste Stunde; ihr irrsinnig jagendes Herz sagte es ihr. Sie sprang auf und sah zum einen Ende des Korridors, dann zum anderen: von allen Seiten flammte, loderte, zitterte es, blendete der schweigsame, von Feuer und Geheimnis erfüllte Himmel mit goldenen oder blaßblauen Lichtern. Im Vorzimmer wurde es alle Augenblicke taghell. Sie lief den Gang entlang und blieb wie angewurzelt stehen; die Espenstämme auf dem Hof, die seit geraumer Zeit vor dem Fenster lagen, schimmerten bei jedem Aufleuchten blendend weiß. Sie sah in den Saal: das eine Fenster war hochgeklappt, man hörte das gleichmäßige Rauschen des Gartens, es war hier dunkler, doch desto heller funkelte hinter den Scheiben das Feuer; dann versank alles in Finsternis; aber gleich darauf zuckte es, glomm bald da, bald dort wieder auf, und vor der ungeheuren, bald goldenen, bald blaßvioletten Himmelswölbung erschien, wuchs, zitterte und verschwamm der ganze Garten mit dem Spitzenwerk seiner Wipfel, mit den Gespenstern seiner blaßgrünen Birken und Pappeln.

»Im Meer, im Ozian, auf der Insel Bujan ...«, flüsterte sie, stürzte aus dem Saal und fühlte, daß sie sich mit diesen Zaubersprüchen vollends zugrunde richtete. »Dort liegt eine Hündin rauh, ihr Fell ist grau ...«

Und kaum hatte sie diese urtümlich-drohenden Worte gesprochen und sich umgewandt, als sie Juschka erblickte, der mit hochgezogenen Schultern zwei Schritte von ihr entfernt stand. Sein Gesicht – bleich, mit schwarzen Augenhöhlen – erhellte ein Blitz. Er sprang lautlos auf sie zu, packte sie mit seinen langen Armen um die Taille, preßte sie und warf sie mit einem einzigen Schwung erst auf die Knie, dann rücklings auf den kalten Boden des Vorzimmers.

Juschka kam auch in der folgenden Nacht zu ihr. Er kam noch viele Nächte, und sie, die vor Entsetzen und Ekel verging, gab sich ihm willenlos hin; sie wagte weder an Widerstand zu denken noch bei Herrschaft oder Gesinde um Schutz zu flehen, wie auch das Fräulein nicht wagte, dem Teufel zu widerstehen, der sich des Nachts an ihr ergötzte, wie sich, so wurde erzählt, nicht einmal Großmutter, die eine herrische Schönheit gewesen war, ihrem Hofknecht Tkatsch zu entziehen wagte, einem entsetzlichen Taugenichts und Dieb, der dann als Zwangsansiedler in Sibirien endete. Zuletzt bekam Juschka sie satt, auch Suchodol hatte er über, und er verschwand ebenso plötzlich, wie er erschienen war.

Einen Monat danach fühlte sie sich schwanger. Im September aber, am Tage nach der Heimkehr der jungen Herren aus dem Krieg, geriet das Suchodoler Gutshaus in Brand und loderte lange und schauerlich: auch ihr zweiter Traum war in Erfüllung gegangen. Der Brand war in der Dämmerung entstanden, bei strömendem Regen, durch einen Blitz, durch eine goldene Kugel, die, wie Soloschka bezeugte, in Großvaters Schlafzimmer aus dem Ofen sprang und hüpfend durch alle Stuben rollte. Als Natalja den Rauch und das Feuer sah, kam sie, was sie die Beine trugen, vom Badehaus gelaufen – vom Badehaus, wo sie Tage und Nächte in Tränen zubrachte; sie stieß, wie sie später erzählte, im Garten auf einen Mann in rotem Rock und hoher, mit Posamenten besetzter Kosakenmütze; auch er kam, was ihn die Beine trugen, mitten durch nasse Sträucher und Kletten gerannt. Ob das nun alles aber wirklich gewesen oder ihr nur erschienen war, dafür konnte Natalja sich nicht verbürgen. Fest steht nur, daß der Schrecken, der sie befiel, sie vom zukünftigen Kinde befreite.

Von diesem Herbst an begann sie zu welken. Ihr Leben geriet auf jenes alltägliche Gleis, von dem sie bis an ihr Ende nicht wieder freikam. Mit Tante Tonja fuhr man im Herbst zu den Reliquien eines Heiligen nach Woronesh. Danach wagte der Teufel nicht mehr, sich ihr zu nähern; und sie beruhigte sich und lebte von da an wie alle; die Zerrüttung ihres Geistes und ihres Gemüts zeigte sich nur noch im Glanz ihrer wilden Augen, in äußerster Unordentlichkeit, in rasender Reizbarkeit und Schwermut bei schlechtem Wetter. Natalja hatte sie zu den Reliquien begleitet, auch sie fand durch diese Reise zur Ruhe, zur Lösung alles dessen, woraus es keinen Ausweg mehr zu geben schien. In welches Zittern hatte sie vorher allein der Gedanke an die Begegnung mit Pjotr Petrowitsch versetzt! Sosehr sie sich auch auf sie einstellte, es überstieg ihre Kraft, sie sich in Ruhe vorzustellen. Und Juschka! Und ihre Schande, ihr Verderben! Aber das Außerordentliche dieses Verderbens selbst, die außerordentliche Tiefe ihrer Leiden, das Schicksalhafte in ihrem Unglück – schließlich war der schreckliche Brand doch nicht umsonst mit ihm beinahe zusammengefallen! – und die Pilgerfahrt zu dem Heiligen berechtigten sie, nicht nur ihrer ganzen Umgebung, sondern auch Pjotr Petrowitsch einfach und ruhig in die Augen zu sehen: der Herrgott selbst hatte sie und das Fräulein mit seinem verderbenden Finger gezeichnet, wie sollten sie sich noch vor Menschen fürchten? Als Nonne, als schlichte und demütige Dienerin aller, leicht und rein wie nach dem letzten Abendmahl fühlte sie sich, als sie aus Woronesh zurückkehrte, das Suchodoler Haus betrat und ruhig auf Pjotr Petrowitsch zuging. Und nur im Augenblick, da ihre Lippen die dunkle kleine Hand mit dem Türkisring berührten, zuckte ihr Herz noch einmal jung, zärtlich und mädchenhaft.

In Suchodol zog wieder der Alltag ein. Sehr bestimmte Gerüchte über die Bauernbefreiung tauchten auf und riefen sowohl beim Gesinde als auch im Dorf geradezu Unruhe hervor:

Was stand bevor? Und würde es nicht schlimmer werden? Leicht gesagt – auf neue Art zu leben beginnen! Auf neue Art zu leben, stand auch der Herrschaft bevor, dabei kam sie nicht einmal mit der alten zurecht. Großvaters Tod, dann der Krieg, ein Komet, der das ganze Land in Schrecken versetzte, schließlich der Brand und die Gerüchte über die Bauernbefreiung, alles das veränderte rasch die Gesichter und die Gemüter der Herrschaft, beraubte sie ihrer Jugendlichkeit, der Sorglosigkeit, des früheren hitzigen Wesens und der Versöhnlichkeit und machte sie statt dessen mißgünstig, übellaunig, in arger Weise gegeneinander händelsüchtig. Es begann mit »Mißhelligkeiten«, wie Vater das nannte, und endete mit den Hetzpeitschen bei Tisch. Die Not erinnerte dringend an das Erfordernis, den Geschäften irgendwie aufzuhelfen, die durch den Krimkrieg, den Brand und die Schulden völlig im argen lagen. Dabei standen sich die Brüder in der Wirtschaft nur im Wege. Der eine war unsinnig geizig, hart, mißtrauisch, der andere unsinnig freigebig, gutmütig und vertrauensselig. Man einigte sich dann doch, so gut es ging, und entschloß sich zu einem Unternehmen, das einen großen Gewinn abwerfen sollte: man verpfändete das Gut und kaufte gegen dreihundert abgemagerte Pferde auf; sie wurden mit Hilfe eines Zigeuners, eines gewissen Ilja Samsonow, so ziemlich aus dem ganzen Kreis zusammengeholt. Die Pferde sollten während des Winters herausgefüttert und im Frühjahr mit gutem Gewinn verkauft werden. Aber die Gäule, die eine riesige Menge Mehl und Stroh vertilgten, gingen zum Frühjahr aus irgendeinem Grunde fast alle ein.

Die Zwietracht zwichen den Brüdern wuchs immer mehr. Es kam manchmal so weit, daß sie zu Messern und Gewehren griffen. Und man weiß nicht, womit das alles geendet hätte, wäre nicht über Suchodol ein neues Unglück hereingebrochen. Im Winter – es war im vierten Jahre nach seiner Rückkehr von der Krim – fuhr Pjotr Petrowitsch eines Tages nach Lunewo, wo er eine Geliebte hatte. Er brachte zwei Tage auf dem Vorwerk zu, trank dort die ganze Zeit und war auch noch im Rausch, als er nach Hause fuhr. Es lag viel Schnee; der breite, niedrige Schlitten, den ein Teppich bedeckte, war mit zwei Pferden bespannt.

Pjotr Petrowitsch befahl unterwegs, das Beipferd, ein junges, hitziges Tier, das im lockeren Schnee bis an den Bauch versank, auszuschirren und hinten am Schlitten festzubinden, wobei er sich ausstreckte, um zu schlafen – wie behauptet wird, mit dem Kopf zu diesem Pferd. Eine neblige, blaugraue Dämmerung brach an. Und während Pjotr Petrowitsch am Einschlafen war, rief er Jewsej Bodulja zu, den er jetzt öfter anstelle des Kutschers Waska Kasak mitnahm, aus Angst, Waska könne ihn totschlagen, weil er das Gesinde durch seine ewigen Schläge stark gegen sich erbost hatte – er rief also Jewsej Bodulja zu: »Fahr schon!«, und stukte ihn mit dem Fuß in den Rücken. Und das starke braune Deichselpferd, das schon naß war, dampfte und mit der Milz zitterte, trug sie über den schweren Schneeweg in das Nebelgebräu der einsamen Felder hinaus in die trübe, immer mehr sich vertiefende Winternacht. Um Mitternacht aber, als in Suchodol alles schon in tiefem Schlaf lag, klopfte es rasch und erregt an das Vorzimmerfenster, hinter dem Natalja schlief. Sie glitt von der Bank und lief barfuß auf die Treppenstufen vors Haus. Vor der Treppe zeichneten sich unklar und dunkel Pferde ab, ein niedriger Schlitten und Jewsej, der mit der Peitsche in der Hand dastand.

»Ein Unglück, Mädel, ein Unglück«, murmelte er seltsam und dumpf wie im Schlaf, »das Pferd, das Beipferd, hat den Herrn erschlagen ... Ist aufgelaufen, gestolpert und ... mit dem Huf ... Das ganze Gesicht hat es ihm eingedrückt. Er wird schon kalt ... Ich war's nicht, ich nicht, bei Christus, ich war's nicht!«

Natalja stieg stumm die Treppenstufen hinunter, trat, mit den nackten Füßen im Schnee versinkend, auf den Schlitten zu, bekreuzigte sich, sank auf die Knie, umklammerte den eisigen, blutüberströmten Kopf, küßte ihn und brach, in Tränen und Gelächter erstickend, in einen wilden Freudenschrei aus, der über den ganzen Gutshof hallte.

Während wir uns gelegentlich, ermüdet von den Städten, in der stillen und bettelarmen Einöde von Suchodol erholten, erzählte uns Natalja die Geschichte ihres zugrunde gerichteten Lebens immer wieder aufs neue. Und manchmal wurden ihre Augen dunkel und starr, und ihre Stimme ging in ein halbes, zwar ernstes, aber angenehmes Flüstern über. Und immer wieder kam mir dabei die rohe Ikone des Heiligen in den Sinn, die in der Ecke der Bedientenstube unseres alten Hauses hing. Da trat der enthauptete Heilige vor seine Mitbürger hin, sein totes Haupt als Beweis seiner Schilderung in Händen.

Schon schwanden auch jene wenigen gegenständlichen Spuren dahin, die wir in Suchodol von der Vergangenheit noch angetroffen hatten. Weder Bildnisse noch Briefe, nicht einmal schlichte Dinge des täglichen Gebrauchs hatten uns unsere Väter und Großväter hinterlassen. Was davon etwa noch übrig war, ist in den Flammen umgekommen. Lange Zeit stand im Vorzimmer eine Truhe herum, die vor wohl hundert Jahren mit Seehundsfell überzogen worden war – das Fell war kahl und holzig geworden und hing in Fetzen an ihr herab: Großvaters Truhe mit ihren ausziehbaren, aus karelischer Birke verfertigten Fächern, die mit angesengten französischen Vokabularien und über und über mit Wachs betropften kirchlichen Büchern vollgepfropft war. Schließlich verschwand auch sie. Auch die massiven Möbel, die im Saal und im Wohnzimmer standen, wurden gebrechlich und waren eines Tages fort. Das Haus verfiel und senkte sich immer mehr. In all den langen Jahren, die seit den hier geschilderten Ereignissen über das Haus dahingegangen waren, starb es einen langsamen Tod. Seine Vergangenheit wurde immer legendärer.

Die Suchodoler wuchsen in einem dumpfen und düsteren, aber immerhin komplizierten, nach einer wohlgegründeten Daseins- und Wirtschaftsweise aussehenden Leben auf. Wollte man diese Daseinsweise nach ihrer Beharrlichkeit, nach der Anhänglichkeit der Suchodoler an sie beurteilen, man müßte meinen, sie werde nie ein Ende nehmen. Aber sie waren leicht zu zermürben, waren keineswegs »hart im Erdulden«, diese Nachfahren von Steppennomaden! Und spurlos, wie unter der Egge, die über ein Feld dahingeht, die kleinen Hügel über den unterirdischen Gängen und Höhlen der Hamster verschwinden, verschwanden vor unseren Augen spurlos und rasch auch eins nach dem anderen die Nester der Suchodoler. Ihre Bewohner gingen zugrunde, oder sie gingen auf und davon, diejenigen aber, die sich gerade noch hielten, brachten den Rest ihrer Tage auch nur gerade noch hin. Und was wir antrafen, war keine Daseinsweise, kein Leben mehr, sondern nur die Erinnerung daran, eine halbwilde Primitivität des Existierens. Immer seltener kamen wir mit den Jahren in unser Steppengebiet. Und immer fremder wurde es uns, immer schwächer empfanden wir den Zusammenhang mit der Lebensweise, dem Stand, aus dem wir hervorgegangen waren. Wir sind nobel und alt von Geschlecht wie viele von unseren Stammesgenossen; unsere Namen werden in den Chroniken verzeichnet; unsere Ahnen sind Truchsessen und Heerführer, »angesehene Männer« und vertraute Gefährten, ja Anverwandte der Zaren gewesen. Nennten sie sich Ritter, wären wir weiter westlich geboren, wie selbstbewußt redeten wir von ihnen, wie lange noch hielten wir uns! Ein Nachfahr von Rittern könnte nicht zugeben, daß innerhalb eines halben Jahrhunderts so gut wie ein ganzer Stand vom Angesicht dieser Erde verschwunden und eine so große Anzahl von uns entartet oder dem Irrsinn verfallen sei, daß sie Hand an sich gelegt oder sich totgetrunken habe, heruntergekommen oder einfach in der Versenkung verschwunden sei! Er könnte nicht eingestehen, so wie ich eingestehe, daß wir nicht nur vom Leben unserer Ahnen, sondern auch dem der Urgroßväter keine Vorstellung mehr haben – jedenfalls keine auch nur einigermaßen genaue – und daß es mit jedem Tage schwieriger für uns wird, uns auch nur das auszumalen, was vor einem halben Jahrhundert war.

Der Platz, an dem einst das Gutshaus von Lunewo stand, war längst der Pflugschar zum Opfer gefallen und ist heute bebautes Feld – wie mancher andere Platz und mancher andere Gutshof. Suchodol hielt sich noch, wenn auch mit Mühe und Not. Freilich verließ sogar der Hausherr, nachdem er die letzten Birken im Garten gefällt und nach und nach fast alles Ackerland verkauft hatte, den eigenen Hof: Pjotr Petrowitschs Sohn nahm Dienst bei der Eisenbahn und wurde Schaffner. Und die alten Bewohnerinnen von Suchodol, Klawdija Markowna, Tante Tonja und Natalja, fristeten mühselig ihre letzten Jahre. Das Frühjahr löste der Sommer ab, den Sommer der Herbst, den Herbst der Winter. Sie zählten die Jahre nicht mehr. Sie lebten von Erinnerungen, von Träumen, von Streitigkeiten, lebten von ihren Sorgen um das tägliche Brot. Im Sommer ging jenes Stück Land, über das sich früher der weitläufige Gutshof erstreckte, in den Roggenfeldern der Bauern unter; das Haus, das von ihnen umgeben war, war jetzt weithin sichtbar. Das Strauchwerk, das einzige, was vom Garten noch übrigblieb, war so verwildert, daß die Wachteln gleich neben der Veranda schlugen. Aber was ist schon der Sommer! »Im Sommer ist es bei uns wie im Paradies!« sagten die beiden alten Frauen. Lang und bedrückend waren in Suchodol erst der Herbst mit dem vielen Regen und der Winter mit seinem vielen Schnee. Es war kalt, und es gab wenig zu essen im leeren, immer mehr auseinanderfallenden Haus. Schneestürme verwehten es, und der kalte sarmatische Wind kühlte es durch und durch aus. Geheizt aber, geheizt wurde sehr selten. Abends fiel aus der Stube der alten Herrin – es war der einzige noch bewohnte Raum – das dürftige Licht eines Blechlämpchens durch die Fenster. Die Herrin, in Halbpelz und Filzstiefeln, strickte und beugte sich, die Brille auf der Nase, über einen Strumpf. Natalja schlummerte auf der kalten Ofenbank. Das Fräulein aber, einem sibirischen Schamanen ähnlich, saß in seiner Hütte und rauchte Pfeife. Wenn sie mit Klawdija Markowna nicht verzankt war, stellte diese ihr Lämpchen nicht auf den Tisch, sondern aufs Fensterbrett. Dann saß Tante Tonja im seltsamen, schwachen Halblicht, das aus dem Hause in das Innere ihrer eisigen Hütte drang; die Hütte war vollgestellt mit alten, zerbrochenen Möbeln, vollgestapelt mit Scherben von zerschlagenem Geschirr, verrammelt von einem auf die Seite gestürzten Klavier. Sie war so eisig, daß sich die Hühner, auf deren Pflege Tante Tonja alle ihre Kräfte wandte, die Pfoten erfroren, wenn sie auf diesen Scherben, diesem Gerümpel übernachteten.

Heute nun ist das Suchodoler Herrenhaus ganz und gar leer. Alle in dieser Chronik erwähnten Personen, alle ihre Nachbarn und Altersgefährten sind verstorben. Und manchmal fragt man sich: Stimmt es denn, haben sie überhaupt auf dieser Welt gelebt?

Nur auf den Friedhöfen fühlt man, daß es so war; man fühlt sich ihnen sogar unheimlich nahe. Aber auch dazu bedarf es einer gewissen Anstrengung; man muß sich eine Weile niedersetzen und über dem Grab, das einem teuer ist, nachdenken – sofern man es nur findet. Man schämt sich, es zu sagen, aber verbergen läßt es sich nicht; die Gräber von Großvater, Großmutter und Pjotr Petrowitsch sind unbekannt. Man weiß nur eins: daß sie unweit des Chors der alten Kirche im Dorf Tscherkisowo liegen. Im Winter dringt man dahin nicht durch; die Schneewehen, aus denen die wenigen Kreuze und Gerten, die Spitzen der kahlen Sträucher, herausragen, reichen bis an die Hüfte. An einem Sommertage kommt man durch eine heiße, stille, völlig menschenleere Dorfstraße und bindet sein Pferd an der Umfriedung des Kirchhofs fest; hinter ihr ragt, in der Hitze backend, die dunkelgrüne Mauer der Tannen. Hinter der aufgesperrten kleinen Pforte, hinter der weißen Kirche mit ihrer rostigen Kuppel – ein ganzer Hain von weitverzweigten, niedrigen Ulmen, Ahornen, Eschen, überall Schatten und Kühle. Lange irrt man zwischen den Sträuchern, zwischen Hügeln und Mulden umher, die dünnes Friedhofsgras bedeckt, zwischen steinernen Platten, die, fast ganz in der Erde versunken, von schwarzem, buschigem Moos überwuchert sind. Da stehen zwei oder drei eiserne Mäler. Doch wem gehören sie? Sie sind so goldgrün verwittert, daß man die Inschriften nicht mehr entziffern kann. Wo, unter welchem Grabhügel, liegt nun der Großmutter, wo des Großvaters Gebein? Gott allein weiß es! Wir wissen nur, daß es hier, irgendwo ganz in der Nähe ist.

So sitzt man da, grübelt und versucht, sich die von allen vergessenen Chruschtschows vorzustellen. Und ihre Zeit will einem bald unendlich fern, bald so unendlich nah erscheinen. Dann sagt man sich: Es ist gar nicht so schwer, sich alles das vorzustellen. Man muß sich nur daran erinnern, daß dieses vergoldete, auf die Seite geneigte Kreuz vor dem sommerlich blauen Himmel sich schon zu ihrer Zeit so neigte, daß auf den leeren, glutheißen Feldern der Roggen ebenso reifte und gelb wurde wie jetzt, während hier Schatten und Kühle und dieses Strauchwerk war, und daß genau so eine alte Schimmelmähre mit grünlichem, halbkahlem Rist und breitgetretenen rosigen Hufen weidend in diesem Strauchwerk unterging. (1911)

Der Schrei

Einmal, im zeitigen Frühjahr, fuhren wir von Port-Said nach Batum.

Aus Konstantinopel waren Fälle von Pest gemeldet, doch unser Frachter hatte dort nichts zu tun; wir beschlossen, am Goldenen Horn vorbeizufahren und in Kovaki, an der Einfahrt zum Schwarzen Meer, den nächsten Tag abzuwarten: nachts wird man aus dem Bosporus nicht hinausgelassen. Auf unserem Schiff wurden zwei Türken, Quarantänewächter, von den Dardanellen mitgeführt; sie bestätigten uns, als wir in Kovaki ankamen, daß im Bosporus keine Station gemacht wurde.

Um vier Uhr hatte das Schiff in den Dardanellen die Leinen losgemacht. Um fünf Uhr haben die Matrosen ihr Mittagessen. Vor dem Essen steht ihnen je eine Feldflasche voll Schnaps zu. Aber es war gerade Gründonnerstag, und einige hielten es für Sünde, an diesem Tag Schnaps zu trinken. Damit der Schnaps aber nicht umkam, brachten sie ihn zum Spaß – den beiden Türken. Sie waren nicht an Alkohol gewöhnt, und der Schnaps warf sie um. Sie schliefen ein: der eine, ein großer, vierschrötiger Kerl, blieb am Heck liegen, genau über der Schiffsschraube, der andere, klein von Wuchs, lag auf der Ladeluke zwischen Heck und Maschinenhaus. Vor dem Einschlafen schwatzte der Kleine noch lange: zuerst türkisch, dann griechisch und russisch:

»Russ – gutt, Arab – nix gutt!«

Er erzählte, daß er, ein einfacher, armer Mann, eine so wunderschöne Frau hatte, daß er sie niemals mit ihrem Namen anredete, sondern sagte: ›Dschanym, mein Herz‹; sie sei aber schon längst gestorben, nachdem sie ihm einen Sohn geschenkt hatte. Der Sohn sei auch sehr schön, brav und zart wie ein Mädchen gewesen, aber man hat ihn nach Stambul gebracht und nach

Arabien in den Krieg geschickt. Und aus Arabien kommt keiner zurück, o nein! Als er das gesagt hatte, sprang er auf, schrie ganz laut, als ob er mit dem Karabiner schießen würde, ließ sich auf den Rücken fallen und stellte so das Erschossenwerden dar, dabei zog er seine krummen Beine mit den gestreiften Wollstrümpfen ein. Seine geflickten Hosen waren nach unten zu ganz eng, die Jacke kurz und völlig abgetragen, sein Fes schmutzig, die Schafaugen trüb, die Schnurrbartenden hingen herab, das Gesicht war voller Runzeln und das Kinn lange nicht rasiert. Und die Matrosen lachten und bedauerten ihn:

»Ja, Brüderchen, der Schnaps, das macht der Schnaps!«

Abends legte ich mich schlafen und sollte, sobald der Leuchtturm in Sicht kam, geweckt werden. Gegen zwei Uhr nachts klopfte die Ordonnanz an meine Kajütentür und sagte leise: »Wir kommen heran!«

Ich kleidete mich an und ging hinaus. Im Gesellschaftsraum war es ziemlich düster, nur ein Gasflämmchen flackerte traurig. Eine frische, leichte Brise wehte zur offenen Tür herein, draußen war es mondhell, die gefiederten Zweige der japanischen Zwergpalme, die in einem Topf neben dem Kamin stand, raschelten leise. Inmitten dieser alles beherrschenden Stille waren dieses Rascheln und das gemächliche Ticken der Wanduhr die einzigen wahrnehmbaren Laute. Das kaum hörbare Klirren der Gläser, die an der Decke des Geschirrschranks aufgehängt sind, und das schwache, das ganze Schiff durchdringende Beben, das von der Maschine kommt, die in der Tiefe des Schiffsrumpfes dumpf und gleichmäßig wie ein riesiges Herz arbeitet, störten die Stille nicht. Ich ging nach Backbord hinüber – und blickte auf das herannahende Stambul, auf seine spärlichen nächtlichen Lichter, die durch den dünnen weißen Dampf matt herüberleuchten, auf seine phantastische, großartige Silhouette, die sich auf der tiefen Bläue der Mondnacht blaß und schimmernd abzeichnete ... Dann ging ich zur Kommandobrücke hinauf. Der Kapitän und sein Wachmann hielten den Blick nach vorn, auf den Fockmast, gerichtet und versahen den Dienst am Telegraphen. Beide hatten warme Jacken an und Mützen auf. Sie drehten sich nicht um, als ich hinter ihnen an das Steuerrad herangetreten war. Am Ruder stand, wie aus Stein gemeißelt, die Augen fest auf den elektrisch beleuchteten Kompaß gerichtet, der Steuermann. Die Seeleute waren auch von der Nacht und von dem Anblick Stambuls ganz verzaubert, sie gaben ihre Kommandos mit halblauter Stimme: »Fünf Grad backbord«, sagte ruhig und verhalten, ohne sich umzuwenden, der Kapitän.

»Habe fünf Grad backbord«, echote langsam mit hoher Stimme der Mann am Ruder.

Langsam, gleichmäßig stiegen aus der Tiefe die Seufzer der Maschine herauf, und langsam entfaltete sich vor uns das Märchenreich der großartigen Stadt.

»So halten«, befahl schlicht und umsichtig der Kapitän.

»So-o ha-alten«, kam es um vier Töne höher vom Steuermann zurück.

Ich ging wieder an Deck, zur Offizierskabine. Todesstille. Der volle, klare Mond stand über Steuerbord, fast schon hinter uns, über den nebelhaften Umrissen der Prinzen-Inseln. Ein breiter goldener Streifen zieht sich zwischen den Inseln unter dem Schattenstrich hin, der immer über dem Horizont liegt, wenn der Mond seinen Glanz entfaltet. Auf den Wellen neben der Bordwand glitzert es gläsern-grün und verlöscht wieder. Noch liegt alles in der Ferne – das hügelige Ufer, das Goldene Horn, das sich langsam vor uns aufrollende blasse Traumbild von Skutari, von Stambul und vom Galata-Berg. Alles ist noch von einem hauchzarten Schleier, wie von einem Brüsseler Gewebe, verdeckt. Und hinter diesem Schleier leuchten, wie zahllose schöne und geheimnisvolle Augen, sanft und unbeweglich, die zahllosen nahen und fernen Lichter: goldene, winzige – auf dem Skutari-Ufer zwischen den dunklen Gärten dicht hingestreut; auf dem Galata-Berg von oben bis unten in schimmernden Reihen ausgesät; smaragdene und rubinfarbene, stärker flammende Lichter auf den Masten am Goldenen Horn, auf den Löschplätzen, auf den Wachbooten, sie werfen lange goldene Straßen über den Wasserspiegel; dann wieder vereinzelte, verschlafene Feuerchen, in Stambul, das mit blanken offenen Augen auf seinen Hügeln, dem Vollmond gegenüber, schläft ... Ich konnte an der Peripherie Stambuls Holzhäuser unterscheiden, zierliche hohe Minarette um die schalenförmigen Kuppeln der weißen Achmed-Moschee gestellt; die alte Kuppel der von mir sehr geliebten Sophienkathedrale, die Gärten des Serail und die grauen Mauern des Konstantin-Palastes. Ich spürte wieder diesen besonderen, süßen, trockenen Duft, der von den Ufern der Türkei herüberwehte ... Plötzlich drang durch die Stille ein schwacher, schluchzender Ruf; jemand rief:

»Jussu-uf!«

Immer näher schwärmten die Lichter zu uns heran. Wir fuhren vorwärts, aber uns entgegen und an uns vorbei flitzten die roten Laternen der Wachboote. Ich dachte, da hat jemand auf dem Wachboot geschrien; vielleicht geschieht da ein Mord, und das war ein Hilferuf; oder man hat vielleicht einen griechischen Schmuggler gefaßt ...

Wieder höre ich das Kommando des Kapitäns und die hohe Echostimme des Steuermanns. Der Mond hat seinen Platz gewechselt und zieht langsam zum Ufer von Skutari hinüber; weit über die glitzernde Wasserfläche wirft das hohe Ufer seine Schatten. Nun haben wir schon den Galata-Berg, der von den Steinbauten der jetzt in weißlichem Dunst liegenden Stadt völlig zugedeckt ist, passiert. Hinter uns, dort, wo aus den Wellen der kleine weiße Leanderturm herausragt, blieben zwei verschlafene, durchscheinende Smaragde zurück, die einer über dem anderen tief über dem Wasser hängen. Der Bug des Schiffes wendet sich langsam – die Einfahrt zum Marmara-Meer, das wie ein goldengläsernes Feld neben dem Kap-Serail erglänzt, wird verdeckt. Dieses Feld verdunkelt sich, es ertönt der kristallene Klang unseres Telegraphen; wir wenden immer schärfer nach Steuerbord. Jetzt ist aller Glanz erloschen. Am linken Ufer ziehen sich weiße Marmorpaläste hin, die breiten Stufen ihrer marmornen Anlegeplätze werden vom Wasser überspült. Der Schatten reicht bis zu ihnen heran; und in diesem Schatten bekommt der Marmor eine blaßgrüne Färbung ...

»Jussuf!« Der Schrei kommt irgendwoher aus der Ferne.

Ich lausche:

»Jussuf!« Leidenschaftlich, tränenerstickt schreit eine Stimme vom Heck unseres Schiffes. »Jussu-uf!«

Ich stieg hinunter und eilte zu ihm. Ich lief über die Treppe vom Oberdeck und ging an der regelmäßig keuchenden und stöhnenden Maschine, die mich in ihre Wärme und den Geruch von erhitztem Öl einhüllte, vorbei. Wieder hatte der Mond seinen Platz gewechselt: er stand weit hinter dem Heck, über dem riesigen goldenen See, zu dem jetzt der Bosporus zwischen den Ufern zusammengeschrumpft war ... Und noch weiter abwärts eilend bemerkte ich die kleine dunkle Gestalt, die mit dem Rükken zu mir auf der Ladeluke kniete. Zuweilen hockte sich die Gestalt auf die Fersen, wie das beim Beten getan wird, dann erhob sie sich wieder ganz schnell, suchte irgend etwas auf der Matte, die ihr den Gebetsteppich ersetzte, und dann hob sie wieder die Arme empor und schrie leidenschaftlich, kurz, mit unsagbarem Schmerz und dringendem Flehen:

»Jussu-uf!«

Und ich begriff alles.

Er, dieser kleine Türke, war eingeschlafen, nachdem er in seiner Trunkenheit geschwätzt und griechische Lieder gesungen hatte. Er hatte das ganze Marmara-Meer verschlafen ... Und plötzlich erwachte er unmittelbar vor Stambul, das ihm den Sohn Jussuf genommen hatte ... Und gehorsam, wie ein echter Moslem, nahm er sein Leid an und verbarg es in seinem Herzen. Niemand bemerkte die Spuren seines Kummers in seinem gelassenen runzeligen Gesicht mit den leidenschaftslos gehobenen Brauen und dem herabhängenden Schnurrbart. Und allzu dumpf war das lautlose Jammern in seinem Herzen. Aber diese Reise nach Kovaki, diese fremden Menschen, die ihn mit Machorka und dem feurigen Wodka bewirtet hatten – das alles hat ihn völlig um den Verstand gebracht; er fühlte, daß er sich der Stadt des Padischah näherte, er begann mit krankhafter Erregung sich daran zu erinnern, wie man seinen Sohn dorthin gebracht hatte, in seiner Verwirrung stellte er sich in aller Deutlichkeit und mit unbegreiflichem Entzücken vor, wie man ihn in Arabien getötet hatte ... Schließlich war er umgekippt, hatte das Bewußtsein verloren ... Dann erwachte er plötzlich. Irgend etwas hatte ihn in dem schweren, berauschten Schlaf gequält. Als er seine Augen öffnete, fühlte er die späte Stunde der Nacht und die ihn umgebende Stille, er erblickte im Licht des Mondes die großartigen und phantastischen Umrisse von Stambul, und plötzlich erfaßte er, mit seinem ganzen Sein, die volle Tiefe dessen, was Stambul mit seinem unnützen, traurigen Leben und mit der herrlichen Jugend Jussufs gemacht hatte. Und von ihm, von seinem Sohn, hatte er den lachenden Russen, den ungläubigen Hunden erzählt!

Ich ging zu ihm heran. Er wandte mir im Licht des Mondes sein tränenfeuchtes blasses Gesicht mit dem nassen herabhängenden Schnurrbart zu, er starrte mich aus seinen vom Gift des Alkohols glasig gewordenen, verweinten und von Anspannung zerquälten Schafaugen an ... Warum saß er auf dieser verdrückten Matte? Er erinnerte sich wohl daran, daß er das Abendgebet verschlafen hatte, und versuchte nun schnell, hinfallend und sich wieder aufrichtend, die Matte auszubreiten ... Aber wie soll er beten! In seinem Gehirn wogt alles durcheinander, er spürt nur noch Entsetzen und Traurigkeit. Und plötzlich beginnt er Stambul und der Mondnacht zuzuschreien, daß er allein und verloren ist. Nein, das kann nicht sein! Der Sohn lebt, er muß leben, er muß wiederkommen!

Ich nahm seine eiskalte Hand. Er zog sie zurück, wandte sich ab. Und wieder warf er sich, ohne den Rausch überwinden zu können, schwer auf die Fersen zurück. Die unaufhaltsam rinnenden Tränen verhüllten seine erstaunten Augen, das Schluchzen und Schnupfen behinderte seinen Atem.

»Jussuf!« schrie er dumpf und kurz, wie ein Mensch, der vor dem Ertrinken noch einmal aus dem Wasser auftaucht. Und er heulte, von Schluchzen geschüttelt, sich verschluckend, die Arme gegen Stambul erhoben.

»Jussuf! Jussu-uf!«

Das Wasser strich an der Bordwand entlang. Hinter dem Heck dunkelte der goldene See. (1911)

Ein schönes Leben

Ich habe ein schönes Leben gehabt, alles, was ich mir wünschte, hab ich erreicht. Besitze ich doch nicht nur unbewegliche Habe – mein Alter hat das Haus gleich nach der Hochzeit auf mich umgeschrieben –, sondern halte noch Pferde und zwei Kühe; auch einen Handel betreiben wir. Natürlich nicht irgendein großes Geschäft, sondern nur einen kleinen Laden, aber für unsere Vorstadt geht's. Mir ist schon immer alles geglückt, aber ich habe ja auch einen hartnäckigen Charakter.

Was allerlei nützliche Tätigkeiten betrifft, so hat mir schon mein Vater einiges beigebracht. Wenn er auch Witwer war und trank, so blieb er doch hinter mir nicht zurück: war schrecklich klug, tüchtig und herzlos.

Als also damals diese – wie heißt das? – Bauernbefreiung kam, sagte er zu mir: »Nun, Mädel, jetzt bin ich mein eigener Herr, woll'n doch sehen, ob wir nicht zu was kommen! Haben wir Geld in der Hand, dann ziehen wir in die Stadt und kaufen uns ein Haus; ich verheirate dich mit einem richtigen Herrn und lebe. Bei unserer Herrschaft zu sitzen, hat keinen Zweck, das lohnt sich nicht.«

Unsere Herrschaft war, das stimmte nun mal, zwar gutmütig, aber schrecklich arm, einfach wie Bettler. Wir gingen denn auch von ihnen fort, wobei wir Haus, Vieh und Hausrat verkauften. Wir zogen ganz in die Nähe der Stadt und pachteten von der Gutsbesitzerin Meschtscherina ein Kohlfeld. Sie war Hofdame im Zarenpalast gewesen, häßlich und pockennarbig, ein sitzengebliebenes Mädchen und längst ergraut, niemand hatte sie haben wollen; sie lebte eben in aller Ruhe dahin. Wir pachteten also ein Feld von ihr und ließen uns, wie uns das zukam, in der Laube nieder. Es war Herbst, es war kalt, aber uns machte das weiter nichts aus. Da saßen wir nun, warteten auf guten Gewinn und ahnten nichts Böses. Das Unheil aber kam über Nacht, und obendrein eins, das sich gewaschen hatte! Unser Geschäft ging schon auf seine Abwicklung zu, und plötzlich diese entsetzliche Geschichte! Da haben wir am Morgen unseren Tee getrunken – es war an einem Feiertag –, ich stehe gerade vor der Laube und sehe, wie von der Kirche allerlei Volk herbeiströmt. Der Geistliche vorneweg, geradewegs über das Kohlfeld. Es war ein heiterer Tag, wenn auch windig, da träumte ich eben vor mich hin und bemerke gar nicht, wie plötzlich zwei Männer vor mir stehen: der eine war der Geistliche, so 'n Großer, im grauen Priestergewand, mit Stock, das ganze Gesicht dunkel und erdig, die Mähne hochauf im Wind, nicht anders als bei einem guten Pferde; der andere ein einfacher Bauer, sein Knecht. Sie kommen genau auf die Hütte zu. Ich kriege es mit der Angst, verneige mich und sage: »Guten Tag, Vater! Wir danken Ihnen, wenn Sie die Absicht haben, uns zu besuchen.«

Er aber ist, wie ich bemerke, grimmig und schlecht gelaunt, so daß er mich nicht einmal ansieht; steht da und köpft mit dem Stock das Kalmückengras.

»Wo ist dein Vater?« fragt er.

»Mein Vater«, sage ich, »ist auf das Kohlfeld gegangen. Ich kann ihn, wenn Sie es wünschen, ja rufen. Aber da kommt er auch schon selber!«

»Also dann sage ihm, er soll seine Siebensachen packen, zusammen mit diesem schäbigen Samowar, und schleunigst von hier verschwinden. Noch heute kommt mein Feldhüter her.«

»Wie das?« sage ich, »Ihr Feldhüter? Aber wir haben der Gutsbesitzerin doch sogar schon das Geld bezahlt, neunzig Rubel! Ich bitte Sie, guter Vater!« (Ich war zwar noch jung, aber schon ziemlich gerissen.) »Sie machen sich wohl über uns lustig?« sage ich. »Sie müssen uns doch wenigstens irgendein Papier vorweisen!«

»Rede nicht!« ruft er aus. »Die Gutsbesitzerin zieht in die Stadt, ich habe ihr diese Wiesen abgekauft, und dieses Land ist jetzt mein eigen.«

Und dabei fuchtelt er mit dem Stock und haut ihn gegen die

Erde, man mußte aufpassen, daß man ihn nicht in die Visage bekam.

Mein Vater, der die Bescherung sah, kam auf uns zugelaufen – verdammt hitzig war er ja –, stand still und fragte: »Was ist denn das für ein Lärm? Wieso schreien Sie sie an, Vater, und wissen selber nicht, warum? Sie können doch nicht mit dem Stock herumfuchteln, sondern müssen uns geradeheraus erklären, mit welchem Rechte denn nun dieser Kohl plötzlich Ihrer ist? Wir sind arme Leute, wir bringen die Sache, wenn nötig, vor Gericht. Sie sind eine Person geistlichen Standes und haben gegen niemand Feindschaft zu hegen, für so etwas darf einer wie Sie die heiligen Sakramente nicht mehr berühren!«

Vater hatte, wenn man's besah, auch nicht ein freches Wort gegen ihn ausgesprochen, er aber war, obwohl Priester, außer sich wie der gewöhnlichste, ungebildetste Bauer und wurde, kaum daß er diese Worte gehört hatte, bis an die Haarwurzeln blaß, konnte kein Wort mehr reden und zitterte unter dem Priestergewand mit den Knien. Wie er dann aufkreischte und auf Vater losging, um ihm mit dem Stock eins über den Schädel zu ziehen! Vater aber wich aus, griff nach dem Prügel, riß ihm den aus der Hand und zerknackte ihn über dem Knie – fertig! Der andere allerdings versuchte, den Stock noch einmal an sich zu bringen, aber Vater kam ihm zuvor, warf die zwei Hälften möglichst weit weg und rief: »Kommen Sie um Gottes willen nicht näher, Euer Heiligkeit! Sie sind zwar finster und drahtig, aber drahtig bin ich noch mehr als Sie.«

Und schon packte er ihn an den Händen.

Es gab einen Prozeß, und wegen dieser, wie heißt das, dieser Person geistlichen Standes wurde Vater zur Zwangsansiedlung verbannt. Da war ich denn mutterseelenallein auf der Welt und fragte mich: Was jetzt anfangen? Auf ehrliche Art kam man augenscheinlich nicht weiter, man mußte es mit der Pfiffigkeit versuchen. Ich ließ mir die Sache ein Jährchen lang durch den Kopf gehen, lebte bei meiner Tante und sah, es gab für mich keine Bleibe, ich mußte mich möglichst rasch verheiraten. Vater hatte da einen guten Freund in der Stadt, einen Sattler, der dann auch um mich freite. Man kann zwar nicht sagen, daß der Bräutigam stattlich war, aber vorteilhaft schon. Es gab allerdings einen Mann, der mir sehr gefiel, aber der war arm – nicht weniger arm als ich – und schlug sich bei fremden Leuten durch, während dieser hier immerhin doch sein eigener Herr war. An Mitgift hatte ich keine Kopeke, und hier plötzlich seh ich, er nimmt mich auch ohne, wie sollte ich so einer Gelegenheit widerstehen? Ich überlegte hin und her und heiratete ihn, obwohl ich natürlich wußte, daß er schon in den Jahren war, dazu ein Trinker und ewig aus dem Häuschen, ehrlich gesagt: ein Strolch. Ich nahm ihn also und war nun nicht mehr einfach irgendein Mädchen, sondern Nastasja Semjonowna Shochowa aus dem städtischen Kleinbürgerstand. Versteht sich, daß mir das schmeichelte.

Mit diesem Mann habe ich mich neun Jahre gequält. Kleinbürger – das war nur der Stand, sonst aber herrschte eine Armut bei uns, die ebensogut auch zu Bauern gepaßt hätte! Außerdem ein Gezänk, jeden Tag, den Gott gab, ein Skandal! Nun, der Herrgott erbarmte sich meiner und nahm ihn zu sich. Die Kinder von ihm starben eins nach dem andern weg, nur noch zwei Jungen blieben übrig, der eine, Wanja, stand im neunten Jahr, der andere war ein Säugling, den man noch auf den Armen tragen mußte. Es war ein schrecklich munteres, gesundes Bürschlein, das mit zehn Monaten gehen und sprechen konnte; so waren sie alle bei mir, die Kinder, sie fingen im elften Monat an zu sprechen und zu gehen. Er trank schon selber Tee und krallte sich mit den Händchen manchmal so an der Untertasse fest, daß man sie ihm auf keine Weise wegnehmen konnte. Nun ja, aber auch er starb, bevor er ein Jahr alt wurde.

Ich komme da eines Tages vom Flüßchen nach Hause, und meines verstorbenen Mannes Schwester – wir hatten eine gemeinsame Wohnung – sagt: »Dein Kostja hat heute den ganzen Tag geschrien und sich hin und her geworfen. Ich habe schon dies und das versucht, ihm mit den Händen was vorgemacht und mit den Fingern geschnalzt und Zuckerwasser gegeben, aber er würgt nur, und das Wasser kommt ihm zur Nase heraus. Entweder er ist erkältet, oder er hat irgend etwas verschluckt, ich meine, die Kinder stopfen doch alles gleich in den Mund, wer wäre da wirklich sicher?«

Ich war außer mir. Ich stürzte zur Wiege und warf den Vorhang zurück, aber Kostja war wie besinnungslos: er konnte nicht einmal mehr schreien. Die Schwägerin lief rasch zu einem bekannten Feldscher, der kam und fragte: »Was hat er denn zu essen bekommen?«

»Grießbrei, sonst nichts«, war die Antwort.

»Und hat er mit irgend etwas gespielt?«

»Jawohl, das hat er«, sagte die Schwägerin. »Hier hat die ganze Zeit ein Messingring von einem Kummet herumgelegen, mit dem hat er gespielt«.

»Na also«, meinte der Feldscher, »er hat ihn bestimmt verschluckt. Daß euch die Arme verdorren!« sagte er. »Da habt ihr euch ja was Schönes geleistet; er stirbt euch doch einfach weg!«

Es kam, versteht sich, wie er gesagt hatte. Kein zwei Stunden vergingen, und das Kind war tot. Wir wanden uns hin und her, aber es half nichts, man sah, gegen Gott war man eben machtlos. So trug ich auch diesen zu Grabe, und nur Wanja allein blieb mir übrig. Er allein. Aber am Ende ist einer, auch ganz allein, wie man zu sagen pflegt, immerhin jemand. Ein Mensch mag klein sein, aber er ißt und trinkt kaum weniger als ein Erwachsener. Ich fing also an, beim Obersten Nikulin die Fußböden zu scheuern. Es waren Leute mit einigem Kapital, die dreißig Rubel monatlich für ihre Wohnung bezahlten. Sie selber wohnten im oberen Stock, unten befand sich die Küche. Die Köchin bei ihnen war demütig, aber ohne Moral. Sie wurde denn eines Tages natürlich auch schwanger. Sich bücken und Fußböden scheuern, das ging nicht mehr, nicht einmal einen Kochtopf konnte sie aus dem Ofen herausholen. Sie verschwand, um ihr Kind zu bekommen, während ich sie inzwischen von ihrem Posten verdrängte: so geschickt wußte ich mich bei der Herrschaft ins rechte Licht zu setzen. Bin ich doch allerdings schon von Jugend an recht gewandt und auch schlau gewesen, so daß ich, was ich auch angriff, sauber und ordentlich hinbekam, ja unschwer selbst einen Kellner ersetzte und auch der Herrschaft zu schmeicheln verstand. Was die Herrschaft auch sagen mochte, ich war immer mit einem »Ja« oder »Jawohl«, einem »Sie haben vollkommen recht« zur Stelle. Da stehe ich, kaum daß es dämmert, schon auf, wische die Fußböden blank, heize den Ofen und setze den Samowar auf; wenn die Herrschaften aufwachen, habe ich alles schon fertig. Nun ja, und natürlich war ich auch selber sauber und ordentlich, ein wenig mager zwar, aber hübsch anzusehen. Manchmal tat ich mir selber leid. Was hast du schon, fragte ich mich, bei dieser groben Arbeit von deiner Schönheit und deinem Stand?

Ich sagte mir: Bietet sich eine Gelegenheit, dann greif zu! Die Gelegenheit aber bestand darin, daß der Oberst noch im höchsten Grade bei Kräften war und mich nicht ansehen konnte, ohne unruhig zu werden, während die Oberstin, eine Deutsche, dick und kränklich und ihre zehn Jahre älter war als er. Sie selber war unschön und massig, hatte kurze Beine und ähnelte einem Wildschwein; sie sah womöglich noch häßlicher aus. Ich merke, er macht mir den Hof, sitzt in der Küche bei mir herum und versucht, mich das Rauchen zu lehren. Kaum verläßt seine Frau das Haus, schon ist er da: schickt den Burschen in die Stadt, angeblich um irgend etwas besorgen zu lassen, und sitzt bei mir herum. Ich hatte ihn über bis dort hinaus, verstellte mich aber natürlich ein bißchen; ich lachte, saß da und wippte mit dem Bein, brachte ihn also auf alle mögliche Weise in Weißglut. Was soll man machen? Die Armut einerseits, und andererseits, wie man zu sagen pflegt, und wenn's ein Fetzen Wolle ist, gib her! Kommt er doch eines Tages – es war irgendein Festtag im Zarenhaus – in seinem vollen Staat in die Küche herunter, Epauletten, ein weißer Gürtel, der ihn umspannt wie ein Reifen ein Faß, Glacéhandschuhe in den Händen, der Hals eingezwängt, der ganze Mann aufgeblasen, geradezu blau, riecht nach Parfüm, die Augen glänzen, der Schnurrbart ist schwarz und ganz dick.

Er tritt also ein und sagt: »Ich will mit der gnädigen Frau in die Kathedrale, stäub mir doch rasch mal die Stiefel ab! Dieser Staub ist ja scheußlich; kaum geht man einmal über den Hof, schon ist man grau von oben bis unten.«

Er setzt den gestiefelten Fuß auf eine Bank, als ob sie irgendein Sockel wäre, ich bücke mich und will das Lackleder abwischen, da packt er mich plötzlich am Hals, reißt mir sogar das Tuch herunter, faßt mich um die Brust und versucht, mich hinter den Ofen zu zerren. Ich drehe und winde mich hin und her, komme aber nicht frei, so sehr ich mich auch bemühe, während er mich wie in Fieberglut einhüllt und, rot vom vorgedrungenen Blut, mich sozusagen zu überwinden, mein Gesicht zu erhaschen und es zu küssen versucht.

»Was tun Sie!« sage ich. »Die gnädige Frau wird kommen, gehen Sie um Christi willen!«

»Wenn du lieb zu mir bist«, sagte er, »ist mir für dich nichts zu schade!«

»Ja doch«, entgegne ich, »die Tonart kennt man!«

»Hier auf der Stelle will ich ohne Buße sterben!«

Nun ja, natürlich, und was dergleichen mehr ist. Und ehrlich gesagt, was hatte ich damals schon für eine Ahnung? Ich hätte mich sehr leicht von seinen Worten verlocken lassen können, aber Gott sei Dank ging seine Sache schief. Eines Tages hatte er mich wieder zur Unzeit in der Klemme, ich riß mich los, völlig zerzaust, ich war in furchtbarer Wut, und plötzlich – da war sie, die Herrin! Sie kam die Treppe herunter, herausgeputzt, dick und gelb wie eine Tote, stöhnte, raschelte mit ihrem Kleid über die Stufen. Ich hatte mich also losgerissen, stand da ohne Kopftuch, während sie geradewegs auf uns zukam. Er an ihr vorbei, macht sich dünne, und ich stehe da wie eine Dumme und weiß nicht, was ich machen soll. Sie blieb eine Weile vor mir stehen und hielt den seidenen Rocksaum gerafft, ich erinnere mich daran, als ob es erst eben gewesen wäre, sie war zum Ausgehen herausstaffiert, in einem braunen Seidenkleid, mit fingerlosen weißen Handschuhen, mit Schirm und einem kleinen Hut, der wie ein Körbchen aussah. Sie blieb also eine Weile vor mir stehen, stöhnte und ging. Sie brachte kein Wort des Vorwurfs heraus, weder zu ihm noch zu mir, das stimmt. Als aber der Oberst nach Kiew verreiste, jagte sie mich davon.

Ich packte meine Siebensachen und kehrte zur Schwägerin zurück. (Wanja lebte damals bei ihr.) So war ich die Stelle los und überlegte aufs neue: Was nützt mir mein ganzer Verstand, wenn ich weder etwas erwerben noch anständig heiraten und zu einem eigenen Geschäft kommen kann? Der Herrgott hat mich verlassen! Ich will mich, sagte ich mir, noch einmal ins Zeug legen und nicht ich selber sein, wenn ich nicht für mich was erreiche und mir ein Kapital beschaffe! Ich dachte nach, überlegte, gab Wanja in die Lehre zu einem Schneider, während ich selber als Stubenmädchen beim Kaufmann Samochwalow Dienste nahm, wo ich dann volle sieben Jahre auf meinem Posten blieb.

Da kam ich denn auch hoch.

Mein Lohn wurde auf zwei Rubel fünfundzwanzig festgesetzt. Es waren zwei Dienstmädchen da, ich und Wera. Den einen Tag bediene ich bei Tisch, während sie das Geschirr abwäscht, den anderen wasche ich das Geschirr, und sie serviert. Man kann nicht sagen, daß die Familie sehr groß war: Matwej Iwanytsch, der Herr des Hauses, die Ehefrau Ljubow Iwanowna, zwei erwachsene Töchter und zwei Söhne. Der Herr des Hauses war ein ernster, wortkarger Mann, wochentags eigentlich nie zu Hause; feiertags saß er oben in seinem Zimmer, las allerlei Zeitungen und rauchte eine Zigarre, während sie einfach und gutmütig war, sie kam wie ich aus dem Kleinbürgerstande. Ihre Töchter Anja und Klascha brachten sie kurz nacheinander unter die Haube, so daß zwei Hochzeiten in einem Jahr gefeiert wurden; beide verheirateten sich mit Militärpersonen. Da eben fing ich, ehrlich gesagt, ein bißchen an zu sparen: das Militär gab immerhin recht ordentliche Trinkgelder. Selbst wenn man irgendeinen geradezu nebensächlichen Dienst erwies – Streichhölzer reichte oder Mantel und Überschuhe –, schon hatte man seine zwanzig, dreißig Kopeken verdient. Wir gingen aber auch sauber gekleidet umher, wir gefielen den Offizieren. Wera, die allerdings spielte sich auf, machte so etwas wie ein Fräulein, ging mit kurzen Schrittchen umher und war zart und im höchsten Grade empfindlich; kaum daß was ist, zieht sie die buschigen Brauen zusammen, die kirschroten Lippen zittern und beben, und an den Wimpern erscheinen Tränen. Die Wimpern waren freilich auch schön, so lang, wie ich sie bei niemand gesehen habe! Nun ja, aber ich war denn doch schlauer. Da zog ich mir gelegentlich ein glattes Mieder an, nichts weiter dran als ein kleiner Einsatz und kurze Ärmel, dazu aufgesteckter Zopf mit schwarzem Samtband, weiße, ein wenig angestärkte Schürze – also ich war geradezu interessant anzusehen. Wera schnürte sich, trug ein Korsett; sie schnürte sich, daß es nicht zum Aushalten war und ihr der Kopf weh tat bis zum Erbrechen, während ich so was wie ein Korsett gar nicht kannte, ich konnte mich auch ohne sehen lassen.

Als aber dann die Offiziere fortblieben, fiel von den herrschaftlichen Söhnen was ab.

Der Ältere war wohl schon zwanzig, als ich die Stelle antrat, während der Jüngere ins vierzehnte ging. Dieser Junge nun war ein kümmerliches Lahmbein. Immer wieder brach er sich Arme und Beine, ich allein habe das viele Male mit angesehen. Hatte er sich wieder einmal was gebrochen, gleich kam der Arzt zu ihm, verband ihn mit allerlei Mull und Watte, goß das Ganze mit etwas aus, das wie Kalk aussah, der Kalk trocknete mit dem Mull zusammen und wurde wie eine Schiene; war's aber zugeheilt, dann schnitt der Arzt das Ganze auf und nahm es ab – und siehe da, der Arm war wieder zusammengewachsen. Gehen konnte er nicht, aber er rutschte auf dem Hintern herum. Selbst über Schwellen und Treppen, das ging nur so. Sogar durch den ganzen Hof, zum Garten kroch er. Sein Kopf war groß und dem des Vaters ähnlich, das Schläfenhaar grob und rötlich wie Hundefell, das Gesicht breit und alt. Er aß aber auch was zusammen: Wurst, Schokoladenbomben, Brezeln, Semmeln aus Blätterteig, alles, was das Herz begehrte. Die Ärmchen aber und die Beinchen waren so dünn wie die Beine von einem Schaf, alle ein paarmal gebrochen, alle mit Narben bedeckt. Sie zogen ihm eine ganze Zeit weiter nichts an als lange Hemden. Lesen und Schreiben lernte er bei einer Lehrerin aus dem geistlichen Seminar, die zu uns ins Haus kam. Großartig hat er gelernt, war ein gescheiter Kopf! Und wie er erst Harmonika spielte, da kommt kein Gesunder mit! Spielte und sang. Er hatte eine starke, durchdringende Stimme. Manchmal stimmte er an, aber dann richtig: »Bin ein Mönch, ein hübscher Bursche ...« Dieses Lied hat er öfter gesungen.

Der ältere Sohn war gesund, aber auch er zu nichts zu gebrauchen, ein bißchen schwach auf dem Kopf. Sie schickten ihn in alle möglichen Schulen; überall flog er wieder hinaus, hat nichts gelernt. Kaum wurde es Nacht, dann verschwand er irgendwohin und blieb weg, und so bis zum Morgengrauen. Vor der Mutter aber hatte er immerhin Angst und wollte auf keinen Fall durch den Vordereingang zurückkehren. Ich brachte abends die Arbeit hinter mich und wartete; war die Herrschaft eingeschlafen, dann schlich ich mich durch die Zimmer, öffnete in seinem Stübchen das Fenster – und zurück an meinen Platz. Er zog sich auf der Straße die Stiefel aus und kroch in bloßen Strümpfen durchs Fenster, kein Laut war zu hören. Am nächsten Tage stand er auf, als ob er nirgends gewesen wäre, und steckte mir, so daß es niemand sah, zu, was mir zukam. Was ging mich das alles an, meine Sorge, ich nahm's mit vielen Freuden! Seine Sache, wenn er sich den Hals brach.

Doch schließlich begannen mir auch vom Jüngeren, von Nikanor Matwejitsch, Einkünfte zuzufließen.

Das Meine zu erreichen, ließ ich damals geradezu Tag und Nacht nicht locker. Nachdem ich mir in den Kopf gesetzt hatte, mich unbedingt irgendwie sicherzustellen, fand ich in diesem Leben auch festen Grund. Jede Kopeke drehte ich um und um: Geld hat nämlich Flügel, läßt du es erst aus der Hand! Diese Wera ekelte ich aus dem Haus, sie war, genau genommen, ja auch entbehrlich, das sagte ich der Herrschaft geradeheraus: »Ich«, sagte ich, »werd auch alleine fertig, legen Sie mir lieber eine Kleinigkeit zu.« So blieb ich allein und schaltete und waltete. Meinen Lohn ließ ich mir gar nicht erst herausgeben; kaum war er auf zwanzig oder fünfundzwanzig Rubel angewachsen, bat ich die Herrin, zur Bank zu fahren und das Geld auf meinen Namen einzuzahlen. Kleidung, Schuhe, alles bekam ich von der Herrschaft, wofür sollte ich also was ausgeben? Und hier verliebte sich auch noch zu meinem Glück und zu seinem Unglück dieser, Gott verzeih mir, dieser Krüppel in mich.

Jetzt, versteht sich, frage ich mich öfter: Ob mich der Herrgott nicht seinetwegen mit so einem Söhnchen gestraft hat? Manchmal will mir das nicht aus dem Kopf, ich werde noch gleich erzählen, was er sich angetan hat; aber andererseits muß man doch auch verstehen, daß mir das alles sehr ärgerlich war. Wenn ich ihn manchmal so richtig ansah, den Wasserkopf, dann packte mich der Verdruß. Behext sollst du sein, du Glückspilz!

dachte ich mir. Bist zwar ein Krüppel, aber in welchem Reichtum du lebst! Und meiner, so wohlgeraten er ist, ißt und trinkt nicht mal feiertags, was spiele ich die Traurige, die Nachdenkliche. Er aber dringt in mich und fragt: »Nastja, warum bist du so traurig?«

»Ach, nur so«, sage ich, »als hätte ich nicht genug Kummer!«

Und dann seufze ich auch noch, schweige still und stütze die Wange mit der Hand.

»Worum handelt es sich denn?« fragt er.

»Vieles, worum sich's bei armen Leuten handelt, aber wer kümmert sich schon darum? Ich will Sie mit solchen Gesprächen erst gar nicht langweilen.«

Nun, er hatte es bald heraus. Ich sage ja, er war klug, auch ein Gesunder hätte zufrieden sein können. Eines Tages komme ich zu ihm; es war, ich weiß es noch genau, in der vierten Woche der großen Fasten, das Wetter war richtig trüb, grau, neblig, alles im Hause schlief nach dem Mittagessen. Ich kam mit einer Arbeit in der Hand herein – ich nähte mir irgend etwas –, setzte mich an sein Bett und wollte gerade wieder seufzen, mich traurig stellen und ihn vorsichtig auf die Sache bringen, als er schon selber davon anfing. Er lag, ich sehe ihn noch heute vor mir, in einem neuen, noch ungewaschenen rosa Hemd, in blauen Pumphosen und neuen Lackschäftern, die Beine gekreuzt, da und sah mich von der Seite an. Die Ärmel waren weit, die Pumphosen noch weiter, Beine und Arme aber wie Streichhölzer, der Kopf groß und schwer, er selbst klein, geradezu unangenehm anzusehen. Blickte man hin, dachte man, ein Junge, aber das Gesicht war alt, wenn es auch wiederum jugendlich wirkte – durch das Rasieren nämlich, und einen dichten Schnurrbart hatte er auch. Er rasierte sich, glaube ich, jeden Tag, den Gott gab, der Bart wucherte ihm nur so, die Arme waren voller Sommersprossen, aber auch sie von roten Haaren bedeckt.

Er lag also da, sage ich, die Haare zur Seite gekämmt, mit dem Gesicht zur Wand, und stocherte mit dem Finger in der Tapete herum, und plötzlich rief er: »Nastja!«

Ich fuhr richtig zusammen.

»Was haben Sie, Nikanor Matwejitsch?«

Und dabei stand mir beinahe das Herz still.

»Weißt du, wo meine Sparbüchse ist?«

»Nein«, sage ich, »Nikanor Matwejitsch, das kann ich nicht wissen. Ich habe gegen Sie nie etwas Schlechtes im Sinne gehabt.«

»Steh auf, zieh das unterste Schubfach vom Kleiderschrank heraus und nimm die alte Harmonika, da liegt die Sparbüchse drin. Gib sie mir her!«

»Was wollen Sie denn damit?«

»Nur so. Ich möchte das Geld zählen.«

Ich zog das Schubfach heraus und öffnete den Deckel auf der Harmonika; dort war im Balg ein Blechelefant versteckt, er wog ziemlich schwer, wie ich fühlte. Ich holte ihn heraus, reichte ihn hin. Er nahm ihn, klapperte ein bißchen, legte ihn neben sich hin – Gott helfe mir, ein richtiges Kind! – und wurde nachdenklich.

Er schwieg ein ganzes Weilchen, dann lächelte er und sagte: »Ich, Nastja, hatte in dieser Nacht einen angenehmen Traum, ich bin sogar vor Tage davon aufgewacht und war den ganzen Vormittag sehr glücklich. Sieh mich an, ich habe mich sogar für dich feingemacht!«

»Aber Sie gehen doch immer sehr sauber herum, Nikanor Matwejitsch!«

Ich wußte selber nicht mehr, was ich sagte, so aufgeregt war ich.

»Nun«, sagte er, »was das betrifft, herumgehen werde ich wohl erst im Jenseits. Was werde ich im Jenseits aber auch hübsch sein dafür, das kannst du dir gar nicht vorstellen!«

Er tat mir geradezu leid.

»Darüber scherzt man nicht«, entgegnete ich, »denn das ist Sünde, Nikanor Matwejitsch, und ich verstehe auch einfach nicht, wozu Sie so etwas sagen. So Gott will, werden Sie vielleicht noch gesund. Erzählen Sie mir lieber, was Sie für einen Traum gehabt haben!«

Er fing wieder an, ausweichend herumzureden, zu scherzen, was er schon für ein Bürger auf dieser Erde sei, und ohne jeden Zusammenhang von unserer Kuh zu erzählen. »Sprich um Christi willen mit Mama«, sagte er, »sie soll sie verkaufen, ich halte es sonst nicht mehr aus, dieses Tier verdrießt mich. Da liege ich auf dem Bett und starre in einem fort über den Hof zur Scheune, in der sie sich befindet, und sie wieder starrt durchs Gitter auf mich!« Und dabei klappert er mit dem Geld und sieht mir nicht in die Augen. Und ich höre zu und verstehe die Hälfte nicht, richtig wie die Irren, beide reden daher, wie sich's trifft, kommen von Pontius auf Pilatus; schließlich hielt ich es nicht mehr aus. Jeden Augenblick, sagte ich mir, können sie alle wach werden und den Samowar verlangen, dann ist alles verloren!

Ich unterbrach ihn also rasch und versuchte es mit einer List: »Ja, nein«, sagte ich, »erzählen Sie lieber, was für einen Traum Sie gehabt haben! *Irgend etwas von uns?*«

Ich wollte ihm natürlich etwas Angenehmes sagen, und ich traf's. Er ergriff plötzlich die Sparbüchse, zog ein Schlüsselchen aus der Hosentasche und wollte sie aufschließen, aber er schaffte und schaffte es nicht, er konnte das Schlüsselloch nicht finden, so zitterten ihm dabei die Hände, bis er sie endlich doch aufbekam und über seinem Leib ausschüttete; ich erinnere mich noch genau, es waren zwei Schatzscheine über je fünfzig Rubel und acht Goldstücke darin. Er raffte alles zusammen und flüsterte mir plötzlich zu: »Könntest du mich ein einziges Mal küssen?«

Ich war vor Schrecken wie gelähmt, mir versagten Arme und Beine, während er sich schier nach mir umbrachte, zu mir hindrängte und hauchte: »Nastetschka, nur ein einziges Mal! Gott sei mein Zeuge, ich werde dich nie wieder darum bitten!«

Ich sah mich um. Nun, dachte ich, jetzt oder nie! Und küßte ihn. Er kam sogar ganz außer Atem, faßte mich um den Hals, fand meine Lippen und ließ mich wohl eine Minute nicht los. Dann steckte er mir das ganze Geld in die Hand und wandte sich ab.

»Geh«, sagte er.

Ich sprang davon, und gleich in meine Kammer. Ich verschloß das Geld, dann ergriff ich eine Zitrone und rieb mir damit die Lippen. Das tat ich so lange, bis sie ganz weiß wurden. Ich hatte wirklich sehr große Angst, ich könnte mich bei ihm anstecken und mir die Schwindsucht holen.

Nun gut, Gott sei Dank, diese Sache hatte also geklappt, und ich machte mich an eine andere, viel wichtigere, um die ich dann auch am meisten zu kämpfen hatte. Mir ahnt schon, es gibt einen Auftritt, ich fürchte, man wird mich nicht gehen lassen, er wird mich jetzt, sage ich mir, mit seiner Liebe verfolgen, wird mir des Geldes wegen zusetzen. Doch nein, ich sehe, es geht. Zudringlich ist er nicht, behandelt mich wie früher, genau so, als ob nichts zwischen uns gewesen wäre, ja bescheidener noch, könnte man meinen, und ruft mich auch nicht mehr zu sich ins Zimmer; er hält also sein Wort. So trete ich denn an die Herrschaft heran.

»Wird Zeit«, sage ich, »mich ein bißchen um meinen Sohn zu kümmern, ich muß mich für eine Weile frei machen.«

Die Herrschaft will nichts davon wissen. Von ihm erst gar nicht zu reden.

Als ich eines Tages vor ihm darauf anspielte, wurde er kreideweiß. Er drehte sich zur Wand um und sagte so scheinbar ein wenig spöttisch: »Du hast kein Recht, es zu tun. Du hast mich verlockt und mich an dich gewöhnt. Du mußt waren; ich werde bald sterben. Gehst du vorher, dann häng ich mich auf.«

Gut, wie? Der Mann, der kein Wässerchen trüben konnte! Ach, denke ich mir, du Unverschämter! Ich habe mich deinetwegen zu dem und jenem gezwungen, und du drohst mir auch noch! O nein, da bist du an die Verkehrte geraten! Und ich sah mich nur noch eifriger nach einem Vorwand um. Da bekam gerade zur rechten Zeit die Hausherrin noch ein Kind, ein Mädchen, für das eine Amme angestellt wurde. Hier hakte ich eben ein und behauptete, ich könne mit ihr nicht leben. Es war aber auch wirklich eine böse und verdrehte Alte, selbst die Hausherrin hatte vor ihr Angst, außerdem trank sie – ein halber Stof Wodka stand ständig unter ihrem Bett – und konnte niemand neben sich leiden. Sie begann mir allerlei nachzureden und mich anzuschwärzen. Bald war die Wäsche nicht richtig geplättet, bald wußte ich nicht, wie etwas aufzutragen war. Sagt man ihr aber ein Wort, dann zittert sie am ganzen Leibe und rennt zur Herrin, um sich zu beschweren. Schluchzt und weint, aber natürlich mehr aus Vorstellung, als weil sie wirklich gekränkt wäre. Je weiter, desto schlimmer, so daß ich schließlich zur Herrschaft laufe.

»So und so, lassen Sie mich gehen«, sage ich, »mit dieser Alten ist mir die weite Welt nicht mehr lieb, ich tue mir noch was an.«

Dabei liebäugelte ich schon mit einem Haus in der Gluchaja-Straße. Nun, die Herrin wollte mich nicht länger nötigen. Allerdings lud sie mich, als ich mich von ihr verabschiedete, Gott weiß wie sehr ein, wieder zu ihr zurückzukehren oder doch wenigstens dann und wann an den Feiertagen und Namenstagen zu ihr zu kommen.

»Daß du mir aber auch unbedingt kommst«, sagte sie, »um überall aufzuräumen und alles vorzubereiten! Ich bin nur ruhig, wenn du dabei bist. Ich hab mich an dich gewöhnt wie an eine Verwandte.«

Ich bedankte mich natürlich auf alle Weise. Ich versprach alles, was sie wollte, verneigte mich tausendmal und ging. Und sogleich – mit Gott ans Werk. Ich kaufte jenes Haus und eröffnete eine Branntweinschenke. Das Geschäft ging wirklich gut; wenn ich abends den Erlös zählte, waren dreißig oder vierzig, manchmal auch fünfundvierzig Rubel in der Kasse, so daß ich auf den Gedanken verfiel, noch einen zweiten Laden aufzumachen, damit sozusagen eines zum anderen kommt. Die Schwester meines verstorbenen Mannes war schon seit längerer Zeit mit einem Pförtner vom Roten Kreuz verheiratet, er nannte mich immer Gevatterin und war gut Freund mit mir. Zu dem ging ich hin und lieh mir eine Kleinigkeit bei ihm aus, um dies und jenes anzuschaffen und die Rechte zu erwerben, und handelte darauf los. Gerade um diese Zeit nun ging Wanjas Lehrzeit zu Ende. Ich frage gescheite Leute um Rat, wo ich ihn wohl am besten unterbringe.

»Wozu unterbringen«, sagen sie, »wenn du im eigenen Hause soviel Arbeit hast, daß du nicht weißt, wo du mit ihr hinsollst?«

Das stimmte. Ich setzte Wanja also in den Laden, während ich selbst in der Kneipe hinter dem Schanktisch stand. Und schon ging's los! Natürlich vergaß ich dabei, an alle diese früheren Dummheiten auch nur zu denken, obwohl, ehrlich gesagt, der Krüppel sogar bettlägerig wurde, als ich ging. Er sagte niemand auch nur ein Sterbenswörtchen, lag aber wirklich krank auf den Tod, selbst seine Harmonika hatte er vergessen.

Da kommt doch eines Tages plötzlich, hast du nicht gesehen, die Polkanicha zu mir auf den Hof gelaufen, die Amme, mein ich. Den Namen hatten ihr die Jungen angehängt. Sie taucht also vor mir auf und sagt: »Ich habe dir einen Gruß von jemand zu bestellen; du sollst ihn unbedingt besuchen kommen.«

Mir wurde vor Ärger und Scham glühend heiß. Wie ich das finde, Freundchen! dachte ich mir. Was der sich in seinen Kopf setzt! Denkt wohl, er hat sich eine Liebste geangelt! Ich konnte mich nicht beherrschen und sagte: »Ich brauche seine Grüße nicht, er soll nicht vergessen, daß er ein Krüppel ist, du aber, alter Teufel, solltest dich schämen, unter die Kupplerinnen zu gehn! Verstanden?«

Sie war sprachlos. Sie stand gebeugt da, sah mich von unten herauf aus verschwollenen Augen an und schüttelte nur ihren Kohlkopf. Sie war – sei's von der Hitze, sei's vom Schnaps – völlig benommen.

»Ach du Gefühllose!« sagte sie. »Er hat doch sogar um dich geweint! Den ganzen gestrigen Abend hat er mit dem Gesicht zur Wand gelegen und geschluchzt.«

»Na und?« entgegnete ich. »Soll vielleicht auch ich noch in Tränen zerfließen? Daß er sich gar nicht schämt, der Gelbschnabel, vor den Leuten zu heulen! Man denke, das arme Kindchen! Ist er denn überhaupt schon der Brust entwöhnt?«

So schob ich die Alte ohne alles weitere ab und ging auch nicht hin. Er aber – gesagt, getan – erhängte sich bald darauf wirklich. Jetzt tat es mir natürlich leid, daß ich nicht hingegangen war, aber damals hatte ich andere Sorgen. In meinem eigenen Hause löste ein Auftritt den anderen ab.

Ich hatte zwei Stuben an Untermieter vergeben, die eine an unseren Wachpolizisten, Tschaikin mit Namen, einen vortrefflichen, ernsten, sehr ordentlichen Mann, in die andere war ein Fräulein von den Prostituierten eingezogen. Sie war blond, jung, auch von Gesicht nicht übel, ja sogar hübsch; Fenja hieß sie. Ein Unternehmer Cholin pflegte sie zu besuchen, er hielt sie aus; und eben darauf hatte ich mich verlassen, als ich sie bei mir aufnahm. Aber es fiel etwas zwischen ihnen vor, und er ließ sie sitzen. Was sollte ich machen? Zahlen konnte sie nicht, und sie hinauswerfen, das ging auch nicht: sie stand mit acht Rubeln in meiner Schuld.

»Fräulein«, sagte ich zu ihr, »Sie müssen auch ohne festes Verhältnis Ihrem Erwerb nachgehen, ich habe kein Obdachlosenasyl.«

»Ich will mir Mühe geben«, entgegnete sie.

»Davon«, sage ich, »daß Sie sich Mühe geben, ist eigentlich nicht viel zu sehen. Sie sitzen, statt sich Mühe zu geben, Abend für Abend zu Hause herum. Auf Tschaikin brauchen Sie nicht zu hoffen.«

»Ich werde mir wirklich Mühe geben. Ich schäme mich ja, Sie so sprechen zu hören.«

»Ach was«, sage ich, »sieh einer an, was für ein Schamgefühl!«

Mühe geben, jawohl! Von Mühe geben war weiter nicht viel zu merken. Sie scharwenzelte nur noch eifriger um Tschaikin herum, aber der wollte sie keines Blickes würdigen. Und schließlich merke ich, sie macht sich an meinen Sohn heran. So oft ich hinsehe, ist er neben ihr. Er muß sich plötzlich eine neue Jacke machen lassen.

»Das geht zu weit«, sage ich, »wirst schon noch warten können! Ich kleide dich ohnehin nicht schlechter als einen Herrensohn; bald kriegst du Stiefel, bald eine Mütze. Ich selber habe mir alles versagt, jede Kopeke ein paarmal umgedreht, aber dich hab ich immer mit allem ausgestattet.«

»Ich sehe ja auch gut aus«, sagt er.

»Soll ich vielleicht um deines Aussehens willen das Haus verkaufen, oder wie?«

Ich merke, mein Laden geht nicht mehr so gut. Fehlbeträge, Verluste treten ein. Wenn ich mich niedersetze, um Tee zu trinken, nicht einmal der Tee will mir schmecken. Ich fing an aufzupassen. Ich sitze in der Schankwirtschaft und höre mir alles mit an, ich lehne mich an die Wand, gebe keinen Mucks von mir und horche. Ich horche heute: sie reden und reden, ich horche morgen: dasselbe. Ich mache ihm Vorwürfe.

»Was geht Sie das an?« fragt er. »Vielleicht habe ich vor, sie zu heiraten?«

»Jetzt wird es richtig, es geht die eigene Mutter nichts an! Deine Absichten, sage ich, merk ich schon lange, aber das wird nie im Leben geschehen!«

»Sie liebt mich besinnungslos, Sie werden sie nie verstehen, dazu ist sie eben zu zart, zu verschämt.«

»Schöne Liebe das«, sage ich, »die Liebe einer liederlichen Schlampe! Aber sie hält dich Dummkopf doch nur zum Narren! Das üble Frauenzimmer hat die Füße voll offener Wunden.«

Er war wie versteinert; er blickte auf seine Nasenspitze und schwieg. Na Gott sei Dank, dachte ich, das hat gesessen. Und dennoch war ich zu Tode erschrocken: die Sache war klar, der Bursche hatte sich in sie verknallt. Da mußt du sie also, sagte ich mir, so gut es geht und so schnell wie möglich fertigmachen.

Ich beriet mich mit dem Gevatter, beriet mich mit Tschaikin.

»Ratet mir doch«, sagte ich, »was soll ich mit ihnen machen?«

»Was ist da schon lange zu fackeln«, sagten sie, »nimm das Mädel doch am Schlafittich und wirf sie hinaus, und damit fertig!«

Sie dachten sich dann eine Geschichte aus. Ich tat, als ob ich zu Besuch ginge. Ich verließ das Haus, schlenderte eine Weile durch die Straßen und kehrte gegen sechs Uhr abends, als Tschaikin abgelöst wurde, leise nach Hause zurück. Da komme ich also herbei, rüttele an der Tür, sie ist, wie zu erwarten war, verschlossen. Ich klopfe, alles bleibt still. Ich klopfe ein zweites, ein drittes Mal – wieder nichts. Dabei steht Tschaikin schon hinter der Ecke. Ich trommele gegen die Fenster, daß die Scheiben klirren. Plötzlich poltert der Riegel: Wanka. Kreidebleich. Ich stoße ihn mit Wucht vor die Schulter und in die Stube hinein. Dort war ein richtiges Gelage im Gange: leere Bierflaschen, Wein auf dem Tisch, Ölsardinen, ein großer, entgräteter Hering, rosig wie Bernstein, alles aus meinem Laden. Fenka sitzt auf dem Stuhl, eine himmelblaue Schleife im Zopf. Sie sieht mich, springt auf, starrt mich an, und ihre Lippen werden vor Schrecken ganz blau. Sie glaubte, ich würde mich auf sie stürzen, um sie zu schlagen.

Ich aber sagte, obwohl ich, ehrlich gestanden, kaum noch Atem bekam, so einfach und unbefangen wie möglich: »Was ist denn hier bei euch los, etwa Verlobung? Oder hat jemand Namenstag? Wollt ihr mich nicht bewillkommnen, mich bewirten?«

Sie schweigen.

»Warum sagt ihr denn nichts? Warum schweigst du, mein Sohn? So also, Freundchen, sorgst du dich um dein Haus? Da also fliegt, wie sich zeigt, mein sauer erworbenes Geld zum Fenster hinaus?«

Er versucht, sich widerborstig zu zeigen.

»Ich bin mein eigener Herr.«

»So, so«, sage ich, »und was wird aus mir? Soll ich aus Mitleid mit dir, bloß weil du diese Lumpenhündin am Halse hast, vielleicht mein eigenes Haus verlassen? Ja? Da habe ich mir ja was großgezogen!«

Auf einmal brüllt er mich an: »Sie haben kein Recht, sie zu beleidigen! Sie waren selber einmal jung, Sie müssen verstehen, was Liebe ist!«

Tschaikin aber – dieses Gebrüll hören und dasein war eins; er sprang dazu, packte Wanka, ohne ein Wort zu verlieren, an den Schultern, und fort mit ihm in die Rumpelkammer, hinter Schloß und Riegel. Der Mann hatte Bärenkräfte, der reinste Heiduck! Er sperrte ihn also ein und sagte zu Fenka: »Sie gelten ja noch als Fräulein, ich könnte Sie aber ebensogut auch mit dem richtigen Etikett versehen!« (Mit dem gelben Prostituiertenpaß also.) »Möchten Sie das oder nicht? Heute noch wird das Zimmer geräumt! Daß mir aber auch keine Spur von dir übrigbleibt!«

Sie verlegte sich aufs Weinen. Aber da heizte ich ihr auch noch meinerseits ein.

»Sie soll mir«, sagte ich, »erst mal mein Geld herzählen! Sonst behalte ich auch noch ihr letztes Köfferchen ein. Leg das Geld zurecht, oder ich blamiere dich in der ganzen Stadt!«

Ich setzte sie also noch am selben Abend vor meine Tür. Als ich sie abschob, jammerte sie zum Gotterbarmen. Sie weinte, würgte an ihren Tränen, raufte sogar ihr Haar. Versteht man ja, war schließlich wohl auch für sie nicht gerade zum Lachen. Wo sollte sie hin? Alles, was sie besaß, alles, was sie erbeutet hatte, trug sie bei sich. Aber sie zog denn doch aus. Auch Wanja verhielt sich einige Zeit ganz ruhig. Als er am Morgen herausgelassen wurde, sagte er keinen Mucks; er hatte große Angst, auch quälte ihn das Gewissen. Er machte sich an die Arbeit. Ich freute mich schon und beruhigte mich, aber das dauerte leider nicht lange. Bald flog das Geld wieder aus der Kasse hinaus, die Schlampe schickte zu ihm in den Laden, er aber stattete sie mit allem aus, Gesottenem wie Gebratenem. Bald packte er ihr einen Berg Zucker ein, bald Tee oder Tabak, ein Tüchlein oder Seife, wie sich's eben traf. Wie hätte ich das alles überblicken können? Er fing dann auch zu trinken an, immer schlimmer und schlimmer. Am Ende ließ er den Laden Laden sein; zu Hause war er kaum noch zu sehen, es sei denn zum Essen, dann war er gleich wieder fort. Abend für Abend machte er sich auf zu ihr: eine Flasche hinter den Aufschlag – und Abmarsch! Ich hastete wie eine Irre hin und her, aus der Schankwirtschaft in den Laden und wieder zurück; ich fürchtete mich, ihm auch nur ein Wort zu sagen: so sehr verkommen war er! Er hatte immer gut ausgesehen – er kam ganz nach mir; sein Gesicht war weiß und zart wie das eines Fräuleins, die Augen klar und klug, er selbst breit und stattlich, kastanienbraune, gelockte Haare. Und plötzlich – Visage aufgeschwemmt, das Haar verwildert, fällt auf den Kragen herab, die Augen trüb, der ganze Mann heruntergekommen und gebeugt, und immer schweigt er und starrt seine Nasenspitze an.

»Lassen Sie mich ja in Ruh«, sagte er, »ich könnte sonst kriminelle Handlungen begehen.«

War er aber betrunken und ließ sich gehen, dann lachte er ohne Grund, grübelte vor sich hin oder spielte auf der Harmonika die »Unwiederbringliche Zeit«, und seine Augen füllten sich mit Tränen. Ich sah, meine Sache stand schlecht, ich mußte mich sobald wie möglich verheiraten. Gerade um diese Zeit trug man mir an, die Ehe mit einem Witwer aus der Vorstadt anzubahnen, gleichfalls einem Ladenbesitzer. Es war ein schon älterer Mann, aber kreditwürdig, vermögend. Also genau das, was ich brauchte. Ich erkundigte mich sogleich bei zuverlässigen Leuten nach seiner Lebensweise; es war, wie ich sah, nichts daran auszusetzen. Man mußte sich entscheiden, sich möglichst bald kennenlernen. Die Heiratsvermittlerin hatte uns einander bis dahin nur in der Kirche gezeigt, man mußte also einen Vorwand finden, sich gegenseitig zu besuchen und eine Art Brautschau abzuhalten.

Zuerst kam er zu mir und stellte sich vor: »Lagutin, Nikolai Iwanytsch, Ladenbesitzer.«

»Sehr angenehm«, sagte ich.

Ich sah, er war ein ganz vortrefflicher Mann, von Wuchs zwar nicht groß und völlig ergraut, aber wirklich recht angenehm, still, adrett, taktvoll; man merkte, daß er genau war, er hatte, so wurde erzählt, zeit seines Lebens niemand auch nur einen Groschen geschuldet.

Danach machte auch ich mich auf und besuchte ihn unter dem Vorwand von Geschäften. Ich sah, es war ein Schnapskeller da, dazu ein Laden mit allem, was zum Schnaps gehört: Speck etwa, Schinken, Sardinen, Heringen. Das Haus war nicht groß, aber blank wie ein Kronleuchter. An den Fenstern Gardinen, selbst Blumen, der Fußboden sauber gefegt, gar nicht zu merken, daß der Hausherr ein Junggeselle war. Auch auf dem Hof herrschte Ordnung. Da sah man drei Kühe, zwei Pferde. Für eines davon, eine dreijährige Stute, hatte man ihm schon fünfhundert Rubel geboten, er war jedoch nicht darauf eingegangen. Nun, ich konnte mich einfach nicht losreißen, so gefiel mir das Tier! Er aber lächelte nur vor sich hin, trippelte überall umher und erzählte, als lese er aus einer Preisliste vor: Hier bitte dies, dort jenes ... Ja, sagte ich mir, da ist nicht viel herumzuklügeln, die Sache muß unter Dach und Fach.

Ich erzähle das jetzt, versteht sich, alles in knappen Worten, während von dem, was ich damals fühlte, nur mein Herz allein etwas weiß. Ich ging umher, als ob ich schwebte, so freute ich mich, hatte ich doch das Meine erreicht, die richtige Partie für mich gefunden! Aber ich schwieg, ich fürchtete noch, ich zitterte; wie, wenn meine ganze Hoffnung zunichte würde? Und beinahe wäre es auch so gekommen, fast wären all meine Mühen umsonst gewesen, weswegen dem aber so war, kann ich selbst heute nicht ohne Erregung aussprechen: des Krüppels nämlich und meines famosen Söhnchens wegen! Wir hatten diese ganze

Verhandlung so still, so vornehm geführt, daß, wie wir glaubten, kein Mensch etwas erfahren würde. Und plötzlich höre ich, daß schon die ganze Vorstadt von unseren Plänen weiß, von Nikolai Iwanytschs und meinen. Natürlich drang das Gerücht auch bis zu Samochwalows; ich nehme an, die Polkanicha hatte dafür gesorgt. Und er, der Krüppel, hat doch nichts Eiligeres zu tun, als sich aufzuhängen! Da hast du es sozusagen, ich habe es dir gesagt, aber du hast es ja nicht glauben wollen; jetzt tu ich es grade! Er schlug über seinem Bett einen Nagel in die Wand, befestigte eine Schnur daran, die von einem Zuckerhut stammte, steckte den Kopf durch die Schlinge und glitt vom Bett. Einfache Sache, gehört weiter nicht viel Verstand dazu!

Ich stehe da eines Abends, als es schon dämmert, im Laden und räume ein wenig auf, plötzlich poltert doch jemand gegen den Fensterladen! Mir stand geradezu das Herz still. Ich stürze hinaus auf die Schwelle: die Polkanicha.

»Was willst du?«

»Nikanor Matwejitsch hat das Zeitliche gesegnet!«

Sprach's, drehte sich um und ging. Ich kam in der Aufregung nicht erst dazu, mir alles zu überlegen – ich war vor Schreck wie gebannt –, warf mir ein Tuch um und stürzte ihr nach. Sie rennt, stolpert vor mir her, ich hinterdrein. Geradezu eine Schande vor der ganzen Stadt! Ich laufe, ohne irgend etwas zu begreifen. Ich denke nur an das eine: daß ich verloren bin! Ein schlechter Scherz, den er sich da geleistet hat, Gott verzeih mir! Daß die Menschen aber auch gar kein Gewissen haben, sage ich mir. Ich komme vor das Haus gelaufen, dort ist bereits so viel Volk versammelt, als ob es brennt. Der vordere Eingang steht sperrangelweit offen, wer Lust hat, dringt ein; versteht sich, daß jeder neugierig ist. Ich in meiner Dummheit – mit den anderen ins Haus. Zu meinem Glück plötzlich – als gäbe mir jemand eins auf den Kopf – besann ich mich, kehrte um und zurück. Wer weiß, vielleicht war das meine Rettung, sonst hätte ich wohl erfahren, was eine Harke ist. Es hätte nur irgendwer daran zu erinnern brauchen, zum Beispiel dieselbe Polkanicha in ihrer Wut: »Da, Euer Wohlgeboren, da ist sie, von der wir glauben, sie sei an allem schuld, belieben Sie sie zu vernehmen!« Aus wär's gewesen.

Versuche einer, sich hinterher aus der Schlinge zu ziehen! Wie das so geht: ein Mensch denkt sich nichts Böses, aber man packt ihn am Schlafittchen und in den Sack mit ihm! Wär nicht das erste Mal.

Nun, sie beerdigten ihn, und ein Stein fiel mir vom Herzen. Ich bereitete mich auf die Hochzeit vor, beeilte mich, meinen Handel aufzulösen, ohne Verlust zu verkaufen, was zu verkaufen war – und plötzlich ein neues Unglück, neuer Kummer. Ich konnte vor Scherereien ohnehin kaum auf den Beinen stehn, auch die Hitze brachte mich um. Die Hitze in diesem Jahr war geradezu unerträglich, dazu kam der Staub, der heiße Wind, besonders bei uns in der Gluchaja-Straße, auf diesen Hügelhängen. Da plötzlich das Neueste: Nikolai Iwanytsch fühlte sich gekränkt. Er schickte diese Heiratsvermittlerin zu mir, dieselbe, die uns zusammengeführt hatte, eine grimmige Bestie. Sicher hatte sie selbst, scharfäugig wie sie war, Nikolai Iwanytsch aufgehetzt; jedenfalls ließ Nikolai Iwanytsch durch ihren Mund sagen, daß er die Hochzeit auf den ersten September verschiebe, angeblich nötigten ihn Geschäfte dazu. Hinsichtlich meines Sohnes aber, also Wankas, empfahl er, ich möge gründlich über ihn nachdenken und ihn am besten irgendwo anstellen lassen, denn in sein Haus würde er ihn um keinen Preis aufnehmen. Er sei zwar ihr leiblicher Sohn, ließ er sagen, aber er würde uns glatt ruinieren, außerdem würde er mich beunruhigen. Man muß ja nun freilich auch seine Lage verstehen. Da er nie irgendwelches Randalieren gekannt hatte und nie auf Auseinandersetzungen einging, fürchtete er sich natürlich davor, sich zu erregen; regte er sich einmal auf, dann verwirrte sich alles in seinem Kopf, und er konnte kein Wort herausbringen. Soll sie ihn doch, ließ er sagen, irgendwohin abschieben. Aber wo sollte ich eine Anstellung für ihn hernehmen, wo sollte ich hin mit ihm? Der Bursche war ganz meinen Händen entglitten, und bei fremden Leuten, sagte ich mir, würde er sich womöglich endgültig das Genick brechen, aber abschieben mußte ich ihn, daran war nichts zu ändern. Ich war ja auch schon selber so gut wie fertig mit ihm, seitdem er sich mit der Fenka befreundet hatte; einfach behext hatte sie ihn, die Hündin! Am Tage pennte er, in der Nacht betrank er sich, er machte die Nacht eben zum Tage. Was ich dabei an Kummer ausgestanden habe, ist nicht zu sagen! Er brachte mich schließlich so weit, daß ich dahinschmolz wie eine Kerze, nicht einmal einen Löffel konnte ich halten, so zitterten mir die Hände. Sobald es dunkelte, setzte ich mich vors Haus auf eine Bank und wartete so lange, bis er von der Straße war; ich fürchtete, die Burschen in der Vorstadt könnten ihn zusammenschlagen. Eines Abends brach ich mir bald den Hals: ich lief in die Vorstadt, um nachzusehen, was war; ich hatte Lärm und Geschrei gehört, dachte schon, sie hätten ihn sich geschnappt, stolperte in eine Schlucht und rauschte nur so hinunter.

Nachdem ich also von Nikolai Iwanytschs Entschluß unterrichtet war, ließ ich Wanja kommen.

»So und so, mein Sohn«, sage ich, »ich habe es lange genug mit dir ausgehalten, du bist schwach, bist vom Weg abgekommen, du blamierst mich im ganzen Umkreis. Du läßt dich gehen, hast dich daran gewöhnt, ein gutes Leben zu führen, du bist nach alledem zu einem richtigen Taugenichts, zu einem Säufer geworden. Die Gabe, die mir gegeben ist, besitzt du nicht, wie oft bin ich in meinem Leben gestürzt, um mich jedesmal wieder aufzurichten, während du nichts zu erwerben weißt. Du siehst, ich bin zu Ansehen gekommen, ich habe auch Haus und Hof und esse und trinke nicht schlechter als andere, ich brauche auf nichts zu verzichten, was mein Herze begehrt, und das alles, weil bei mir mein Leben lang der Verstand zu bestimmen hatte. Du aber, nun, du willst, wie man sieht, bleiben, was du schon bist, ein Verschwender. Es wird Zeit, daß du mir vom Halse kommst.«

Er sitzt da, schweigt, stochert im Wachstuch herum, das auf dem Tische liegt.

»Warum sagst du denn nichts?« frage ich. »Laß das Wachstuch in Ruh, komm erst mal selber zu so einem Ding! Antworte mir!« Er bleibt stumm, neigt den Kopf, seine Lippen zittern.

»Sie wollen heiraten?« fragt er schließlich.

»Ob ich mich verheiraten werde oder nicht«, sage ich, »weiß man noch nicht, aber wenn, dann jedenfalls mit einem anständigen Menschen, der dich nicht ins Haus lassen wird. Ich, mein Lieber, bin nicht deine Fenka, bin nicht irgendeine Schlampe.«

Er springt auf, zittert am ganzen Leibe.

»Sie sind ihren Fingernagel nicht wert!«

Gut, was? Er sprang also auf, brüllte außer sich, warf die Tür ins Schloß, und weg war er. Ich bin ja nun wirklich keine Heulsuse, aber hier brach ich denn doch in Tränen aus. Ich weinte einen Tag, weinte den zweiten; sobald ich mich daran erinnerte, was er zu mir gesagt hatte, war ich nicht mehr zu halten. Ich weinte und dachte nur an das eine: daß ich ihm eine solche Kränkung nie im Leben verzeihen, ihn aus dem Hause jagen würde. Er ließ sich aber nicht blicken. Ich höre, er feiert bei den Seinen, Jubel, Trubel, er vertrinkt das zusammengestohlene Geld und stößt Drohungen gegen mich aus: »Ich werde sie«, sagt er, »schon noch kleinkriegen, ich lauere ihr auf, wenn sie abends mal weggeht, und schlage sie nieder mit einem Stein!« Er schickt – natürlich nur mir zum Hohn – in den Laden und läßt dies und das kaufen, mal Pfefferminzplätzchen, mal Hering. Ich zittere geradezu vor Ärger, aber ich beherrsche mich und gebe die Ware ab. Eines Tages sitze ich im Laden, plötzlich kommt er in eigener Person herein. Betrunken, einfach nicht wiederzuerkennen. Er bringt einige Heringe zurück – morgens war ein Mädel dagewesen und hatte sie gekauft, für sein Geld natürlich, vier Stück – und knallt die Heringe auf den Ladentisch.

»Wie können Sie«, schreit er, »Ihren Kunden so einen Dreck schicken? Sie stinken ja, sind gerade noch gut für die Hunde!«

Er schreit, bläht die Nasenflügel: er sucht nach einem Vorwand.

»Du«, sage ich, »krakeele hier nicht herum und brüll nicht, die Heringe habe ich nicht gemacht, ich kaufe sie in Fässern. Brauchst sie ja nicht zu fressen, wenn sie dir nicht schmecken, hier hast du dein Geld!«

»Und wenn ich sie gegessen hätte und daran gestorben wäre?«

»Ich sage dir noch einmal, du Schwein«, entgegne ich, »du hast hier nicht zu brüllen; was bist du schon, um hier herumzukommandieren? Dein Rang ist nicht gerade hoch. Was du zu sagen hast, sag anständig, wie sich das gehört, und brich nicht wie ein Rüpel in anderer Leute Räume ein!«

Er griff sich plötzlich eine Schnellwaage vom Kornkasten und zischte: »Wenn ich dir jetzt mit diesem Ding eins über den Kopf haue«, sagte er, »dann streckst du dich aber aus!«

Und hinaus aus dem Laden, was ihn die Beine trugen. Ich aber sank glatt auf den Fußboden und konnte nicht wieder aufstehen.

Später höre ich dann, die Burschen aus der Vorstadt haben ihn doch noch erwischt! Man brachte ihn in einer Mietdroschke halbtot zu mir ins Haus; er war sinnlos betrunken, der Kopf schlenkerte hin und her, seine Haare waren mit Blut verklebt und voll Straßenstaub, die Stiefel und die Uhr hatten sie ihm abgenommen, das neue Jackett hing in Fetzen von ihm herab, kein Zollbreit Stoff war auch nur einigermaßen heil geblieben. Ich dachte nach, nahm ihn auch bei mir auf und bezahlte sogar die Droschke, schickte aber noch am selben Tage zu Nikolai Iwanytsch, ließ einen Gruß bestellen und befahl klipp und klar auszurichten, er brauche sich keine Sorgen zu machen: das mit dem Sohn sei entschieden, ich würde ihn erbarmungslos hinauswerfen, sobald er zu sich gekommen sei. Er erwiderte meinen Gruß und ließ mir sagen, das sei sehr klug und vernünftig von mir, er danke mir und fühle mit mir. Und auch den Hochzeitstermin setzte er fest: in vierzehn Tagen. Ja.

Nun ja, damit vorerst genug, meine Geschichte geht hier zu Ende. Es ist ja auch eigentlich weiter nichts zu erzählen. Mit diesem Ehemann verbrachte ich mein Leben im schönsten Frieden – geradezu eine Seltenheit in dieser Zeit. Was ich aber auch alles durchgemacht habe, während ich mich um dieses Paradies bemühte, ist nicht zu sagen. Dafür hat der Herrgott mich allerdings auch belohnt, ich lebe nun schon das einundzwanzigste Jahr mit meinem Alten wie hinter einer steinernen Mauer und weiß, er würde nicht dulden, daß irgend jemand mir etwas tut. In Wirklichkeit ist er nämlich gar nicht so sanft, das täuscht! Natürlich, das Herz tut einem hier und da noch manchmal weh. Besonders während der großen Fasten. Wenn man jetzt stürbe, denke ich mir, wie schön, wie friedlich, in allen Kirchen erklingen Lobgesänge.

Manchmal wiederum überfällt mich auch Sehnsucht nach Wanja. Seit zwanzig Jahren habe ich nichts mehr von ihm gehört. Vielleicht ist er auch schon lange tot, aber das weiß ich nicht. Er tat mir damals wirklich leid, als sie ihn so zu mir brachten. Wir schleppten ihn herein und hoben ihn aufs Bett; er schlief einen ganzen Tag wie ein Toter. Hier und da stieg ich zu ihm hinauf und horchte auf seinen Atem – ob er denn auch noch lebte. In der Stube aber stank es nach irgendeiner Säure, er selbst lag da, abgerissen und vollgesudelt, schnarchte und bekam keine Luft. Eine Schande, ein Jammer, dieser Anblick, und dabei war es mein eigen Blut! Ich sah mir's an, horchte und ging wieder hinaus. Und ein schrecklicher Kummer befiel mich. Widerwillig aß ich mein Abendbrot, räumte ab, löschte das Licht. Ich fand keinen Schlaf, gar nicht daran zu denken, ich lag da und zitterte an allen Gliedern. Die Nacht war hell, man konnte gut sehen. Ich höre, er ist wach. Er hustet, geht immerfort auf den Hof hinaus, klappt mit der Haustür.

»Wo gehst du denn immerzu hin?« frage ich.

»Ich habe Magengrimmen«, entgegnet er.

Ich höre es an der Stimme, er ist erregt, bekümmert.

»Trink mal vom Beifußabsud!« sage ich.

Ich lag noch eine Weile wach und schlief schließlich sogar ein bißchen ein, bis ich im Halbschlaf höre, wie jemand über den Läufer schleicht. Ich springe auf: er ist es.

»Mutter«, sagt er, »um Christi willen, erschrecken Sie nicht vor mir.«

Und er bricht in haltloses Schluchzen aus. Er setzt sich aufs Bett, hascht nach meinen Händen, küßt sie, benetzt sie mit Tränen, wobei er beinahe erstickt, so sehr weint und schluchzt er. Ich konnte mich nicht beherrschen und brach in Tränen aus, auch ich. Natürlich tat er mir leid, aber da war nichts mehr zu machen; mein Schicksal drängte zur Entscheidung. Und das begriff er, wie ich sah, auch selber.

»Dir verzeihen, das kann ich«, sagte ich, »aber ändern läßt sich nichts mehr, das siehst du ja wohl selber. So geh schon möglichst weit weg von hier, damit ich nichts von dir höre und sehe!«

»Mutter«, sagte er, »wofür haben Sie mich ins Verderben gestürzt, nicht anders als diesen Lahmen, den Nikanor Matwejitsch?«

Nun, ich sah, er war noch nicht klar im Kopf, und ließ mich auf keinen Streit ein. Er weinte eine Weile, erhob sich und ging aus dem Zimmer. Als ich aber am Morgen in der Stube nachsah, in der er geschlafen hatte, war er spurlos verschwunden. Er hatte sich also beizeiten davongemacht vor der Schande und blieb verschollen, als hätte ihn die Erde verschlungen. Es ging das Gerücht, er lebe angeblich in irgendeinem Kloster, später soll er an der Wolga gelandet sein, und dort hat er sich dann vermutlich auch das Genick gebrochen. Aber wozu davon reden; man regt sich nur unnötig auf! Wasser bleibt Wasser, und wenn man es noch so lange kocht.

Um aber daraufzukommen, was er damals von Nikanor Matwejitsch sagte, so finde ich das einfach dumm. Schließlich habe ich mich nicht durch Riesensummen an ihm bereichert, und aus der Tasche gezogen habe ich ihm das Geld auch nicht. Er sah ja selber ein, daß er ein Krüppel war, und war oft genug darüber traurig. Manchmal sagte er dann zu mir: »Nicht nur zum Krüppel, Nastja, hat mich das Schicksal gemacht, ich habe auch einen überspannten Charakter. Bald bin ich übermütig wie vor irgendeinem Unheil, bald zu Tode betrübt, besonders im Sommer, wenn es so heiß und staubig ist – ich könnte mir einfach was antun! Wenn ich gestorben und auf dem Tschornoslobodskoje-Friedhof beerdigt bin, wird dieser Staub in alle Ewigkeit über den Zaun auf meinen Grabhügel niederwehen!«

»Wozu sich damit quälen, Nikanor Matwejitsch«, sage ich, »wir werden das nicht spüren.«

»Was hilft es«, meint er, »daß wir es nicht spüren werden, das Unglück ist, daß man zu Lebzeiten daran denkt.«

Es war ja auch manchmal entsetzlich traurig bei uns im Hause, damals, bei den Samochwalows, wenn alles nach dem Mittagessen schlief und nur der Wind diesen Staub vor sich hertrieb! Auch als er sich dann das Leben nahm, geschah es in der ödesten Zeit und bei furchtbarer Hitze.

Es stimmt schon, unsere Stadt hat etwas entsetzlich Trauriges. Ich bin da neulich in Tula gewesen: gar kein Vergleich!

(1911)

Sachar Worobjow

Dieser Tage ist Sachar Worobjow aus Ossinowyje Dwory gestorben.

Er war rötlichblond und bärtig und ein solches Stück höher und größer als gewöhnliche Menschen, daß man ihn gut hätte für Geld zeigen können. Er selbst fühlte sich auch gleichsam einem besonderen Geschlecht zugehörig, einem anderen als alle übrigen Menschen; er fühlte sich zu einem Teil auch wie ein Erwachsener unter Kindern, mit denen er jedoch wie mit seinesgleichen umzugehen genötigt war. Noch ein anderes Gefühl verließ ihn die vierzig Jahre seines Lebens hindurch nicht: ein undeutliches Gefühl von Einsamkeit. In alten Zeiten hatte es, wie man behauptete, viel solche wie ihn gegeben, doch starb dieser Schlag aus. »Es ist da noch einer wie ich«, pflegte er manchmal zu sagen, »aber der lebt weit weg, irgendwo hinterm Don.«

Im übrigen war er stets ausgezeichneter Stimmung. Er hatte eine seltene Gesundheit. Er war vortrefflich gebaut. Man hätte ihn sogar schön nennen können, wenn nicht die dunkle Sonnenbräune, die leicht nach außen gestülpten unteren Augenlider und die beständigen gläsernen Tränen gewesen wären, die in den großen hellblauen Augen standen. Sein Bart war weich, dicht, leicht gewellt, man fühlte sich unwiderstehlich versucht, ihn zu berühren. Er lächelte oft und erstaunt mit der Freundlichkeit des Riesen, wobei er den Kopf zurückwarf, ein wenig den roten, heiß atmenden Rachen auftat und seine wunderbar jungen Zähne zeigte. Auch der Geruch, der von ihm ausging, war angenehm: es war der Roggengeruch des Steppenbewohners, vermischt mit dem Geruch seiner geteerten, mit starken Eisenbeschlägen versehenen Stiefel, dem säuerlichen Geruch seines gegerbten Halbpelzes, dem Pfefferminzgeruch des Schnupftabaks. Er rauchte nämlich nicht, er schnupfte.

Überhaupt hatte er eine Vorliebe für das Alte. Der Kragen seines ungebleichten, stets sauberen Hanfhemdes wurde nicht geknöpft, sondern mit einem roten Bändchen gebunden. Am schmalen Gürtel hingen ein kleiner kupferner Kamm und ein kupferner Ohrlöffel. Bis etwa zu seinem dreißigsten Lebensjahr ging er in Bastschuhen herum. Doch dann waren die Söhne herangewachsen, der Hof gedieh, und Sachar trug von da an Stiefel. Den Halbpelz und die Mütze legte er weder im Winter noch im Sommer ab. Und der Halbpelz, den er nach seinem Tode zurückließ, war gut und noch völlig neu; das grünblaue Muster und die feinen Besätze aus buntem Saffian, die auf dem zierlich gesteppten Brustteil angebracht waren, wirkten noch keineswegs ausgeblichen. Das braune Robbenfell, mit dem Borten und Kragen verbrämt waren, war stachelig und hart. Sachar hatte etwas übrig für Sauberkeit und für Ordnung, für alles, was neu und gediegen war.

Er starb ganz plötzlich.

Es war Anfang August. Er hatte gerade eine ziemliche Wegstrecke hinter sich. Aus Ossinowyje Dwory war er nach Krasnaja Palna gegangen, zur Verhandlung in einem Rechtsstreit mit seinem Nachbarn. Von Palna bis zur Stadt hatte er ungefähr fünfzehn Werst zurückgelegt; er mußte sich dort bei einer Gutsherrin zeigen, von der er ein Stück Land in Pacht hatte. Aus der Stadt war er dann mit der Eisenbahn nach dem Dorf Schipowo gefahren, um von da über Shiloje nach Ossinowyje Dwory wieder zu Fuß zu gehen: noch einmal ungefähr zehn Werst. Aber nicht das warf ihn um.

»Was?« hätte er verwundert und würdevoll-streng mit seinem samtigen Baß gefragt. »Die vierzig Werst?«

Und er hätte gutmütig hinzugefügt: »Was denn, mein Junge? Aber ich schaffe doch, wenn ich will, ebensogut meine tausend!«

Es war am ersten der Tage des Herrn, am ersten August also. »Wär gar nicht so übel, des Feiertags halber jetzt einen Kleinen zu trinken«, sagte er im Scherz zu Petrischtschews Kutscher, seinem Bekannten, während sie in Schipowo durch den Bahnhof kamen, der wie in jedem Sommer überholt wurde und mit Kreide überschwemmt war.

»Und warum trinkst du keinen? Du könntest bei dieser Gelegenheit auch für mich einen ausgeben«, entgegnete der Kutscher.

»Es langt nicht, ich hab mich verausgabt, bin sowieso schon mit dem Güterwagen hergefahren«, sagte Sachar, obwohl er Geld hatte.

Der Kutscher zwinkerte seinen Freund, den Wachtmeister Golizyn, herbei. Dann hängte sich noch ein Bauer aus Schipowo an sie, der Trunkenbold Aljoschka. Und alle vier verließen gemeinsam den Bahnhof. Sachar und Aljoschka gingen zu Fuß, der Wachtmeister stieg auf seine Reitdroschke und der Kutscher in einen zweispännigen Wagen; er hatte Petrischtschew abholen sollen, der jedoch nicht gekommen war. Und sofort bot Aljoschka eine Wette an: ob Sachar wohl in einer Stunde ein Viertelwedro Wodka austrinken könne?

»Mit Imbiß?« fragte Sachar, der mit langen Schritten auf der trockenen, von Wagenspuren zerschnittenen Erde neben des Wachtmeister hochbeiniger Stute einherging und ab und zu die Deichselstange herunterdrückte, um das schiefsitzende Geschirr zurechtzurücken.

»Du kannst dir alles bestellen, was es für einen Fünfziger gibt«, sagte der Kutscher, ein ziemlich beschränkter und finsterer Mann.

»Verlierst du aber«, setzte Aljoschka, ein abgerissener Bauer mit eingeschlagener Nase hinzu, »verlierst du, dann zahlst du für alles das Dreifache.«

»Meinetwegen soll's gelten«, entgegnete herablassend Sachar, während er überlegte, was er sich alles zum Imbiß bestellen solle.

Der Fußweg nach Palna, wo alles glücklich, mit einem Vergleich, ausgegangen war, hatte ihn nicht ermüdet; auch die Hitze in der Stadt, mit der er sich volle zwei Tage herumquälte, hatte ihn nicht erschöpft; er fühlte im Gegenteil, wie seine Kraft wuchs, wie ihm neue Kräfte zuströmten. Er wünschte sich von ganzer Seele, etwas Ungewöhnliches, Außerordentliches zu vollbringen. Aber was? Ein Viertelwedro Wodka austrinken, das war nicht alle Welt, war nicht mal neu. Den Kutscher in Erstaunen setzen und ihm ein Schnippchen schlagen, auch das reizte ihn nicht allzu sehr. Aber er ging dennoch gern auf die Wette ein. Nachdem er sich ans Essen und Trinken gemacht hatte, genoß er erstmal das Essen – er hatte großen Hunger, und jeder Bissen mundete ihm – und dann seine eigene Erzählung von der Gerichtsverhandlung.

Der Tag war heiß. Doch um das Dorf herum, über der freien Weite der gelben Felder, die voller Schober standen, lag bereits etwas Leichtes und Klares, etwas wie eine Ahnung von Herbst. Dicker Staub bedeckte den Dorfplatz von Schipowo. Der Platz war gegen das Dorf zu durch Holzlager, eine Bäckerei, eine Branntweinverkaufsstelle, das Postamt, das hinter einem Vorgarten gelegene, hellblaue Haus des Kaufmanns Jakowlew und dessen zwei Läden – in einem besonderen Blockbau an der Ecke – abgegrenzt. Vor dem einen der Läden, einem Kramladen, waren Kiefernbretter stufenweise übereinandergestapelt. Auf ihnen saß Sachar, aß und trank, sprach und blickte auf den Platz, auf die Gleise, die in der Sonne glänzten, auf den Schlagbaum vor dem gewölbten Bahnübergang und auf das gelbe Feld hinter den Gleisen hinaus. Aljoschka saß neben ihm und nahm ebenfalls etwas zu sich; er aß Brot von minderwertiger Sorte. Der Wachtmeister, langweilig, mit gestutztem Schnurrbart, in einem staubigen, zerlumpten Mantel mit orangefarbenen Schulterstücken, der Wachtmeister also und der Kutscher rauchten, der eine in seiner Droschke, der andere im Wagen. Die Pferde dösten vor sich hin und warteten geduldig, daß man ihnen befehle, sich in Bewegung zu setzen. Sachar aber erzählte.

»Wie die Sache ausgegangen ist?« fragte er. »Überhaupt nicht. Wir haben uns wieder versöhnt. Ich habe diese Gerichte, hol sie alle der Teufel, in meinem ganzen Leben nicht gekannt, ich habe nie mit jemand prozessiert. Mich hat schon mein verstorbener Vater vor solchen Händeln gewarnt. Und hier ging es um nichts und gar nichts. Die Weiber hatten Streit miteinander, und wir haben uns dummerweise eingemischt.«

Er hatte schon seine drei Flaschen getrunken – aus einer hölzernen Schöpfkelle, die Aljoschka auf Jakowlews Hof aufgetrieben hatte; Sachar tat seine Sache so leicht, war seiner so sicher, daß er nicht einmal merkte, was er tat. Der Kutscher, der Wachtmeister und Aljoschka waren mit aller Gewalt bemüht, ruhig zu scheinen, in ihrer Seele beteten sie jedoch eifrig zu Gott, Sachar möge bewußtlos umsinken. Er aber knöpfte nur seinen Halbpelz auf, schob die Mütze ein wenig aus der Stirn und bekam ein rotes Gesicht, das war alles. Er aß zwei gedörrte Plötzen, einen riesigen Bund grünen Lauchs und fünf Franzbrötchen, und zwar mit solchem Geschmack und Verstand, daß selbst seine Gegner über ihn staunten; dabei erzählte er lebhaft und etwas spöttisch weiter.

»Es geht aber auch komisch zu auf diesen Gerichten! Ich wollte ja eigentlich gar nicht hingehen. Ich höre, er hat sich an das Gericht gewandt. Also gut, dann hat er eben, laß ihn, ich gehe, sag ich, nicht hin. Aber plötzlich kommt die Obrigkeit nach Palna, der Beisitzer persönlich schickt nach mir. Daß dich der und jener! Nichts zu machen: ich mußte also hin. Ich nahm mir Brot mit und tippelte los. Eine schreckliche Hitze, auf der Straße Staub, jede Menge, geradezu lästig zu gehen. Nun, wie dem auch sei, ich komme an. Ich war reichlich schnell gelaufen und erscheine . . .«

Er hielt die leerwerdende Flasche unter dem Arm, ließ die helle Flüssigkeit in die dunkle Kelle laufen, füllte sie bis zum Rand, strich sich über den Schnurrbart und führte das scharf und satt riechende Naß an die feuchten Lippen; er trank langsam, mit Genuß, wie man Quellwasser an einem heißen Tage trinkt. Hatte er aber ausgetrunken, dann krächzte er, drehte die Kelle um und schüttelte die letzten Tröpfchen fort. Die Flasche stellte er vorsichtig neben sich hin. Der Kutscher ließ nicht ab, ihn mit seinen finsteren Augen anzublicken; Aljoschka und der Wachtmeister, der den Zeiger seiner Uhr heimlich um eine volle Viertelstunde vorgestellt hatte, sahen sich unruhig an. Sachar aber nahm sich, nachdem er die Flasche abgestellt hatte, zwei oder drei Stiele Lauch, brach sie um, stopfte sie in ein großes hölzernes Salzfaß mit grobem, grauem Salz und verschlang sie mit Appetit und unter saftigem Knistern. Seine Augen unterliefen mit Blut und füllten sich mit Tränen; sie wirkten erschreckend. Aber er lächelte, und seine tiefe Bruststimme klang voll, freundlich, angenehm-spöttisch.

»Nun, ich erscheine also«, sagte er, wobei er zu Ende kaute und die Nasenflügel blähte. »Ich sehe, die Straße ist voller Menschen, der Beisitzer, in leichtem Jackett und mit blondem Bärtchen, sitzt im Kühlen unter einer Weide, vor einem Tischchen mit allerlei Büchern und Papieren, während neben ihm«, Sachar bewegte die Hand nach links, »der Wachtmeister mit einem roten achtkantigen Bleistift irgendwelche Notizen macht. Man ruft den Bauern Semjon Galkin aus Obuchowo auf. ›Semjon Galkin!‹ – ›Hier!‹ – ›Komm her!‹ Er kommt herbei; sie fangen an, ihn zu vernehmen. Er aber sieht den Wachtmeister nicht einmal an, zieht eine Birne aus der Tasche, steht da und ißt. Der Wachtmeister befiehlt: ›Wirf die Birne weg!‹ Er hört nicht, ißt seine Birne weiter ...«

»In die Schnauze müßte man ihm mit dieser Birne ...« sagte der Kutscher.

»Ja doch!« pflichtete ihm Sachar bei, der die siebente und letzte Semmel auseinanderbrach. »Steht da und schlingt! Der Beisitzer wendet sich an den Wachtmeister. ›Hier‹, sagt er, ›Herr Wachtmeister, dieser Bauer da, der Semjon Galkin, hat sich, als ich das letztemal dort war, geweigert, auf Grund eines Vollstreckungsbefehls achtundvierzig Rubel und acht Groschen zu bezahlen, als ich aber das bißchen vorhandene Holz und den Speicher pfänden wollte, da hat er sich, dieser selbe Galkin, zusammen mit seinen Freunden Iwan und Bogdan, zwei Brüdern, auf das Holz, die Stämme nämlich, die vor dem Hause lagen, gesetzt und nicht zugelassen, daß ich die Pfändung vornahm. Als ich aber zu ihm ins Haus kam, fragte er scheinbar unabsichtlich seine Frau, wo sie denn eigentlich die Schnellwaage hätten, was auf mich gemünzt war und auch so von mir aufgefaßt wurde, während Bogdan inzwischen von außen ans Fenster trat, und zwar mit einer Sense über der Schulter, obwohl nichts zu mähen war, alles war längst gemäht. Da ich aber allein war, war ich genötigt, mich zu entfernen. Belieben Sie also seine Frau Katerina und seine Mutter Fjokla zu vernehmen und ihre Aussagen in das Protokoll einzutragen! Nehmen Sie außerdem die Aussage des Kirchenältesten, des Bauern Fedot Lewonow, in den Vernehmungsbogen auf! Und ferner, daß der Dorfälteste Gerassim Saweljew an diesem Tage spurlos verschwunden blieb sowie der Vorladung nicht Folge leistete, als ich dann aber von Galkin zu Mitrij Owtschinnikow ging, wo mein Wallach stand, und an seinem Hause vorbeikam, hetzte er seinen Köter auf mich, indem er sich hinter dem Tor versteckte, was ich sehr wohl bemerkte, und dabei pfiff, aber Gott sei Dank kam es anders, so daß der Köter mich nicht biß, obwohl er mich ansprang, als ob er tollwütig wäre, und an der Brust zu packen versuchte, das alles dank Mitrij, der mit der Peitsche herausgestürzt kam und mich damit vor ihm beschützte.‹«

Sachar, der sich vom Fluß seiner Schilderung mitreißen ließ, brachte die letzten Worte heraus, als ob er vorlese. Nachdem er die Erklärung des Beisitzers ohne Atempause, klangvoll und fest wiedergegeben hatte, wollte er gerade fortfahren, aber Aljoschka hielt es nicht aus und rief dazwischen: »Das kannst du später zu Ende erzählen! Trink! Wachtmeister, sieh doch mal auf die Uhr!«

»Hat Zeit, hat Zeit«, entgegnete der Wachtmeister und zwinkerte Aljoschka zu. Aber Sachar bemerkte das nicht.

»Hab dich nicht so, du stupsnäsiger Teufel!« fuhr er Aljoschka gutmütig an. »Laß mich doch zu Ende erzählen! Ich kenn meine Zeit, keine Angst, ich werde schon austrinken!«

Seine Füße standen noch fest auf dem Rande der eisenbeschlagenen Absätze, er stellte die Stiefel stolz zur Schau und zog gelegentlich ohne Notwendigkeit an den Schäften; sein Gesicht war rot, war aber noch nicht das Gesicht eines Betrunkenen. Nachdem er sich übertrieben tief vor einem Bauern verneigt hatte, der im leeren Wagen vorüberfuhr und ihn aufmerksam ansah, atmete er geräuschvoll durch die Nase, griff mit beiden Händen nach den Aufschlägen seines warmen Halbpelzes und schob den Kragen zurück; dann fuhr er fort, die Lebhaftigkeit des Bildes, das seine Phantasie beschäftigte, das Spiel seines Geistes genießend.

»›Katerina Galkina!‹« sagte er mit lauter Bruststimme, wobei er alle handelnden Personen nachahmte. »›Zur Vernehmung!

Komm näher!‹ Sie kommt. ›Hast du gehört, was der Herr Beisitzer gesagt haben?‹ – ›Ja, ich hab's gehört.‹ Und dabei weint sie, stottert, bringt nichts vernünftig heraus. ›Stimmt es, daß dein Mann diese Schnellwaage des Herrn Beisitzers wegen erwähnt hat?‹ – ›Das‹, sagt sie, ›kann ich alles nicht wissen. Mein Mann wollte Borsten abwiegen!‹ – ›Du leugnest es also?‹ – ›Ich weiß von allen diesen Sachen nichts. Bei uns ist Fedka in allem der oberste Heerführer. Fragen Sie ihn, dann kommt die Sache zu einem Ende, und es ist weniger Gerede dabei.‹ Gleich danach wird die alte Fjokla aufgerufen. Die Alte aber ist frech und dürrbeinig, und wenn sie antwortet, hat sie die Nasenlöcher in der Luft. ›Das Vermögen‹, sagt sie, ›gehört mir, ich habe für den Sohn nicht aufzukommen, was ich besitze, ist vom verstorbenen Mann auf mich vererbt, der Sohn aber hat gar nichts, nur seine Hosen.‹ – ›Wessen Sohn ist denn das?‹ – ›Meiner.‹ – ›Ja, wenn es deiner ist, dann brauchen wir nicht lange zu reden, denn für die unterlassene Zahlung kommt das Vermögen auf. Geh, rede nicht, sonst setze ich dich für deine freche Antwort für zwei Tage ins Kittchen bei Wasser und Brot.‹ Damit hat er die Alte zur Vernunft gebracht. Er fragt, wo denn der Kirchenvorsteher Fedot Lewonow sei. Seine Tochter Winadorka tritt vor. ›Wo ist der Vater?‹ – ›Im Speicher, ruht nach dem Mittagessen aus.‹ – ›Lauf, ruf ihn her! Sag, er wird von der Obrigkeit verlangt!‹ Er wohnt nämlich nur einen Hof weiter.«

»In der Nähe also?« fiel ihm der Wachtmeister ins Wort und wechselte einen raschen Blick mit Aljoschka und dem Kutscher. »So, so, erzähl schon, erzähl nur zu Ende! Aufs Erzählen, Verehrter, verstehst du dich wirklich erstaunlich gut.«

Er sagte, was ihm gerade einfiel, nur um Sachars Aufmerksamkeit abzulenken. Er hatte die Uhr herausgeholt, hielt sie versteckt zwischen den Knien und rückte den Zeiger um weitere zehn Minuten vor. Und Sachar, dessen Gesicht nach dem Lob erstrahlte, atmete die Luft noch geräuschvoller aus, schlenkerte mit dem Kopf, um sich das dichte, wärmende Fell seines Halbpelzes von den Schultern zu schaffen, und dröhnte noch ausdrucksvoller los.

»Stimmt auch!Darum hör zu und unterbrich mich nicht, sonst

werde ich böse. Ich sehe also, ein untersetzter Alter kommt aus dem niedrigen Speicher zum Vorschein. Er überquert die Straße und geht zum Haus – ohne Mütze, in einem neuen rosa Hemd, aber ungegürtet, und auch den Kragen hat er der Hitze wegen aufgeknöpft. Aus seinem Hause aber kehrt er in einem neuen, warmen Rock zurück, mit grünem Gürtel, die Mütze hält er in der Hand. Er kommt herbei. Sein Haar, voll und grau, nach beiden Seiten auseinandergekämmt, sieht aus wie Hammelhörner. Er reicht dem Wachtmeister und dem Beisitzer die Hand. (Man sieht, der Alte ist reich.) Er flüstert mit ihnen und zeigt auf Senka. Dann zieht er einen großen ledernen Geldbeutel und zählt mit seinen abgefrorenen Stummelfingern lauter Dreirubelscheine her. Danach ruft er Winadorka. Er befiehlt, den Samowar aufzustellen, und lädt den Wachtmeister und den Beisitzer zu sich ein, mit ihm Tee zu trinken: ›Kommen Sie, sehen Sie sich mein Steckenpferd an: meine Bienen, und was ich mir für ein Geschirr zugelegt habe! Auch meine Stute müssen Sie sehen! Also – klar, hell, überall mit Äpfeln gescheckt, als ob sie bemalt wäre!‹ Er lacht, bekommt ein runzliges Gesicht und bleckt die faulen Zahnwurzeln im roten Munde. ›Es ist unmöglich, sie sich nicht anzusehen, das wäre einfach gegen den Pferdeverstand. Vielleicht werden wir uns auch handelseinig, ich meine, wovon wir vorhin gesprochen haben.‹ Und wieder lacht er und zischt wie eine Schlange. Er geht zurück zum Haus, pflügt mit dem Stiefel den Straßenstaub auf und tut wichtig.«

»Tut wichtig, tut wichtig – das mag ja alles sein«, unterbrach der Wachtmeister aufs neue und holte die Uhr hervor, »aber es sind nur noch fünf Minuten übrig! Du mußt jetzt in einem Zuge austrinken!«

Sachars Gesicht war sofort wie verwandelt. »Wie?« rief er streng. »Aber du faselst ja! Ist wirklich schon eine volle Stunde vergangen?«

»Ja doch, Verehrter, ja!« fielen der Kutscher und Aljoschka ein. »Austrinken, austrinken!«

Sachar keuchte wie ein Schmiedebalg und schloß die Augen.

»Halt!« sagte er. »Das geht nicht mit rechten Dingen zu. Ihr habt mich begaunert. Gebt mir noch eine halbe Stunde Zeit!

Vor allen Dingen schwitz ich. Die Hitze! Es ist ja August! Hol euch der Teufel, ich gebe lieber eine Flasche für euch aus. Aber ihr müßt mir etwas Zeit dazuschlagen. Laßt mich doch wenigstens von der Gerichtsverhandlung zu Ende erzählen!« bat er finster.

»Aha! Jetzt bereust du!« rief spöttisch der Kutscher. »Du willst dich um das Bezahlen herumdrücken!«

Sachar sah ihn mit einem schweren Blick seiner blutunterlaufenen Augen an. Dann packte er, ohne ein Wort zu sagen, die Flasche am Hals, leerte sie in die Kelle, die sich dabei bis an den Rand füllte, und trank aus. Und etwas atemlos geworden, sagte er grob: »Nun? Reicht es dir oder nicht?« Und mit dem Eigensinn eines Menschen, der einen Rausch bekommt, fügte er hinzu: »Jetzt erzähle ich erst mal zu Ende! Dann wirst du ja sehen, ob du's geschafft hast, mich betrunken zu machen, oder ob es dazu nicht langt.«

Plötzlich wurden seine furchterregenden Augen wieder heiterer, und sein Gesicht nahm einen gutmütigen und bedeutenden Ausdruck an.

»Jetzt seid ihr aber verpflichtet, mir zuzuhören!« sagte er aus voller Brust und fuhr in seiner Erzählung fort, aber nicht mehr so flüssig und gut wie früher. »Danach wird also ein Wunderdoktor, Wassil Iwanow, aufgerufen. Der ist ganz mager, trägt einen grauen Rock, hat Schläfenhaare wie Hanf und ein keilförmiges Bärtchen. Er runzelt das Gesicht ärger noch als der Alte, vielleicht der Sonne wegen oder vor lauter Schlauheit, weiß der Teufel. Er hat, wie sich herausstellt, eine alte Frau zu Tode kuriert. Er hat ihr irgendeine Arznei gegeben; nun ja, er hatte zwar verordnet, sie sollte sie immer nur schluckweise trinken, sie aber machte sich ran und goß sie in großen Gläsern hinunter. Sie rufen ihn also auf! ›Wie heißt du?‹ – ›Bis jetzt Wassilij.‹ – ›Wer hat dir das Recht gegeben zu kurieren, du Schurke?‹ Dabei hatten sie sich natürlich schon vorher geeinigt: keine Angst, Waska hatte ihnen längst etwas zugesteckt. Nun ja, aber vor dem Volk, das kennt man, mußte spaßeshalber schon ein bißchen gebrüllt werden. Er fragt ihn aus, es geht eine ganze Weile, bis er ihn schließlich wieder anschreit: ›Aus meinen Augen – fort mit dir!‹ Der tat, als sei er ehrlich erschrocken: er setzte sich rasch die Mütze auf, und ab – weg war er. Und damit hatten sie die Sache denn auch vertuscht. Der Wachtmeister besah sich in einem Taschenspiegel, rückte den Säbel zurecht und packte die Papiere zusammen. ›Nun‹, sagte er, ›gehen wir also zum Alten, oder was ist? Ich möchte ja gern, daß sich mein Wallach noch etwas ausruht.‹ – ›Wie spät ist es denn jetzt?‹ Der Wachtmeister holte die neue silberne Uhr hervor und sah nach. ›Achtunddreißig nach zwölf.‹ – ›Also gut, gehen wir, wir müssen uns schon sein Steckenpferd ansehen, der Alte ist nämlich sehr stolz darauf.‹ Sie standen auf und gingen Tee trinken. Die Bauern aber blieben zurück, verteilten sich vor dem Haus wie Krähen auf den gefällten Bäumen und lärmten. Die einen sagten, man dürfe den Verkauf nicht zulassen, andere, man könne die Obrigkeit nicht verärgern. Am lautesten brüllte ein magerer Bauer, der mit irgendeinem Alten aneinandergeraten war. Der Bauer schrie, daß bei uns kein Leben sei, in anderen Gegenden habe man's leichter, selbst der Kirgise sei besser dran, der habe wenigstens die riesige Steppe. Der Alte aber schrie, bei uns sei es besser.«

Ihm schien, er könnte ohne Ende und immer fesselnder, immer besser weiterreden, aber der Wachtmeister und der Kutscher, die ihm ein Weilchen zugehört hatten und einsehen mußten, daß ihre Sache verloren war und nur darauf hinauslief, daß Sachar auf ihre Kosten gegessen und getrunken hatte und nun auch noch pausenlos allerlei Unsinn zum besten gab, ließ die Pferde anziehen und fuhren mitten in seiner Rede davon. Aljoschka blieb noch ein wenig sitzen, sagte zu allem ja, erbat sich vier Kopeken für Tabak und ging zum Bahnhof. Und Sachar, der weder von der Menge des Getrunkenen noch von den Gesprächspartnern im geringsten befriedigt war, blieb allein. Er seufzte, schlenkerte einigemal mit dem Kopf, um den Kragen des Halbpelzes aus dem Nacken zu schieben, und erhob sich; da er einen noch stärkeren Überschwang an Kraft und unbestimmten Wünschen fühlte als vorher, betrat er den Branntweinladen, kaufte eine Flasche Wodka, stiefelte durch eine Quergasse hinaus aus dem Dorf und ging auf der staubigen Landstraße davon – durch offene Felder, im unübersehbaren Raum zwischen

Sonne = Leben

Himmel und gelber Flur. Die Sonne neigte sich, aber sie brannte noch. Sachars Halbpelz glitzerte. Rechts von ihm fiel sein großer Schatten mit einem hellen Schein um den Kopf auf das goldene, ausgetrocknete Stoppelfeld. Die warme Mütze in den Nacken geschoben, die Arme rückwärts unter den Halbpelz gesteckt, wanderte Sachar mit festen Schritten über den Staub dahin, unter dem feste Erde war, sah wie ein Adler, ohne zu blinzeln, bald in die Sonne, bald in die freie Weite der Steppe, die sich jetzt, nach der Mahd, breit vor ihm auftat und an die freie Weite einer Sandwüste erinnerte, sah auf die Reihen der zahllosen, in ihr verstreuten Getreideschober, die von weitem wie Raupen aussahen; an den Himmelsrändern und an den Schobern entlang flimmerten vor seinen tränenden, blutunterlaufenen Augen zahllose Kreise, himbeerrote, violette und malachitgrüne. Dann bin ich also wohl doch betrunken! dachte er, während er sein Herz bis in den Kopf hinein bald hämmern, bald ersterben fühlte. Das hinderte ihn aber keineswegs daran, zu hoffen, daß sich noch heute etwas Außerordentliches ereignen werde. Er blieb hier und da stehen, trank und schloß die Augen. Ach, wie schön alles war! Wie schön es doch war zu leben; allerdings mußte unbedingt etwas Außerordentliches geschehen! Und wieder schaute er um sich, auf den Horizont. Er blickte zum Himmel, und seine ganze, zugleich spöttische und naive Seele war von Sehnsucht nach einer Heldentat erfüllt. Er war etwas Besonderes, das wußte er mit Sicherheit, aber was hatte er Vernünftiges in seinem Leben getan, wodurch seine Kräfte bewiesen? Durch nichts, durch ganz und gar nichts! Ein altes Weiblein hatte er eines Tages fünf Werst auf seinen Armen getragen. Aber es war doch geradezu lächerlich, davon auch nur zu reden: er hätte ebensogut ein Dutzend solcher Weiblein Gott weiß wohin tragen können!

Seine Phantasie, die der Rausch begierig nach Bildern machte, verlangte nach Arbeit. Er schritt immer kräftiger aus, fest entschlossen, sich von der Sonne nicht überholen zu lassen und in Shiloje zu sein, bevor sie unterging; er dachte nach und dachte. Die Flasche ging auf die Neige. Er fühlte, daß er noch eine Kleinigkeit trinken müsse – beim lahmen Kleinbürger in der Branntweinverkaufsstelle von Shiloje, die an der großen Landstraße lag. Die Sonne neigte sich immer mehr; sie abzulösen, ging vor dem trockenen, gleichmäßigen Blau des Himmelsgewölbes im Osten der Vollmond auf, bleich wie ein Wölkchen. Ein kaum noch greifbarer, abendlich duftiger Rauchschleier zog sich irgendwoher durch die erkaltende Luft; orangerot färbten sich die Strahlen, die sich von links über das stachelige, allgegenwärtige Stoppelfeld ergossen, orangerot auch der Staub, den Sachars Stiefel aufwirbelten; jeder Schober, jede Distel, jeder Grashalm warf einen langen Schatten. Ach was, das denkst du dir so, kriegst mich ja doch nicht ein! dachte Sachar, während er nach der Sonne sah, sich den Schweiß aus der Stirn wischte und sich bald des Lasthengstes erinnerte, den er auf einem Jahrmarkt an den Vorderbeinen hochhob, als er sich eines Tages mit Kleinbürgern über seine Kräfte stritt, bald jenes gußeisernen Getriebes, das er beim Gutsherrn Chomutow im letzten Sommer aus der Getreidedarre auf die Tenne zog, bald jenes alten Bettelweibes, das er auf seinen Armen trug, ohne auf ihre Angst und ihre Bitten zu achten, er möge sie loslassen, sie wolle ein letztes Mal Buße tun. Sachar blieb stehen, spreizte die Beine, deren Schatten aufs Stoppelfeld fielen wie Schatten von Säulen, zog aus der tiefen Tasche seines Halbpelzes die Flasche hervor, hielt sie gegen die Sonne und griente vergnügt, als er sah, daß sich sowohl die Flasche als auch der Wodka in ihr rosig färbten. Er warf den Kopf zurück, goß sich den Wodka, ohne die Flasche mit den Lippen zu berühren, in den geöffneten Mund und war gerade drauf und dran, sie in die Luft zu schleudern, höher als das höchste und leichteste, flockigste Wölkchen oben im Himmelsblau. Aber er überlegte sich's und unterließ es, hatte er sich doch ohnedies verausgabt! Er steckte die Flasche in die Tasche und schritt wieder aus, wobei er sich mit Vergnügen an die Alte erinnerte ...

Ach, was für eine prächtige Alte das war! dachte er, während er bald nach der Sonne, bald zu den Bauernhäusern sah, die sich grau hinter den fernen Schobern abzeichneten. Da war er neulich über ein Brachfeld gegangen. Plötzlich bemerkte er eine alte Bettelfrau, die auf einem trockenen Misthaufen lag und stöhnte. Er hatte einen ziemlichen in der Krone, und wie immer in solchen Fällen verlangte seine Seele begierig nach einer großen Tat, einerlei, ob nach einer guten oder bösen, aber eher sogar wohl nach einer guten. »Großmutter!« rief er und trat rasch auf die Alte zu. »Stirbst du? Hat man dich niedergeschlagen? Wem hast du was getan?« Die Alte – sie war völlig zerlumpt, ihr bleiches Gesicht mit vertrocknetem Blut bedeckt, die Augen geschlossen – kam in Bewegung und stöhnte. »Warum sagst du nichts?« schalt Sachar barsch. »Kannst du nicht antworten, wenn man dich fragt? Willst du vielleicht so liegenbleiben? Bald wird man das Vieh vorübertreiben, irgendein Hammel geht auf dich los und macht dich fertig. Sofort stehst du auf!« Die Alte sah zu ihm auf, dem Riesenhaften und Schrecklichen, und jammerte plötzlich los: »Ach, Bester, rühr mich nicht an! Mich hat ohnedies schon ein Bulle fertiggemacht. Hab Erbarmen mit mir, der Ärmsten!« – »Ich kann kein Erbarmen haben mir dir!« schrie Sachar, der plötzlich Mitleid und Zärtlichkeit für die Alte empfand, noch rauher. »Steh auf, sage ich dir!« Die Alte versuchte, sich aufzurappeln, sank aber gleich wieder um und jammerte nur noch lauter. Da schaufelte sie Sachar, der vor Mitleid wie besinnungslos war, in seine Arme und eilte fast im Laufschritt mit ihr zum Dorf. Die Alte klammerte sich mit beiden Händen an seinen Stiernacken, erstickte beinahe im Wodkageruch, der von ihm ausging, und ließ sich in seinen Armen durchrütteln, während er, so gut es ging, seinen Baß milderte und aus Angst, er könne in Weinen ausbrechen, rasch hintereinander murmelte: »Was hast du? Bist wohl nicht ganz bei Troste? Wovor fürchtest du dich? Schweig, sag ich dir, schweig, denk an niemand und nichts! Vergiß alles!« – »Kann ich ja nicht, Bester!« entgegnete die Alte. »Ich sehe nirgends ein bißchen Glück für mich, bin mutterseelenallein auf der Welt, habe in meinem ganzen Leben weder was Gutes zu essen noch irgendwas Gutes zu trinken gehabt.« – »Hab ich dir nicht gesagt, du sollst nicht flennen?« raunzte Sachar. »Stapft eben jeder seinen dornigen Pfad! Jeder hat seinen Kummer! Halt's aus!« brüllte er plötzlich in einem Anfall von wilder Freude über das ganze Feld. »Und wenn du Stroh essen mußt, verlier den Mumm nicht! Ich bringe dich gleich in ein Quartier, daß du staunen wirst. Dieses Bullen wegen aber hättest du Prügel verdient. Was treibst du dich auch herum? Was hattest du bei der Herde zu suchen? Bei den Weibern, da ist dein Platz! Mit denen kannst du von mir aus reden. Aber so'n Bulle, Freundchen, mit dem laß dich lieber nicht ein!« – »Halt, warte doch mal«, flehte die Alte, die nun schon lachte und weinte zugleich. »Du rüttelst mir ja die Seele aus dem Leibe.« Sachar aber schnauzte sie noch grimmiger an: »Großmutter, halt ja den Mund! Oder ich pfeffere dich in den Graben, daß du die Knochen nicht mehr zusammenkriegst!« Er sperrte den Mund auf und lachte aus vollem Halse, wobei er die Alte in seinen Armen wiegte und tat, als ob er sie mit Schwung über den Hang in die Tiefe befördern wolle ...

Sein Rücken war naß, das Gesicht verschwitzt und vom Blutandrang bläulich angelaufen, das Herz hämmerte bis in den Kopf hinein, als er mit einem stolzen Blick auf die trübhimbeerrote Kugel, die den Himmelsrand noch nicht berührt hatte, raschen Schritts in Shiloje eindrang. Es war totenstill. Nirgends eine lebendige Seele. Über allem das gleichmäßige, blasse Blau des Abendhimmels. Ein fernes Wäldchen, das am Ende einer Niederung dunkelt. Darüber, schon deutlich strahlend, der Vollmond. Eine lange und kahle grüne Weide, an der sich eine Reihe von Bauernhäusern hinzieht. Drei riesige, spiegelglatte Teiche und zwischen ihnen zwei künstliche breite Dämme mit kahlen, trockenen Weiden darauf, dicken Stämmen mit gertenartigen, dünnen Zweigen. Gegenüber eine zweite Reihe von Häusern. Und alles in dieser kurzen Stunde zwischen dem Tag und der Nacht zeichnet sich wunderbar deutlich ab: der Umriß der grauen Dächer, das Grün des Weidelands, der stählerne Ton der Teiche. Der eine von ihnen, links, ist rosig überhaucht, die beiden anderen gleichen zwei spiegelnden Abgründen, in die das Abbild des Mondes, jeder Stamm und jeder Zweig gleichsam hineingetropft sind.

»Pfui Teufel, auch das noch!« sagte Sachar mit einem geräuschvollen Seufzer und blieb stehen. »Als ob sie alle verreckt wären!«

Er hatte das Bedürfnis, drauflosbrüllen, damit dieses ganze kleine, in seinen Hütten versteckte Volk entsetzt auf die Weide hinausstürze. Aber nein, nein, dachte er und schüttelte den Kopf, ich bin nicht mehr bei mir, ich bin beschwipst. Ich kann nicht mehr richtig denken. Ich muß schleunigst nach Hause. Ja, nach Haus ...

Und plötzlich überkam ihn eine so tödliche, bedrückende, mit Zorn vermischte Traurigkeit, daß er einfach die Augen schloß. Sein Gesicht wurde grau wie Gußeisen und setzte sich kräftig gegen den blonden Bart ab, während die Ohren unter dem Andrang des Blutes anschwollen. Kaum hatte er die Augen geschlossen, als auch sofort Tausende von purpurroten und malachitgrünen Kreisen vor ihm zu flimmern begannen, das Herz stockte und erstarb und der ganze Körper langsam in einem Abgrund versank. Ach, jetzt zu Hause sein, in seiner Getreidedarre, auf dem Stroh! Aber Sachar öffnete, nachdem er eine Weile unentschlossen dagestanden hatte, die Augen und stapfte, statt nach links, nach Ossinowyje Dwory abzubiegen, eigensinnig über den Damm zwischen den Teichen auf die Branntweinverkaufsstelle an der großen Landstraße zu.

Oh, welche Traurigkeit lag über der öden, endlosen Landstraße, über den fahlen Ebenen hinter ihr! Doch Sachar wehrte sich mit allen seinen Kräften gegen die Traurigkeit, redete ohne Unterlaß und trank immer gieriger, um sie niederzuzwingen und diesem rothaarigen Krauskopf von hinkendem Kleinbürger mit seinem erstarrten Augenweiß einen Denkzettel zu verabfolgen, weil der auf eine so niederträchtige, schadenfrohe Art in Bewegung geraten war, als Sachar ihm vorschlug, mit ihm zu wetten, ob er, Sachar, zwei weitere Flaschen austrinken könne oder nicht. Die Branntweinverkaufsstelle war mit Kreide getüncht und stach merkwürdig weiß vom Mattblau des östlichen Himmelsrandes ab, über dem die Scheibe des Mondes immer mehr Klarheit und Leuchtkraft gewann. Draußen vor dem Laden standen ein Tischchen und eine Bank. Der Kleinbürger in seinem Baumwollhemd und seinen stark abgeschabten, rötlichen kalbledernen Stiefeln hockte, daß Steißbein herausgewölbt, am Tisch, wobei er auf dem einen Bein saß und mit der Fußspitze des anderen den Boden berührte; der Fuß mit dem hohen Spann und dem großen Absatz war häßlich. Er knackte Sonnenblumenkerne – ungewöhnlich rasch und geschickt, wie ein Affe, ohne die Glotzaugen von Sachar zu wenden. Sachar aber, der mit geblähter Brust und aufeinandergebissenen Zähnen die Tischkante zwischen den mächtigen Fingern preßte wie in einer eisernen Zwinge, sich seine trockenen Lippen leckte und jedes Wort mit einem ungestümen Seufzer unterbrach, ohne recht zu erfassen, was er da eigentlich redete, und jeden Augenblick in irgendeinen schwarzen Abgrund stürzte, beeilte sich, überschlug sich fast, noch schnell zu Ende zu erzählen, wie er die Alte auf seinen Armen trug.

Und plötzlich erhob er sich mit einer raschen Bewegung des ganzen Körpers, stieß den Tisch mitsamt der klirrenden Flasche und dem geschliffenen Trinkglas mit einem Fußtritt weit von sich und sagte heiser: »Hör zu, du!«

Der Kleinbürger, der schon den Mund aufgesperrt hatte, um Sachar wegen der Ausschreitung anzufahren, sah rasch in sein weißlich-graublaues Gesicht und verstummte.

Und Sachar, der seine letzten Kräfte zusammennahm und seinem Herzen nicht zu zerspringen erlaubte, bevor er gesprochen hatte, sagte mit fester Stimme: »Hör zu! Ich sterbe. Es ist aus. Ich will dir keine Ungelegenheiten bereiten. Ich gehe noch rasch ein Stück weg, ich gehe.«

Und er ging mit festen Schritten auf die Mitte der Landstraße zu. Als er dort angekommen war, beugte er die Knie und fiel schwer wie ein Stier mit ausgebreiteten Armen auf den Rücken.

Diese Mondnacht im August war voller Grauen. Lautlos kamen von allen Seiten Weiber und Kinder zur Kneipe gelaufen; mit zurückhaltenden, aber erregten Reden strömten die Männer herbei. Das Mondlicht lag über den trockenen Stoppelfeldern durchsichtig wie der dünnste Schleier. Mitten auf der Landstraße aber schimmerte etwas Weißes, riesenhaft und erschreckend anzusehen: irgendwer hatte den Toten mit Kaliko zugedeckt. Und die barfüßigen Weiber traten rasch und geräuschlos auf ihn zu, bekreuzigten sich und legten scheu Kupfermünzen zu seinen Häupter nieder. (1912)

Einsam

Die Kupplerin

Als sich nach der Mittagsmesse in der kleinen Kirche alles zu Füßen des Voraltars drängte, fiel die bleiche Aprilsonne beinahe senkrecht durch die Kuppel ein. Die ausgeblasenen Kerzen qualmten, in der Menge, die mannigfaltig nach Atem, nach Haaren, nach Kleidung roch, wurde es heiß. Jeder wollte so rasch wie möglich zum Kreuz. Ein niedrig, doch gut gewachsener, schwarzbärtiger, glatzköpfiger Bauer, der sich durch seinen sehr schwarzen, groben Tuchrock und äußerst weiße, dick und sorgfältig gewickelte Fußlappen aus der Menge abhob, versuchte als erster durchzuschlüpfen. Aber der Priester hob das kupferne Kreuz, das er mit beiden Händen festhielt, in die Höhe und blickte irgendwohin über die Köpfe hinweg, während Agafja, eine saubere, strenge Alte vom ehemaligen Hofgesinde, den Bauern am Ärmel ergriff. Er wurde rot, versuchte sich loszureißen, sagte etwas und blitzte sie mir zornigen Augen an.

»Ich will nichts davon hören, das wäre nicht nach Rang und Würden«, entgegnete Agafja und zerrte ihn zur Seite. »In solchen Dingen, Verehrter, bin ich taub.«

Der Bauer sah sie lange an, und die Farbe der Scham und des unterdrückten Ärgers wich nicht aus seinem Gesicht. Die Menge trat auseinander, und ein netter junger Mann mit außerordentlich zartem Wangenrot und Pomade im Haar, in einem kurzen, hellblauen Rock, berührte, die Adligenmütze in der Hand, das Kreuz vorsichtig mit seinen Lippen. Danach stürzte alles durcheinander auf den Priester zu, der das Kreuz nunmehr jedem hinhielt, wahllos, wie sich's gerade traf. Der schwarzbärtige Bauer schaffte es immerhin früher als viele andere, ging rasch durch eine Seitentür hinaus und stürzte, kaum außerhalb der Umfriedung, auf dem trocknenden Weg hinter dem herrschaftlichen Garten davon, sich im Laufen die Mütze aufstülpend.

Die warme Sonne sah gleichsam blinzelnd und lächelnd vom blassen, verschleierten Aprilhimmel herab. Im kahlen Garten, hinter dem Strohwall, sangen Drosseln und summten Bienen, obwohl hier und da zwischen dem braunen Laub noch graue, verharschte Schneebuckel schimmerten. Agafja kam auf dem gleichen Wege aus der Kirche, den auch der Bauer gegangen war, wobei sie unterwegs ein Taschentüchlein mit eingestickter Krone aufband. Darin waren Stücke geweihten Brotes. Sie bekreuzigte sich und begann im Gehen zu essen; dabei beugte sie sich, um die Krümel nicht zu verschütten, über die Hand vor.

Der Bauer wartete am Ende des Strohwalles, im Gras, das warm vom Frühling war. Als er Agafja erblickte, schob er die Mütze aus der schwitzenden Stirn und ging mit wehenden Rockschößen geradewegs auf sie zu. Agafja blieb erschrocken stehen.

»Was bringst du meinem Mädel für Dinge bei?« fragte er und trat auf sie zu. »Willst sie wohl heimlich dem Gutsherrn zuführen, wie?«

Agafja wollte etwas erwidern, aber er griff ihr mit allen fünf Fingern ins Gesicht, preßte ihren Mund zusammen und drückte ihr den Kopf hintenüber ins Genick. Agafja, die sich loszureißen und zu schreien versuchte, war am Ersticken; Speichel sickerte aus ihrem Mund.

»Schweig, du Luder!« flüsterte der Bauer rasend vor Wut. »Wer hat sie gestern mit Naschwerk überschüttet und mit Wodka betrunken gemacht? Glaubst du, du kannst ungestraft solche sündigen Geschichten aushecken?«

Er öffnete die rechte Hand, packte Agafja mit seiner linken am Kragen, zugleich am dunklen Kopftuch und mit dem Kopftuch an ihren grauen Haaren, zwang sie vornüber, hielt ihr sein Knie unters Gesicht und stieß sie kräftig dagegen, genau mit der Nase. Agafja versagten die Beine, aber während sie fiel, beugte er sie noch nach hinten zurück und versetzte ihr einen kurzen Fausthieb gegen die Zähne. Agafja sank um und wagte nicht einmal zu weinen. Der Bauer wischte die Faust an der Innenseite des Rocks ab und ging, blaß vor Wut und nach Luft schnappend, rasch den Weg zurück. Agafja blieb liegen; sie stöhnte schwach vor sich hin – wobei sie sich allerdings schon verstellte – und spie Blut in das grüne Gras, in dem unter leisem Gesumm die noch schläfrigen Bienen herumkrochen.

Sie war beim Dorfältesten eingemietet. Er wohnte am anderen Ende, am Dorfausgang. Vor der Schwelle des Ziegelhauses, von dem man auf die glatte Gemeindewiese sah, stand eine kahle Weide, die einen kaum erkennbaren Schatten warf; unter der Weide saßen zwei Männer, die des Dorfältesten Garten umgegraben hatten, und tranken an einem großen, mit einem ungebleichten Tischtuch bedeckten Stein mit Katerina, der Frau des Hauses, und ihrer unverheirateten Tochter Wodka, wozu sie Weißbrot mit Quark und saurer Sahne aßen. Der Dorfälteste war in der Stadt, und die beiden Männer, die Katerina mit Wodka bewirtete, redeten allerlei unnützes Zeug und lachten. Die Tochter, geschminkt, in kanariengelbem Kleid, stand auf der Schwelle; sie hatte als erste vom Essen genug, wollte aber nicht gehen, sondern hörte mit stumpfem Lächeln zu und zwinkerte mit den weißblonden Wimpern.

Plötzlich verstummten alle und sahen auf: hinter dem Hause hervor tauchte der Nachbar auf, der hochgewachsene, hellblonde Grischka. Er kam mit Agafja, die er, klein wie sie war und mit grauen, zerzausten Haaren, beinahe trug oder schleppte; er kniff vor Lachen die Augen zusammen.

»Da habt ihr sie – heil und ganz!« sagte er und setzte sie auf dem trockenen Lehm vor dem Haus nieder. »Wo soll ich hin mit ihr, eurer Mieterin? Hierher?«

»Du meine Güte, wer hat ihr denn die Nase zerbeult?« fragte Katerina gedehnt, sperrte den Mund auf und ließ ihn offenstehen – mit dem Quark auf der Zunge.

Der eine der beiden Arbeiter, Demjan, klein gewachsen und krummbeinig, mit krausem, grauem Bärtchen und breiten Bakkenknochen, sah Agafja, die sich stöhnend auf dem Lehm ausgestreckt hatte, aus munter spielenden Äuglein an.

»Hast dich wohl mit jemand gedroschen?« fragte er. »Mit wem denn, Alte, he?«

»Das hast du nun von der Kuppelei!« sagte Katerina mitleidig. »Wer hat dich denn so zugerichtet, Petrowna? Warum sagst du nichts?«

Grischka stemmte die Hände in die Seiten, zwinkerte und machte eine Kopfbewegung zum Dorf. »Karpucha Bolschakow war's«, flüsterte er. »Wegen der Tochter wahrscheinlich.«

»Sie braucht jetzt vor allen Dingen einen Spiegel«, sagte Demjan nach einem zerstreuten Blick auf die grünenden Felder, den silbrigen Glanz der schon wärmenden Sonne, die Weide, auf deren Ast sein Bauernrock lag. »Daschka!« rief er dem Mädchen zu, das freudig glotzend auf der Schwelle stand. »Lauf, bring Stroh, sonst hat sie keinen rechten Genuß vom Sterben!«

»Rasch, geh!« fügte mit gespielter Strenge Tit, der andere Arbeiter, hinzu, ein gebeugter, breitschultriger Mann mit behaarter, verwitterter Nase. »Trink was zum Lohn«, wandte er sich an Grischka.

Grischka nahm vorsichtig das übervolle Gläschen in die Hand.

»Eine würdige Alte«, sagte er blinzelnd und lachend und setzte mit gerecktem Hals zum Trinken an.

»Ein leutseliges Altchen, ein alter herrschaftlicher Schmarotzer, eine bewährte Kupplerin«, pflichtete Tit ihm bei, während er Agafjas geflochtene Hanfschuhe und ihre weiten Wollstrümpfe besah. »Hat sich ganz schön die Nase poliert!«

»O Ärmste, Unglücklichste unter den Menschen!« setzte Demjan fröhlich hinzu. »Wir schenken auch ihr was ein. Bewährte Kupplerin, trinkst du nicht einen mit?« rief er aus. »Vergiß den Schmerz! Denk nicht daran, stoß mit mir an! Hast du erst einen Rausch, dann singst du und tanzt!«

»Gib endlich Ruhe und laß sie zufrieden«, sagte Katerina und machte anstandshalber ein finsteres Gesicht. »Biet ihr was an. Wirklich – das hilft.«

Demjan füllte ein Gläschen voll, angelte mit seinem dicken Finger ein Korkenstückchen aus ihm heraus und trug das Gläschen vorsichtig zu Agafja, wobei er das kurze Hemd über dem breiten Gesäß zurechtzupfte und auf den starken, krummen Beinen dahinwatschelte wie eine Gans. Er trat auf Agafja zu, stapfte mit seinen Bastschuhen und schüttelte die Hosenbeine.

Sie richtete sich auf, nahm das Glas in die zitternde Hand, trank etwas ab, verzog das Gesicht, als habe sie Essig gekostet, wischte sich die Lippen und lehnte ab: »Nein, nötige mich nicht! Ich kann nicht!«

»Trink aus, trink aus!« rief Demjan. »So geht's auf keinen Fall!«

Agafja trank aus, schob das verrutschte Kopftuch zurecht, begann wieder leise zu weinen und schneuzte sich in den Rocksaum. Daschka reichte ihr ein Stück Weißbrot.

Grischka trank noch ein Glas, bedankte sich und ging. Agafja hielt die verschwollenen Augen geschlossen, weinte und aß, während Demjan die Pfeife aus dem Mund nahm und munter losredete.

»So eine hat es auch bei uns im Dorf gegeben, so eine Kuppelmutter und alte Versucherin. Da führte sie eines Tages unserem Gutsherrn ein Fräulein aus der Stadt zu, sollte wohl so was wie eine Verwalterin bei ihm sein. Der Gutsherr bei uns sah nach gar nichts aus, der Kopf kahl wie ein Stößel, der reinste Uhu, wenn er die runde Brille aufsetzte, aber ein Liebhaber des weiblichen Geschlechts wie keiner. Nun, er kriegte sie dann natürlich herum und wollte der Sache, wie man erzählte, Dauer verleihen: das ganze Gut auf ihren Namen überschreiben. Das Fräulein war allerdings auch eine gute Seele: vergnügt und redselig, reißt bei jedem Wort die Augen auf. Was man auch zu ihr sagt, sie staunt und freut sich: ›Nein, was du sagst? Nein, wirklich?‹ So ein Dummchen eben.«

»Ich habe sie gesehen«, sagte Tit. »Sie ging, weiß ich noch, oft im Dorf umher, und wenn nicht im Dorf, dann im Garten. Nimmt ihren Spitzenschirm in die Hand, rafft das weiße Röckchen – sie zog sich hübsch an, das muß man sagen, auch der Rock war ganz mit Spitzen verziert – und geht von Hof zu Hof, fragt überall an, ob nicht vielleicht jemand krank sei. ›Ich bin ein mitleidiger Mensch‹, sagt sie, ›und komme selbst aus einem armen Hause.‹ Oder sie geht im Garten mit einem Buch umher. Kaum wird es kühler, ist sie im Garten. Geht auf und ab, die Nase im Buch, die Augen aufgerissen, und liest und liest, die Seiten fliegen nur so.«

»Stimmt, stimmt, mit dem Lesen hatte sie's auch«, sagte Demjan. »Nun kommt also eines Tages zum Gutsherrn ein Gast, noch jung, wohl Offizier oder vielleicht auch irgend so ein Beamter. Ein launischer Bursche und dürr, aber auch er erpicht auf die Weiber ...«

»Das sind gerade die Schärfsten«, sagte Tit.

»Ja. Aber auch sie war schon, also, wie sagt man, stark auf die Männer aus ...«

»Eine Buhlerin«, flocht Katerina ein.

»Ja, das war sie«, bestätigte Demjan. »Das lag nun einmal in ihrer Natur. Aber vielleicht auch war einfach der Gutsherr für diese Sachen zu alt. Da lassen sie sich gelegentlich einen Teppich und Kissen in den Garten bringen, liegen unter einem Apfelbaum und lesen. Morgens drechselt er allerlei Kleinkram auf der Drehbank, möbelt sich sein Blut auf, nachmittags – unter den Apfelbaum. Sie auf die eine Seite, er auf die andere, blitzt mit der Brille im Gras wie eine Schlange. Er wälzt sich ein bißchen neben ihr hin und her, das ist alles, regt sie nur auf. Und plötzlich, im richtigen Augenblick, läuft ihr jemand über den Weg, der jünger ist. Hör zu, du, und rate, wie's weitergeht!« sagte er, zu Agafja gewandt, fröhlich und munter. »Die Sache findet ihr gutes Ende: *Und sie ergab sich ihm für Zeit und Ewigkeit* ...«

Er brach in Lachen aus, zwinkerte und fuhr fort: »Schön soweit. Sie ließ sich also mit ihm ein, mit diesem Beamten. Ging man am Garten vorbei und sah hin, da saß sie auf einer Bank und weinte, trocknete sich mit einem Spitzentüchlein die Tränen. Später, siehe da, wurde sie dann wieder heiter: sie hatte also, wie man sah, auf alles gepfiffen und war auf Biegen und Brechen gegangen. Wir gruben in jenem Sommer den ganzen Garten um und haben das alles gut gesehen. Ihre Zusammenkünfte hielten sie in ihrer geliebten Laube ab. In der Laube, da hätte man das ganze Jahr leben können: Tische, Stühle, überall Sauberkeit, der Fußboden mit richtiger gelber Farbe gestrichen und an den Rändern mit schwarzen Streifen gesäumt. Nun ja, da kamen sie denn gewöhnlich hin. Kaum ist es Abend und der Gutsherr ist auf den Feldern, schon kommt sie in den Garten, scheinbar um dort zu lesen, aber eben da ist es, daß sie sich treffen. Er schleicht sich wie ein Hase um den Strohwall herum – und ab zu ihr. Nur, daß sie oft genug auch von ihm bitterlich weinend zurückkam. Er war eben launenhaft! Da gehe ich eines Tages am Garten vorbei und sehe, wie er in seiner Strickjacke dasteht, das Taschentuch mit Speichel befeuchtet und an den Handknöchel drückt und wie die Hand blutet, das kommt vor: er war gestürzt und hatte sich die Hand zerschunden. Die blauen Hosen waren noch ganz voll Laub und Erde. ›Guten Tag‹, sage ich, ›Tscheslaw Wikentjitsch!‹ Er warf mir nur einen Fluch an den Kopf und verschwand in der Laube.«

Agafja, die bis dahin die Tränen mit Mühe aus sich herausgepreßt hatte, brach plötzlich in Schluchzen aus, erhob sich und ging wankend ins Haus. Daschka, die mit weit aufgerissenen Augen und auseinandergespreizten Knien auf der Schwelle saß, sandte ihr einen freudigen Blick nach, sprang auf und verschwand gleichfalls im Flur.

»Wirklich ein Jammer!« sagte Katerina. »Er hat ihr richtig die Nase eingeschlagen.«

Demjan sah sich rasch um. »Das ist es nicht!« flüsterte er hastig. »Ich bin es, der ihr die Hölle so heiß gemacht hat. Sie nämlich, niemand anderes als sie hatte dieses Fräulein verkuppelt!«

»Ist das die Möglichkeit!« riefen gleichzeitig Tit und die Frau des Hauses aus.

»Ich will auf der Stelle tot umfallen! Ist sie nicht aus Golizyno?«

»Ja, aus Golizyno, aus Golizyno«, bestätigte Katerina. »Sie sagt, sie sei zu uns gezogen, um ihre Ruhe zu finden. Zu Hause habe sie sich allzuviele Feinde und Neider gemacht.«

»Ja doch, so eine und Ruhe finden!« sagte Demjan. »Mit der weiß ich schon lange Bescheid, Golizyno ist schließlich alles in allem fünf Werst von uns entfernt. Ich habe sie gleich erkannt, ich wollte nur nichts sagen; sie hat mir nämlich versprochen, mich zu bewirten.«

»Ist ein verdammt schlaues Pack, dieses ehemalige Hofgesinde«, sagte Tit.

»Dann hat also sie und kein andrer dieses Fräulein zugrunde gerichtet?« fragte Katerina.

»Was ich dir sage: nur sie!« entgegnete Demjan. »Sie hat die ganze Geschichte auf dem Gewissen. Aber wart erst mal ab, was noch weiter kommt! Da haben sie sich also eines Abends wieder in dieser Laube vergnügt, sie hat sich dann von ihm getrennt und kommt auf dem Gartenwege daher, singt ein Lied vor sich hin und pflückt da und dort eine Blume, obwohl, ehrlich gesagt, ihre Augen wieder ziemlich verweint waren. Und plötzlich sieht sie den Gutsherrn. Er hat den Wagen hinter dem Garten stehenlassen und kommt, die Peitsche in der Hand, geradewegs auf sie zu. Sie überlegt – wohin, ist vor Schreck gelähmt und bleibt auf der Stelle stehen. Er kommt auf sie zugestürzt, reißt ihr das Spitzentuch von den Schultern, zerfetzt es, tritt es mit Füßen, reißt ihr die Brosche, die goldene Uhr mitsamt der Kette herunter und trampelt darauf herum, daß das Uhrglas nur so zersplittert. Dann nimmt er sich sie selber vor: er schlägt mit der Peitsche auf sie ein, versucht immer wieder die Schnauze zu treffen. Nachdem er sie fertiggemacht hatte, wie sich's gehört, und sie von den Beinen war wie jetzt die Alte, er rasch ins Haus, damit sozusagen kein Unglück geschieht. Der Gutsverwalter kommt gelaufen, ruft uns herbei, und wir tragen sie ins Kontor. Sie liegt wie tot, liegt ohne Besinnung da in ihrem hellblauen Spitzenkleidchen, und selbst das Gesicht ist, kann man schon sagen, blau, nur die Nase leuchtet. Dann läßt der Gutsherr den Kutscher Nikodim holen und ruft ihm vom Hauseingang zu: ›Sofort bringst du sie und diesen Schweinehund zum Bahnhof! Daß er mir unverzüglich gefunden wird; versteckt sich sicher im Garten zwischen den Kletten! Am besten, du wirfst sie in einen schrecklichen Abgrund, in eine Schlucht.‹ Nun ja, so schob man sie noch am selben Abend in einem Bauernwagen zum Bahnhof ab.«

»Und wirklich zusammen mit ihrem Liebsten?« fragte Katerina.

»Wo denkst du hin!« entgegnete Demjan und erhob sich. »Er blieb spurlos verschwunden. Was denn! Er hatte das Seine erreicht, hatte ihr Äste und Zweiglein geknickt und ward nicht mehr gesehn.«

»Auch ich habe von dieser Geschichte gehört«, sagte Tit, wobei er die Reste der sauren Sahne mit einem Stück Brot aus der Tasse wischte. »Ich habe sie, wie gesagt, oft gesehen. Sie hieß Lisaweta. Ein dünnes, zerbrechliches Frauenzimmer, aber nicht übel immerhin, akkurate Sache. Ich habe damals beim Popen an der Dreschmaschine gearbeitet. Es war die heißeste Arbeitszeit, ich sitze da und treibe die Pferde an, während das Dorfältestensöhnchen, ein unnützer kleiner Satan, in einem fort vor das Triebwerk und den Pferden vor die Füße kriecht. Ich sag es ihm – einmal, zweimal, er hört nicht. Ich springe ab, erwische ihn und zause ihn ein wenig an den Haaren. Er schreit. Auf einmal sehe ich, wie dieses Fräulein, die Lisaweta, auf mich zueilt, sie war auf der Straße in der Nähe der Tenne mit einem Hündchen spazierengegangen. ›Wie können Sie sich unterstehen‹, schreit sie, ›man sollte Sie zum Wachtmeister bringen! Mit Kinder muß man human umgehen.‹ Wenn es an einem andern Ort gewesen wäre, ich hätte ihr eins mit der Peitsche gelangt.«

»Human!« wiederholte Demjan und lachte, während er seinen Rock von der Weide nahm.

Auch Tit stand auf, bekreuzigte sich, verneigte sich vor der Frau des Hauses und folgte Demjan zur Getreidedarre, um auszuruhen. Katerina machte sich mit einem Kopfschütteln daran, die Tassen, das Brot und das Tischtuch vom Stein abzuräumen.

»Mamachen!« rief Daschka, die plötzlich auf der Schwelle stand. »Ich fürchte mich! Sie ist betrunken, schreit durch das ganze Haus und rauft sich die Haare!«

Katerina warf das Tischtuch hin und ging ins Haus. Agafja saß auf der Bank, schaukelte heiser heulend hin und her und starrte, ohne irgend etwas zu sehen, mit irren, blutunterlaufenen Augen vor sich hin: ohne Kopftuch, mit zerrauften grauen Haaren, blau von der Anstrengung und den Tränen.

»Herrgott, vergib mir elendem Weib!« jammerte sie heiser, bekreuzigte sich mit weiten, wilden Gebärden und verneigte sich gegen die Tür. »Herrgott, strecke mich alte Teufelin nieder, mich schlimme knechtische Kreatur! Ich hasse euch rohe Bauern!« schrie sie los, als sie Katerina erblickte. »Ich hasse euch!«

Katerina antwortete nicht und begann lächelnd Meerrettich zu reiben, um sie wieder zu sich zu bringen. (1913)

An der Straße

I

Paraschkas Vater Ustin lebte an der Landstraße nach Nowossil.

Die Gegend, die er sich ausgesucht hatte, als er die Herrschaft verließ, war einsam. Roggenfelder überfluteten wie Meere das wellige Gelände um seinen Steppenhof herum. Auf einem Roggenfeld hinter dem Hof standen zwei schutzlose junge Eichen, und flache Schluchten zogen sich in ihm hin, im Sommer von zahllosen weißen Blumen überwuchert. In den Roggenfeldern gegenüber, hinter der Landstraße, verlor sich ein Eichenhain; in dieser Richtung lag auch das Dorf, das alte Einzelhöferdorf Bajewo, das aber die welligen Felder verbargen. Bis zur Bauernbefreiung war auf der Landstraße viel Verkehr gewesen. Später glätteten sich die Wagenspuren, verwischten sich und wuchsen zu; niedriges, spärliches Gras überwucherte sie.

Ustin war seit langem Witwer; man erzählte sich, er habe seine Frau aus Eifersucht erschlagen. Er lebte nicht wie ein Bauer, nicht vom Land, sondern von dem, was er durch Ausleihen von Geld verdiente, baute nur um die Eichen herum und über den Schluchten einiges für die eigene Wirtschaft an und hielt nicht einmal brauchbares Vieh; gut waren bei ihm nur die Pferde. Im Haus herrschte anfangs seine Geliebte, eine grauäugige Schönheit, eine verwitwete Einzelhöferin, später seine älteste Tochter Jewgenija. Doch er brachte Jewgenija, die ihm fremd war und die er nicht mochte, früh an den Mann und ersetzte sie durch einen Knecht, den schon bejahrten und dümmlichen Bauern Wolodja. Er selbst aber war oft nicht zu Hause, so daß die schweigsame Paraschka recht einsam aufwuchs.

Eines Tages – sie stand damals im vierzehnten Lebensjahr, und Jewgenija war im selben Sommer nach Bajewo übergesiedelt – wurde auf der Landstraße eine ziemlich große Herde Schafe vorbeigetrieben; es geschah nicht selten, daß ein Kaufmann hundert oder zweihundert Tiere auf einem Jahrmarkt kaufte und sie auf einen anderen treiben ließ, wobei er sich zu diesem Zweck Landstreicher nahm, zu ihrer Überwachung aber einen Aufseher mitschickte. Das sommerliche Abendrot verglomm fern hinter dem Gehöft. Paraschka, die den Vater aus der Stadt zurückerwartete, saß auf der Hausschwelle und sah auf die abendlich fahlen Felder und in die kahle Ferne der Straße. Die Schafe zogen langsam in dichtem, schmutziggrauem Haufen mit jenem unbestimmten Geräusch vorüber, das teils durch die Bewegung der Beine, teils durch den Atem erzeugt wird; es roch nach ihrem Fell und ihrem Futter, Wermut und Steppengras. Hinter ihnen aber kamen mit hängenden roten Zungen, die über Tag ausgedörrt waren und sich mit Staub bedeckt hatten, die Hunde, dann ein großgewachsener, zerlumpter Bursche neben einem zerlumpten Alten und schließlich zu Pferde, auf einem weißen Kirgisen mit adlernäsig gebogener Schnauze, ein junger Kleinbürger, die Mütze im Nacken und einen Stock in der Hand.

»Guten Tag, schönes Kind«, sagte der Alte und trat aus dem Zuge heraus. »Hilf uns fahrenden Leuten aus, bitt deinen Vater um Schwefelhölzer.«

Sie gab lange keine Anwort und sah ihn nur aufmerksam an. Er trug keine Mütze; der Fetzen, der seine Kopfbedeckung darstellte, war über den glatten Krückstock gestülpt. Er hatte die großen, glänzenden Hände auf ihn gelegt, damit sie nicht zitterten, und atmete schwer. In seinem zerlumpten rotbraunen Mantel, den er, mit einer Schnur gegürtet, über dem nackten Körper trug, in Unterhosen und ausgetretenen alten Schuhen, zottig und mit grüngrauem Haar, totenblaß, mit verschwollenen Augen, wirkte er grimmig genug, aber in seiner heiseren Stimme klang Herzensgüte und Müdigkeit. Man sah die graue Wolle auf seiner Brust, sah, wie darunter das Herz schlug.

»Vater ist nicht zu Hause«, entgegnete Paraschka, nachdem sie ihn lange genug gemustert hatte.

»Hab ich mir's doch gedacht, hab ich mir's doch gedacht«, sagte der Alte. »Er kutschiert immerfort herum, und du wächst allein auf. *Gestern hat das Wachtelchen*«, fuhr er, den Blick zu

Boden, gerichtet, fort, »*gestern hat die Scheckige die Nacht hindurch geschrien, die dunkle Nacht hindurch gerufen* ... Was machen wir nun, schönes Kind?«

Der Bursche trat näher, und in munterem, leichtem Trab kam der Reiter hinzu; er drückte, wie es die Steppenbewohner tun, die Füße mitsamt den Bügeln unter den Bauch des breitbrüstigen Kirgisen, der, ermattet, aber hitzig, den großen Kopf auf seinem steilen Hals zurückwarf. Sie sahen den Alten spöttisch an; sie kannten die Art, in der er mit jemand sprach; Paraschka musterte sie aufmerksam. Der Bursche war sehr lang und schmal, hatte geneigte Schultern und ein rundes Katzengesicht und trug eine Arrestantenmütze; der Berittene war mager, aber breit und sehr braun; seine Augen glänzten.

»Ich kenne ihren Vater«, sagte er und blickte aus dem Sattel auf Paraschka herab, auf ihre kleinen Füße, die sonnengebräunten Schultern, das schmutzige Hemd. »Ein reicher Mann, der Schlaukopf. Geh, sieh auf dem Ofen oder hinter den Heiligenbildern nach!« fügte er barsch hinzu.

Paraschka starrte in einem fort auf den kurzen, stämmigen Kirgisen, der mit dem schweren Kopfe nickte und mit den gelben Zähnen auf dem begeiferten Mundstück herumbiß, sprang plötzlich auf, lief ins Haus und kam mit einer Schachtel Schwefelhölzer zurück. Der Kleinbürger, der mittlerweile aus seinem vertrockneten, speckigen alten Kosakensattel gestiegen war, vertrat sich die kurzen Beine. Er nahm wortlos die Streichhölzer und ging; er führte den Kirgisen hinter sich her zur Herde, die mit gesenkten Köpfen dastand. Aber Paraschka behielt seine staubige Jacke, die speckigen, in die schmalschäftigen Stiefel gesteckten Hosen und den schmutzigen Kragen seines bestickten Hemdes für immer im Gedächtnis; auch vergaß sie nicht, daß sein ganzes Gesicht mit bläulichen Pünktchen – wie mit Schießpulver – übersät war und sich auf seinen braunen Wangen spärliche, harte Haare kräuselten, ebenso spärlich, hart und pechschwarz wie über den Mundwinkeln. Er sah sich, während er ging, nach ihr um und verblüffte sie durch die Härte seines Blickes.

Und der Alte, der das vermutlich bemerkte, wandte sich zum

Abschied noch mit den seltsamen Worten an sie: »Nun, nun, das wär's. Leb wohl und vielen Dank, schönes Kind! Und merke dir, was dir der schreckliche alte Landstreicher sagt: Dieses Diebsgesicht könnte dich ins Verderben stürzen. Nach solchen wie dem sieh dich nicht um!«

Später loderte auf der Brache jenseits der Landstraße, dort, wo die Herde ihr Nachtlager hielt, in der erlöschenden Abendbläue lange ein gelbes, hitziges Feuer. Die Nacht ging hin, der Vater kam noch immer nicht. Paraschka saß auf der Schwelle, hörte, wie Wolodja in der Hürde neben dem Flur eine Kuh melkte, und ließ kein Auge vom Lagerfeuer. *»Gestern hat das Wachtelchen ...«* Die Worte des Alten fielen ihr ein, sie fühlte ihre süße Schwermut und sah die dunkel-finstere Nacht und die scheue Wachtel vor sich, die in der trüben Flut der Getreidefelder ihren Wachtelruf ruft. Immer röter brannte das Feuer, und er, dieser schwarzäugige Kleinbürger, der sie verderben konnte, war dort, war immer noch nah. Endlich erreichte das beruhigende, gleichmäßige Rütteln des väterlichen Wagens ihr Ohr. Sie sprang in das dunkle Haus, legte sich hin und stellte sich schlafend. Der Vater fuhr bis vor die Schwelle und rief nach Wolodja; dann kam er herein und hängte etwas an die Wand. Am Ofen summten in den Sieben die schläfrigen Fliegen.

»Vater!« rief Paraschka leise.

»Ja doch?« fragte er halblaut zurück.

»Was ist das, ein Landstreicher?«

»Zieh dir die Schuhe aus, dann weißt du, was ein Landstreicher ist.«

»Er war aber gar nicht barfuß. Er hatte Halbstiefel an.«

»Dann wird er sich wohl zum Bettler getrunken haben. Wo hast du ihn denn gesehen?«

Paraschka erzählte von den Leuten, die vorübergekommen waren, verschwieg aber die letzten Worte des Alten.

»Dann war es wohl eine von den Balmaschewschen Herden, die sie vorübertrieben«, meinte der Vater, ohne recht zuzuhören, und hängte einen metallbeschlagenen Zaum von einem Pflock auf den anderen um. »Das also ist es. Ich habe mich schon gefragt, was da für ein Feuer brennt.«

»Und wieso ist sein Pferd blutig?«

»Wessen Pferd denn?«

»Das des Aufsehers. Das Pferd hatte die ganze Brust voller Schorf.«

»Das kommt, weil man ein solches Tier einen Kirgisen nennt«, sagte der Vater. »Solche Pferde, mein Töchterchen, sind hitzig und wild bis dorthinaus. Da fügen sie sich dann selber die blutenden Wunden zu ... Ein Mal hat der Gaul sicherlich auch gehabt?«

Paraschka dachte nach.

»Wie sieht es aus?«

»Wie so ein Stempel ungefähr. Es wird auf dem Schenkel eingebrannt, damit man auch sieht, daß es kein einfaches Pferd, sondern ein Pferd aus kirgisischer Aufzucht ist. Nun schlaf aber, schlaf schon, wenn du zu Abend gegessen hast«, setzte er hinzu. »Ich gehe noch rasch in die kalte Kammer und esse was.«

Er öffnete das Fenster und ging auf die andere Seite des Hauses hinüber. Durchs Fenster sah man den nächtlichen Sommerhimmel voll blasser Sterne und spürte, wie durch das Fenster ein Hauch von Frische eindrang, vermischt mit dem Brandgeruch des verlöschenden Lagerfeuers. Und Paraschka, die dieser Geruch erregte und gleichsam an etwas erinnerte, Paraschka, die noch hörte, wie sich ihr Vater draußen vor dem Fenster leise mit Wolodja unterhielt, schlief ein, verzaubert von jenem Unheimlichen und Lockenden, das von unbekannten Reisenden oder Wanderern ausgeht, gebannt von dem unklaren Gedanken, daß der junge Kleinbürger sie verderben und irgendwohin in die Ferne entführen werde.

2

Seitdem waren zwei Jahre vergangen; das dritte brach an. Paraschka hatte sich verändert. Nach und nach hatte sie ihren Platz in der Wirtschaft eingenommen, trug, ihre Jungmädchenkraft überspannend, irdene oder gußeiserne Töpfe vom Ofen zum Tisch, melkte die Kühe, nähte und besserte Kleidung und Wäsche für ihren Vater aus. Doch ihr Wesen änderte sich nur wenig. Den einen Sommer überfiel sie die Leidenschaft für das Dorf. Sie begann sich zu putzen, hielt sich als Gast bei der Schwester auf, tanzte und sang mit den Mädchen im Reigen, wobei sie sich ausgelassen und munter gab. Dann ließ sie es, sie fühlte sich dem Dorf, den Mädchen und Jewgenija wieder entfremdet. Auch Jewgenija kam oft zu ihr zu Besuch; ihr Mann war Soldat, Kinder hatte sie nicht, vor dem verwitweten Schwiegervater hatte sie keine Angst. Aber sie waren beide schweigsam und in allem wohl auch zu verschieden. Die anmutige, äußerlich ruhige Paraschka hätte niemand Jewgenijas Schwester genannt: die war breitschultrig und kräftig, blickte unter zusammengezogenen Brauen und preßte die Lippen aufeinander; ihr entschlossenes, kurzes Gesicht mit den breiten Backenknochen nahm sich seltsam genug neben dem zarten Oval des unentschlossenen Mädchengesichts aus.

Nur der Vater stand Paraschka nahe. Ihre Liebe zu ihm wuchs mit jedem Jahr. Aber einfach und ruhig war diese Liebe nicht.

Sie liebte ihren Vater auf verschämte Art, liebte ihn mit der überspitzten Liebe, mit der ein verwitweter Vater häufig von seiner Tochter geliebt wird. Ihm die Mutter zu ersetzen, war eine Freude für sie, war ihr Stolz. Doch gelegentlich wurde diese Freude auch durch Schmerz getrübt: wenn sie sich der Bäuerin erinnerte, die seinerzeit im Hause des Vaters geherrscht hatte. In dem Schrecklichen und kaum Verständlichen, das zwischen dem Vater und der Mutter geschehen war und von dem ihr Jewgenija schon in der Kindheit in zusammenhanglos geflüsterten Worten so erzählt hatte, wie sie es von anderen gehört, stand Paraschka auf der Seite des Vaters. Aber manchmal kamen ihr auch Zweifel, ob es stimmte, ob er im Recht war, und dann schien ihr, daß es niemand auf der Welt gab, der so gut und so schön gewesen wäre wie ihre Mutter. Den Vater bekam Paraschka selten zu sehen, noch weniger aber verstand sie ihn: jedesmal, wenn sie mit ihm sprach, wurde sie schüchtern und verlegen. Und er galt ja auch allgemein als schwieriger, keineswegs einfacher Mensch. Durch die Reinheit und Regelmäßigkeit seiner Züge, den schlanken Wuchs, sein bronzefarbenes Bärtchen, die

Scharfsichtigkeit seiner grünen Augen erinnerte er die Alten vom Hofgesinde an den tscherkessischen Einreiter, der einst in herrschaftlichen Diensten stand. Aber es lag auch viel Bäurisches in seinen vorsichtigen Manieren, den ungeschlachten Stiefeln, dem vollen, krausen, in der Mitte gescheitelten Haar, dem Kragen seines Hemdes aus ungebleichtem Leinen, dem Rock aus grobem Tuch. Er war klug und freundlich, sogar gutmütig, aber alle fürchteten sich ein wenig vor ihm: er war eben allzu besonnen. Man kam aus großen und kleinen Dörfern zu ihm und bat um Hilfe. Er wies niemand ab. Er hörte aufmerksam zu, nickte und strich immer wieder die bronzefarbenen Locken aus seiner Stirn. Er sah den Leuten in die Augen, zwar forschend, aber nicht streng, und pflichtete ihnen leise bei, wobei er nie jemand unterbrach. Der Zins, den er festsetzte, pflegte bescheiden zu sein. Aber er lebte eben vom Zins, und solche Leute sind immer ein wenig schrecklich.

Paraschka wuchs heran und magerte ab. In ihrem Gesicht trat eine ungreifbare Ähnlichkeit mit dem des Vaters hervor, wie sie sich so zart bei Töchtern durchsetzt, die von ihren Vätern geliebt werden; sie brauchen ihnen auf den ersten Blick nicht einmal ähnlich zu sehen. Beide verbargen vieles in gleicher Weise und hielten es in sich zurück, aber beide empfanden auch vieles in gleicher Weise; zum Beispiel erregte sie beide der Anblick eines Zigeunerstammes, der im Herbst die Straße entlang zu den Flußniederungen nach Süden zog.

»Ich bin mal als kleiner Junge mit den Zigeunern davongelaufen«, erzählte eines Tages Ustin mit einem Lächeln.

»Und was war? Hast du es dir überlegt?« fragte Paraschka.

»Ja. So muß es auch sein, Tochter«, sagte Ustin, nun schon ernst. »Man soll nicht unüberlegt etwas tun.«

»Was soll man nicht unüberlegt tun?«

»Nichts«, entgegnete er nach einem Zögern und sah fort. »Sonst trübt einem das Blut die Augen, und ein Unglück geschieht . . .«

Sie verstand, was er meinte, erschrak und schwieg.

Doch nicht allein das Geheimnis um ihren Vater umgab sie, das Geheimnis um seine Vergangenheit, um seine Reisen und

Sorgen, von denen er nie zu jemand sprach. Im Herbst und im Winter schlief sie viel. Im Sommer kam sie drei Nächte hintereinander ohne Schlaf aus. Ihr Lieblingsplatz war die Hausschwelle, auf der sie stundenlang saß, den Kopf leicht zur Schulter geneigt. Irgendwohin weit weg, in ein glückliches Land mochten sie streben, alle, die hier gelegentlich vorüberfuhren oder vorübergingen. Den aufmerksamen Blick kühn nach vorn gewandt, die von der Sonne fleckig gefärbten Haare, die hier dunkel, dort hell wie Bast waren, über die Schultern verstreut, schritt in Käppchen und Kutte am Rande der Straße ein Vagabund vorbei und hielt im Gehen den hohen Stab weit von sich fort; sie folgte ihm mit einem langen Blick, obwohl sie Vagabunden fürchtete und Angst hatte, wenn sie zum Hof abbogen, um eine milde Gabe zu erbitten. Gleichmäßig, aber häufig stolpernd und hüstelnd, trabte in der Mitte der Straße das abgemagerte Dreigespann eines Gutsbesitzers vorbei, und der Laut der klirrenden Federn, das reisemäßige Aussehen des staubbedeckten Gefährts weckten in ihr Sehnsucht und unbestimmte Wünsche. Man trieb Schafe vorüber, und sie starrte begierig die sie begleitenden Männer an und erinnerte sich des Unheils, das ihr vorausgesagt war. Meere von Roggen und Hafer überfluteten die Felder. Das Haus warf einen langen Schatten. Geradeaus, hinter der Straße, auf der niedriges Gras schimmerte, neigte sich dichter Roggen im grellen Abendlicht und glitzerte in der Sonne, die hinter dem Haus versank. Die rosigen Wolkenbäusche im Südwesten, zart und kaum noch zu sehen, flossen höher über dem Horizont mit dem matten Himmelsblau zusammen. In diese Richtung blickte sie, von der lockenden Ferne der Steppe gefesselt, am häufigsten.

Die Liebe aber, dieses Wort erfuhr, erahnte sie schon früh und ebenfalls nicht auf einfache Weise. Schon in der Kindheit verblüffte es sie. Eines heißen Sommermittags saß auf den Steinen vor Ustins Speicher eine Kleinbürgerin aus Bajewo, die unverheiratet war und trank. Sie hatte eine Schachtel Streichhölzer und eine Blechbüchse mit Machorka neben sich, rauchte und sah Paraschka zu, die im Staub vor ihr spielte. »Wie ist denn das, hat der Vater die *Geliebte* noch nicht fortgejagt?« fragte sie mit einem heiseren, geheimnisvollen Flüstern. Und Paraschka behielt dieses besondere Wort für immer im Gedächtnis und erriet seinen verborgenen Sinn. Von diesem Tage an versengten sie jedesmal süßer Schrecken und Scham, wenn sie zur Unzeit ins Haus gelaufen kam und die Bäuerin auf den Knien des Vaters sitzen sah. Später lernte sie dann bei der Schwester und bei den Dorfmädchen viele Lieder. In allen war vom gleichen die Rede, von der Liebe. Und sie sang sie mit wie die anderen, aber im Inneren war sie von ihnen doch sehr gerührt, besonders von einem, einem sehr alten: »Es schlief, es schlief mein Liebster ein auf des Mägdeleins Arm, ihrem Mullärmel warm...« Alle Freundinnen bereiteten sich nur auf das eine vor: auf die Ehe, auf das Leben mit einem Mann, auf die Vertraulichkeiten mit ihm. Früh schon erregte und erschreckte die Ahnung dieser Vertraulichkeiten auch sie. Die Schwester sagte geradeheraus: »Der Vater ist ausschweifend, er lebt schon wieder mit einer zusammen. Und wenn ich hundert Rubel hergebe, ich krieg's heraus!« Paraschka aber hätte auch nicht um hundert Rubel wissen wollen, wer des Vaters Geliebte war, obwohl sie Tag und Nacht an sie dachte. Die Schwester kam eines Tages, kurz nachdem man ihren Mann zu den Soldaten geholt hatte, aufs Gehöft. »Ist Vater zu Hause?« rief sie dumpf und trat an das vereiste Fenster. Dann kam sie herein, setzte sich auf die Bank, wiederholte in einem fort, sie sei nur für einen Augenblick gekommen, und sah immer wieder zu Wolodja, einem hochgewachsenen, mageren Mann, der mehrmals hereinkam und wieder hinausging. Er machte sich auf der Bank mit Schnüren und Pferdeleinen zu schaffen und fragte in schnarrendem Ton: »Warum legst du denn nicht ab?« Die Schwester schüttelte nur langsam den in ein Hanftuch gehüllten Kopf. »Ich bleibe nur einen Augenblick.« Sie hatte eisüberfrorene Bastschuhe, einen Rock aus grober Wolle und eine kurze Tuchjacke an, die fest zugeknöpft war und über der vollen Brust spannte; es ging von ihr, dem kräftigen, gesunden Bauernweib, ein kräftiger Geruch von häuslichem Rauch und der Geruch des Roggenbrots aus, an dem sie ohne Eile kaute. »Aber was sitz ich hier nur herum!« sagte sie. Und plötzlich erhob sie sich und ging entschlossen hinaus, doch nicht nach Hause, sondern nur auf den Flur, zu Wolodja. Paraschka stürzte zur Tür, legte das Ohr an sie und lauschte. Minute um Minute verrann, immer dichter zog sich im Haus etwas nächtlich Trübes zusammen, und kein Laut war hinter der Tür. Aber Paraschka schien alles zu hören und alles zu sehen.

3

Jetzt, da sie ihrem Vater die Mutter und die Hausfrau ersetzte, fühlte sie sich erwachsen und knüpfte gelegentlich eine Unterhaltung mit ihm an.

Eines Winterabends blätterte er neben dem Lämpchen, das blakend auf dem Tische stand, in irgendwelchen zerdrückten Papieren, die er aus einer Brusttasche seines Rockes hervorzog. Er dachte angestrengt über etwas nach, bewegte die Lippen und schrieb mit einem Bleistiftstummel, wobei er sich mit der Brust über den Tisch legte, den Ärmel zurückschob und lange auf dem Papier herumprobierte, bevor er eine Zahl niederschrieb. Sie saß am Ofen und spann: sie zwirnte, raffte mit der Linken den Faden, während sie ihre Rechte zur Seite nahm; sie ließ die kreisende Spindel geschickt bis an den Boden gleiten. Sie sah in ihrem bunten Kattunkleidchen, mit den gesenkten Wimpern und ohne Kopftuch sehr hübsch aus: sie fühlte es auch selber, erriet es an den seltsamen und freundlichen Blicken, die ihr der Vater zuwarf, wenn er sich hier und da von der Arbeit losriß. Sie saß, die runden Knie ein wenig auseinandergeschoben, leicht und ruhig auf ihrer Bank, drückte mit weicher Kraft die linke Fußspitze auf das Tretbrett und ließ das Rad surren.

»Vater«, sagte sie plötzlich, »hast du schon immer so gut ausgesehen?«

»Wieso?« fragte er nach seiner Gewohnheit halblaut zurück. »Immer. Aber wieso?«

»Warum hat Mutter dich dann nicht geliebt?«

»Woher willst du das denn wissen?«

»Ich weiß es eben«, entgegnete sie geheimnisvoll.

Er schwieg ein Weilchen, verbarg seine Papiere in der Brusttasche und hakte die Haken über der Brust wieder ein; dann warf er die Haarlocken aus der Stirn zurück.

»Du solltest auf so etwas nicht hören, Tochter«, sagte er leise.

»Man sagt, du hast sie umgebracht. Wofür? Weil sie einen Liebhaber hatte?«

»Auch davon solltest du nicht reden«, sagte er noch leiser.

»Ich horche dich doch auch nicht aus.«

»Was ist an mir schon auszuhorchen? Ich bin innen wie außen.«

»Wem willst du das weismachen?« fragte er. »Du kommst ganz nach ihr.«

Sie errötete.

»Nein, nach dir! Ich würde dich für niemand auf der Welt hergeben!«

»Das wird sich ändern, Tochter.«

Sie erinnerte sich des Kleinbürgers, der die Schafe begleitet hatte, des Sommerabends, der jetzt so fern und so wunderbar schön erschien, des alten, gelbzahnigen, aber hitzigen Kirgisen, seiner starken Brust voller Narben und eingetrockneten Bluts.

Der Vater aber fuhr nachdenklich fort: »Ich habe nicht vor, dich früh aus dem Hause zu geben. Für dich, Tochter, für dich allein schlage ich mich von morgens bis abends herum. Ich werde warten, ich werde mich nach einem guten und brauchbaren Menschen umtun.«

»Du hast doch eine Geliebte«, flüsterte sie.

»Gerede, alles Gerede«, entgegnete er, ohne die Stimme zu erheben. »Aber genug jetzt, das gehört nicht hierher! Schäm dich, von solchen Dingen zu deinem Vater zu sprechen.«

Sie brach in Weinen aus. Er trat auf sie zu, umfing ihren Kopf und küßte sie auf das Haar. Durch seine feine Haut trat eine leichte Röte hervor, die grünen Augen brannten hell und zärtlich. Sie streifte sie noch mit einem raschen Blick, bevor er, den Kopf zu ihr umgewandt, aus der Stube ging, und weinte aus einer unerklärlichen Freude und einem noch unerklärlicheren Schmerz. Wer konnte lieber sein als er!

Sie magerte ab. Doch ihre Arme, ihre Beine wurden runder, die kleinen Brüste hoben sich, die Haare wurden voller und glänzten. Sie schämte sich ihrer Nacktheit, wenn sie jetzt badete. Bald, sehr bald würde sie ganz erwachsen sein, Heiratsvermittler würden zum Vater kommen, und Paraschkas Recht, zu lieben und auszuwählen, würde anerkannt sein, obwohl sie natürlich nie jemand heiraten würde.

Die Schwester war jetzt offener zu ihr, das schmeichelte Paraschkas Selbstbewußtsein. Die Schwester eröffnete ihr die Geheimnisse der Liebe; sie wartete auf ihren Mann und wiederholte immer wieder, daß sie es nicht mehr erwarten könne. Auch Paraschka hätte gern von sich gesprochen, von ihren Gedanken, von ihren Bedrängnissen. Sie hätte gern zu verstehen gegeben, daß sie auch das mit Wolodja wisse. Sie begleitete ihre Schwester bis vor das Haus und stand lange auf der Schwelle. Die Hähne krähten, und sie hörte ihnen mit geschlossenen Augen zu. Der abendliche Märznebel hing schläfrig über den grauen Schneefeldern, und ihr schien, als höre man durch ihn hindurch schon das erregende Krächzen der ersten Saatkrähen. Die winterliche Landstraße zog sich im Nebel hin, verlor sich, verschwand in ihm und reizte sie, lockte sie in die Ferne. Es tropfte aus den Rinnen; unter ihnen standen Hühner, schläfrig auch sie, und erregten sich plötzlich, begannen mitten im Halbschlaf zu gakkern. Mit fröhlicher, geheuchelter Wut bäumte sich, spielend und hitzig atmend, vor dem Speicher der Hund an seiner Kette auf. Paraschka, die heftig erschauerte, lief ins Haus.

Doch in der warmen Stube teilte meist nur Wolodja ihre Einsamkeit. Wolodja, der schon das fünfte Jahr im Hause lebte, war ihr seit jenem Abend, an dem Jewgenija zu ihm hinausging, furchtbar und widerlich. Dabei blieb sie so häufig mit ihm allein. Sie wußte, daß er es nie wagen würde, sie anzurühren – der Vater hätte ihn umgebracht –, und dennoch dachte sie daran. Und die Angst und der Widerwille gegen Wolodja erhöhten sogar noch die Süße ihrer geheimen Gedanken. Er war gar nicht einmal so übel anzusehen: nicht mehr jung, aber schlank und leicht wie ein Bursche von zwanzig Jahren. Manchmal versuchte sie, sich mit ihm über etwas zu unterhalten, was nicht die Wirtschaft betraf, über das Dorf, über die Mädel, über die Burschen. Er wurde nachdenklich. Er warf den Strick hin, an dem er gedreht hatte, während er auf dem Fensterbrett saß, und rollte sich eine Zigarette. Sein mageres, graues Gesicht neigte sich vor, und eine graue Haarsträhne fiel in die Stirn; er sah gut aus. Aber er brauchte nur den Mund zu öffnen, und sogleich saß ein Dummkopf vor ihr. Sie mochte die Rede lenken, worauf sie wollte, bei ihm lief alles darauf hinaus, wer bei wem als Knecht lebte, und vor allem, wieviel er an Lohn erhielt.

»Er bekommt keinen slechten Lohn, nein, keinen slechten«, stammelte er mit schwerer Zunge und begeiferte seinen Schnurrbart.

Wehte es aber von Süden, wehte der Frühlingswind, der an der schmelzenden Schneedecke fraß, dann wurde sie unruhiger, und er sah und fühlte es. Er kam immerfort ins Haus, als ob er in ihm zu tun hätte, hängte einen Halfter an oder nahm ihn vom hölzernen Pflock herunter, hielt sich absichtlich damit auf und scherzte: »Wo haben wir denn einen Halfter, der möglichst gut hält? Wird Zeit, daß man dich halftert und zum Stierlein führt.« Sie lachte dann seltsam und laut. Er kam an ihr vorbei und sah sie aufmerksam an. Sie begegnete seinem Blick mit erwartungsvollen, weitgeöffneten Augen. Es schien – noch ein Augenblick, und sie würde ganz in seiner Gewalt sein. Aber sobald er die Hände nach ihr ausstreckte, gingen ihre Augenbrauen heftig hoch, das Gesicht verzerrte sich und flammte rot auf. Sie sprang auf, griff nach dem ersten besten, das ihr unter die Hände kam, und schrie ihn laut und mit jener plötzlichen Grobheit an, mit der junge Mädchen so häufig die Männer verblüffen: »Rühr mich nur an, ich schlag dir die Schnauze ein! Ich sag's dem Vater, sobald er über die Schwelle tritt! Du fliegst sofort hinaus, du Habenichts, du Satan!«

4

Der Frühling war da. Winde und Nebel fraßen den grauen Schnee, die nassen Felder waren scheckig geworden. Die Karwoche ging zu Ende, Karsonnabend kam. Am trüben Abend fuhren Paraschka und ihr Vater ins Dorf zur Kirche, und zwar schon mit dem Wagen. Unwirtlich rauschten am Rande des

Dorfes die kahlen Weidengehölze, und weißlichblaue Wolken lugten im unsicheren Halblicht des Abends hinter ihnen hervor, regendrohend und die Himmelsränder verfinsternd. Und doch war im eisigen Wind, der unter den Wolken hervorwehte, Frühling, ein Hauch von Frische. Paraschkas Gesicht brannte vom Wind, von der Schminke und der Erregung, es brannte, weil sie gebadet, frische Wäsche angezogen und sich geputzt hatte und nun auf dem neuen Wagen neben dem wohlgestalten und reichen Vater saß, der ein gut genährtes und teures Pferd lenkte.

Die breite Straße war schlammig und voller Eisbuckel. Der Abend schien im Dorf, auf der Straße, an der schon in den behaglichen, aber armen und fremden Häusern die Lichter brannten, noch einsamer. Und doch lag in allem – den frühen Lichtern wie den Schneeflocken, die unvermittelt im Wind über die Straße dahertrieben und den Schlamm und die dunklen Dächer sonderbar weiß überzogen – bereits das Frühjahrsfest. Paraschka und Ustin kniffen die Augen zusammen und neigten die Köpfe. Ab und zu sah Paraschka auf, und beim Anblick des lieben väterlichen Gesichts, seiner feinen, vom Winde verjüngten Haut, der nassen Wimpern, des glitzernden Barts, der voll großer Flocken hing, schlug ihr vor unerklärlicher Freude das Herz.

Plötzlich rief über ihnen jemand mit lauter Stimme: »Du bist wohl blind? Halte mehr rechts!«

Und Paraschka, die die Augen öffnete, erblickte ein hochgewachsenes Pferd, das Vorderteil eines Wagens und auf dem Wagen den Kleinbürger; er hatte den Rockkragen hochgeschlagen und duckte sich nieder vor Wind und Wetter wie sie. Er sah sie an, und sie erkannte ihn augenblicklich.

»Was schreist du?« rief fröhlich Ustin. »Morgen ist hoher Feiertag!«

»Verzeihung, Ustin Prokofitsch«, entgegnete der Kleinbürgersmann. »Aber es ist ja nichts zu sehen.«

Und die Wagen wichen einander aus.

Nach einem langen Schweigen fragte Paraschka ruhig: »Du kennst ihn wohl?«

»Wer kennt ihn nicht, den Schlauberger!« erwiderte Ustin.

»Er hat bei Balmaschew auf dem Gehöft gelebt und denkt jetzt, etwas Eigenes zu unternehmen. Er dreht sich hin und her wie ein Dieb, er will im Dorf einen Laden eröffnen.«

Paraschka hielt den Atem an und schlug das Tuch vors Gesicht. Das Herz hämmerte ihr, das Gesicht wurde ernst.

Und in der Osterwoche kam der Kleinbürger zu Ustin auf Besuch. Er hatte sich in den drei Jahren gar nicht verändert, nur die Augen waren unruhiger. Auch die Kleidung war immer noch die gleiche, nur daß der Hemdkragen jetzt sauber war. Sie erfuhr, daß er Nikanor hieß, und verstand aus seiner Unterhaltung mit dem Vater, daß er noch schwankte: ob er nicht in die »Flußniederungen«, nach Rostow, fahren solle. Er trank mit Ustin Tee und Wodka. Sie drang in das, was er sagte, nicht ein, sie hörte nur auf den Klang seiner klaren Stimme. Sie saß mit gepuderten, geschminkten Wangen, ohne die Augen aufzuschlagen, in der Ecke, knabberte Sonnenblumenkerne und schien den Gast nicht zu bemerken. Auch er beachtete sie nicht, oder er tat so. Als er ging, streckte er seine Hand zu ihr aus. Sie war es nicht gewöhnt, eine fremde Hand zu berühren, schlug verlegen ein und erbleichte: dieser Händedruck schmeichelte ihr und ließ sie vor Scham glühen. Als ob er der Anfang einer heimlichen Annäherung sei . . .

Danach zeigte er sich lange nicht wieder. Sie stand tagelang auf der Schwelle und wartete ungeduldig, mit der Hartnäckigkeit und dem Eigensinn der Halbwüchsigen, auf ihn. Ihr schien, er sei jetzt verpflichtet, zu kommen und fortzusetzen, was er begonnen hatte; wenn sie auch andererseits verstand, daß er ja eigentlich gar nichts begonnen hatte. Sobald er kommt, dreh ich mich um und gehe, dachte sie, ich werde ihm zeigen, daß ich ihn nicht brauche. Doch es verging ein Monat, und die Eisheiligen kamen; es regnete, aber er war nicht da. Am Tage vor Nikola rechnete sie Gott weiß warum besonders fest mit seinem Kommen, sehnte sich so, ihn zu sehen, daß ihr schien, ihr Wunsch müsse sich unbedingt erfüllen. Sie ging dann früh schlafen und weinte so bitterbös, daß ihr Kissen völlig durchnäßt war, aber so lautlos dabei, daß ihr Vater, der zwei Schritte von ihr entfernt schlief, nicht das geringste von ihren Tränen merkte. Er hörte nur, daß sie sich hin und her wälzte, und fragte mehrmals mit seltsam erregter Stimme, weshalb sie nicht schlafen könne.

Am Morgen fuhr der Vater fort. Sie sah, daß Regen gegen die Scheiben peitschte, und fühlte, daß sie nun nichts mehr erwarte, nichts wolle, daß es ihr einfach wohltat, aufzustehen, die Stube aufzuräumen, den Ofen zu heizen und sich mit den alltäglichen Geschäften zu befassen. Gegen Abend putzte sie sich heraus, steckte zwei trockene Kornblumen in den Zopf, den sie um den Kopf gelegt trug, und kam auf den Gedanken, den Samowar aufzustellen.

Der Regen hatte aufgehört. Alles war naß, die grüne Straße wie die grünen Kornfelder, hinter denen, alles beschattend, feuchtblaue Wolkenwände standen. Im dunklen Flur summte der Samowar, es glühte rot unter dem Rostgitter. Sie trat, eine verräucherte Teekanne in der Hand, aus der Stube, summte vor sich hin »Schrecklich, sich dem Gericht Gottes zu stellen, zu empfangen den güldenen Kranz . . .« und wartete, daß der Samowar richtig koche. Vom Hof herein trat Wolodja über die Schwelle, der frisch nach Regen und dumpf nach dem nassen Bauernrock roch. Er wollte gerade auf sie zugehen, als im Türrahmen der Kopf eines hochgewachsenen Pferdes erschien. Wolodja ging festen Schritts weiter, öffnete die Pforte zur Hürde und verschwand, während sie regungslos dastand, ohne aufzublicken.

»Tag!« grüßte sicher der Kleinbürger, während er auf der Schwelle auftauchte. »Da komme ich gerade richtig zum Tee.«

Er lachte, nahm die Mütze vom Kopf und schüttelte die Regentropfen von ihr ab. Sein schwarzes Wams glänzte vor Nässe. Auch das braune, wie mit Schießpulver bestreute Gesicht war naß.

Sie gab keine Antwort und wurde rot: er sprach jetzt ganz anders mit ihr als damals, in Gegenwart des Vaters. Auch er schwieg ein Weilchen – man hörte, wie in der dunklen Ecke unter dem Dach im Halbschlaf die Tauben gurrten –, trat schließlich auf sie zu und fragte mit einem Blick zum Samowar: »Der Vater ist wohl nicht da?«

»Nein«, entgegnete sie leise und neigte den Kopf, auf dem die beiden blauen Blütenkrönchen leuchteten.

»Schade«, sagte er und klopfte mit der Peitsche an den Stiefelschaft. »Und du vergnügst dich hier ganz allein?«

»Ja, ich vergnüge mich ganz allein«, erwiderte sie mit einem leisen Lächeln.

»Nun, macht nichts, ich komme ein andermal«, meinte er. »Die Hauptsache ist, ich habe einen Vorwand. Ich kenne mich selber nicht mehr, sosehr habe ich mich nach dir gesehnt«, fügte er hinzu.

Sie schwieg.

»Du glaubst mir nicht?« fragte er und legte vorsichtig den Arm um sie. »Ich spreche aber die Wahrheit. Ich habe mich schon damals in dich verliebt, als wir die Herde vorübertrieben. Und als ich dich im Dorf wiedersah, war ich wie blind vor Freude, ich wäre beinahe in einer Schlucht gelandet. Ich habe sofort gefühlt: es gibt einen Roman zwischen uns, oder ich bin verloren!«

»Diese Geschichten kenne ich«, entgegnete sie mit Mühe. »Laß mich los!« setzte sie leidenschaftslos hinzu und wehrte seinem Arm mit dem Ellenbogen.

Aber er ließ sie nicht los, er wußte genau, daß sie diese Geschichten nicht kannte. Er umarmte sie fester und sagte mit Leidenschaft: »Gott lasse mich ohne Beichte sterben, wenn ich lüge! Ich will Vater und Mutter nicht wiedersehen ...«

Sie schwieg. Ihr schien, sie würde jeden Augenblick umsinken. Er sah sich verstohlen um, neigte sich vor, fand ihre Lippen und drückte ihr den Kopf in den Nacken zurück. Der gewaltsame, lange Kuß benahm ihr den Atem. Schließlich winkte er mit gespielter Verzweiflung ab und wandte sich zur Schwelle.

»Jetzt ist es aus mit mir!« sagte er, während er in den Wagen stieg. »Ich finde im Leben keine Ruhe mehr.« Und er trieb sein hochgewachsenes Pferd über das grellgrüne Gras rasch auf die Wolke zu, deren Schatten sich mit der Dämmerung vermischte.

Bald danach verschwand er hinter einer Anhöhe; es wurde so still ringsum, daß man die Wachteln schlagen hörte, als wäre es nebenan, obwohl sie einander weit draußen riefen, auf den entferntesten Feldern, hinter dem schwachblau schimmernden Hain.

5

Er kam noch zweimal, aber immer zur Unzeit: Ustin war zu Hause. Und sie stellte sich, als ob sie ihn nicht bemerke, während er sich sachlich mit Ustin unterhielt. Der vergebliche Wunsch, für einen Augenblick unter vier Augen mit ihm zusammen zu sein, ließ sie wie trunken umhergehen.

Jewgenijas Mann, der Soldat, war zurückgekehrt. Er kam in den Petrifasten mit Frau, Vater und Stiefmutter auf Besuch zu Ustin, auf einem neuen, mit Filz ausgeschlagenen Wagen, dessen Räder mit frischem Teer begossen waren, mit einem niedrig gewachsenen, dicken, isabellgelben Pferd. Der Vater des Soldaten, ein kurzbeiniger, seltsam vergnügter Bauer mit schwarzem, um den Mund schon weiß gewordenem Bart, hatte, ohne sich vor dem Sohn zu schämen, der ja auch schon verheiratet war, zum drittenmal eine Frau genommen: lahm, mit frechem Blick und spitzen Brüsten. Alle fühlten sich seinetwegen verlegen, und auch er selbst war vermutlich nur aus Verlegenheit so fröhlich und gesprächig. Man trank aus lauter Verlegenheit während des Mittagessens unmäßig viel. Auch gegessen wurde unmäßig viel, man nötigte einander mit übertriebener Hartnäckigkeit und redete ohne Sinn und Verstand, wobei man sich am häufigsten in Rätseln, Anspielungen und Sprichwörtern gefiel. Paraschka fürchtete während des ganzen Essens, jeden Augenblick könne ein Streit entstehen. Alle bekamen rasch einen Rausch, ausgenommen Jewgenija, die vom Wodka nur blasser wurde und dem betrunkenen Soldaten, der den Ärgerlichen und Ernsten spielte, herrisch und grob das Glas entriß. Ein giftiges Lächeln lag auf Ustins Lippen, während er des Soldaten Vater, der ihm mit Liebeserklärungen zusetzte, leise, aber bestimmt unterbrach und ihm Sprichwörter vorhielt oder Rätsel aufgab, die auf das Schamlose einer dritten Ehe anspielten. Die Lahme war dreist und laut und fuhr Ustin über den Mund, indem sie ihrerseits mit einem wahren Hagel von Sprichwörtern antwortete. Wolodja versuchte, das wirre und erregte Gespräch auf sein Lieblingsthema zu lenken, die Knechte und ihren Lohn. Niemand hörte ihm zu. Er wurde unangenehm rot und begann unter

Tränen Lieder zu grölen. Ustin faßte ihn an den Schultern, führte ihn zur Tür und schob ihn hinaus. Wolodja verzog sich in die Hürde, sank auf einen Schlitten und schlief fest ein. Paraschka, die sich mit dem Warten auf Streit quälte, stockte das Herz wie bei einer Vergiftung mit Kohlendunst.

Nach dem Mittagessen trank man im Schatten vor dem Haus auf dem grünen Grase Wodka und Tee. Der Vater des Soldaten, der im Rausch alle Scham verlor, holte schwankend eine Ziehharmonika aus seinem Wagen, drückte sie dem Soldaten in die Hand und verlangte, er solle ein Tanzlied spielen. Der Soldat saß mit trüben Augen, den Waffenrock aufgeknöpft, auf der Bank neben dem Tisch und schwankte, jeden Augenblick in Gefahr, herunterzufallen. Er konnte lange nicht verstehen, was der Vater von ihm wollte. Schließlich begriff er und begann abgehackt und wie rasend: »Könnt ein Hühnchen einen Stier gebären ...« Der Mann mit der dritten Frau steckte die Arme auf dem Rücken unter dem schwarzen Bauernrock durch, ging in die Hocke, spreizte die Beine und stampfte mit den Stiefeln darauflos. Die Lahme klatschte in die Hände, tänzelte auf ihn zu und schüttelte ihre Ziegenbrüste. Jewgenijas Gesicht erstarrte vor schläfriger Wut zu Stein. Ustin stützte den Ellenbogen auf den Tisch, griff mit den schlanken Fingern in seine bronzefarbenen Locken und biß die Zähne aufeinander. Das giftige Lächeln in seinen Mundwinkeln gefror. Die Augen sprühten düstere Fröhlichkeit.

»Tochter! Komm her!« rief er streng und zog – ganz unpassend zu seinen Worten – die Brauen zusammen. »Komm, küß mich!«

»Du bist betrunken«, entgegnete Paraschka. »Hätten meine Augen das nicht gesehen!«

Ihre Lippen zitterten. Sie drehte sich um und ging hinter das Haus. Hinter dem Haus blendete sie die niedrig stehende Sonne. Flügelblitzend schwangen sich zwei Turteltauben von den jungen Eichen und sanken auf eine flache, kleine, blumenübersäte Wiese im Roggen. Wie still es hier nach dem Lärmen der Betrunkenen war! Die freie Weite der Getreidefelder war nach der sinkenden Sonne zu unüberblickbar, war golden, war wie das Glück. Paraschka setzte sich auf einen Rain und ließ ihren Tränen freien Lauf.

Nachdem sie sich satt geweint hatte, beschloß sie, zum Haus zurückzukehren und dort mit Hilfe ihrer Schwester dem Unfug ein Ende zu setzen: die Betrunkenen auseinanderzubringen, den Wodka und den Samowar fortzuräumen. Es war schon Nacht, eine helle und seltsame Nacht. Hoch am Himmel türmten sich riesige, matte Wolken, der Himmel schien größer und majestätischer durch sie, größer und blanker auch der hoch stehende Mond, der zwischen ihnen leuchtete. Über die breite Straße und die Felder wanderten Schattenflecke dahin. Die Wand des Wagens, der vor dem Hause stand, und das Stroh darauf schimmerten wie Silber. Auf dem Wagen lag der Vater des Soldaten; er rang und zankte sich mit seiner betrunkenen Frau. Neben dem Tisch lag eine umgeworfene Bank. Der Samowar blitzte mit seiner kupfernen Wandung, trüb glitzerte eine Pfütze auf dem Tisch: der Hahn war aus dem Samowar herausgerissen. Unter dem Schutzdach vor dem Speicher spielte, bäumte sich auf, erstickte beinahe an seiner Kette der hitzig atmende Hund, als ob er sich über den Mond freue, der bald erstrahlte, bald erlosch. Paraschka sah auch im Hause nach. Am Tisch saß der Soldat, mit beiden Armen aufgestützt, den schweren Kopf auf die Arme gelegt. Er murmelte etwas vor sich hin. In den Sieben, die an der Wand neben dem Ofen hingen, summten schläfrig und mürrisch die Fliegen. Der Soldat aber erzählte, prahlte vor irgendwem, er werde einen gewissen Jakow Iwanytsch kraft seines Einflusses bei einem gewissen Gutsherrn »anbringen« ...

Aber wo war der Vater, wo Jewgenija? Paraschka wandte sich um, ging durch den Flur und trat auf die Schwelle. Der warme Mond hing hoch am Himmel und strahlte hell zwischen den matten Wolkenriesen. Vor der Schwelle stand, in der einen Hand die Peitsche, in der anderen den Zügel, der Kleinbürger, hinter ihm sein hochbeiniges Pferd, diesmal gesattelt. Der Ausdruck seines Gesichts wechselte im Mondlicht.

»Dein Vater ist völlig fertig, im siebenten Himmel«, sagte er spöttisch zu Paraschka, die vor Schreck sprachlos war. »Er ist mir eben in den Roggenfeldern begegnet: voll zum Auswringen. ›Ich geh ins Dorf‹, versichert er eigensinnig, während Jewgenija ihn zurückzuhalten versucht.«

Paraschka schwieg.

Er ließ den Zügel fallen, nahm ihre eiskalte Hand in die seine, die heiß war und stark, und zog Paraschka in den dunklen Flur. Sie folgte widerstrebend. Während sie über seine Schulter hinweg stumpf auf einen rauchig-grünen Streifen Mondlicht starrte, der durch ein Loch im Dach in die Dunkelheit einfiel, nötigte, drängte er sie an die kalte Steinwand, bedeckte ihr Gesicht mit Küssen und sprach auf sie ein. »Bleib, bleib um Gottes willen. *Schon dahin ging die Zeit, schoß dahin wie ein Pfeil, der mit Lieb uns versengt, uns mit Feuer gebrannt* ... Du hast mich um den Verstand gebracht! Ich entführe dich nach Rostow, lasse mich dort mit dir trauen, und wir entfliehen in die Steppe. Die Pferde allein werden uns Tausende einbringen. Du wirst schöner geputzt gehen als jede Modistin!«

Er stand plötzlich vor ihrem Gedächtnis so, wie sie ihn zuerst gesehen hatte: inmitten von Schafen und Hunden, auf seinem alten, mit einem Brandmal gezeichneten Kirgisengaul; sie legte den Arm um seinen Hals, erschauerte vor Glück und Zärtlichkeit und barg den Kopf an seiner Brust. Er hob sie auf und legte sie auf das Stroh.

6

Nachdem sie zu sich gekommen war, saß sie lange in ihrer dunklen Ecke auf dem Stroh. Der Kleinbürger versuchte sie zu küssen und sprach hastig auf sie ein. Sie stieß ihn zurück und schüttelte nur den Kopf zum Zeichen, daß sie ihm nicht zuhöre. Er lugte verstohlen aus dem Flur hinaus, sagte rasch, er werde sich morgen nacht wieder einfinden, sie müsse dann zu ihm herauskommen: unter die jungen Eichen hinter dem Haus, er habe ein wichtiges Anliegen an sie.

»Schon gut, ich komme«, entgegnete sie.

»Paß aber auf, betrüg mich nicht!« sagte er gezwungen, da er verstand, daß sie nicht kommen werde.

Sie hörte noch, wie der Steigbügel klirrte, während er in den

Sattel stieg, wie das Pferd auf der Stelle trat, bevor es sich in Bewegung setzte. Sie starrte nur auf den Streifen Mondlicht, oder sie schloß die Augen.

Als sich der Kleinbürger zu ihr umwandte und sagte: »Paß aber auf, betrüg mich nicht«, hatte sie im Fenster, das in der Tür zur Hürde eingeschnitten war, plötzlich die Mütze und das Gesicht Wolodjas erblickt. Das war so furchtbar gewesen, als hätte in den Flur der Tod selber hereingeschaut. Jetzt ist schon alles einerlei! dachte sie. Ihr Herz klopfte so heftig, daß es ihr schwer wurde zu atmen. Ihre Brust hob und senkte sich, sie preßte die Hände ans Herz. Aber das alles hinderte sie nicht, klar zu denken. Und ihr Gedanke war einfach: sie war verloren, und auf so schreckliche Weise, so überraschend, wie das in Träumen zu sein pflegt!

Ustin ging nach dem Fest mehrere Tage mit mürrischem Gesicht umher: er schämte sich, so betrunken gewesen zu sein. Sie aber verging vor Schwäche, vor Zerschlagenheit in allen Gliedern, sie wünschte sich, von morgens bis abends liegen zu können. Doch sie mußte umhergehen, sich munter und ruhig geben und während des Mittagessens sogar mit dem Vater und mit Wolodja scherzen. In Gedanken aber beschäftigte sie von morgens bis abends nur das eine.

Ustin fuhr und kam. Ihr schien, sie wäre, wenn er zu Hause säße und sich nicht immer irgendwohin beeilen müßte, wenn er sie nicht durch seine Ab- und Anreisen in Unruhe versetzte, zu sich gekommen, auf einen Ausweg verfallen, auf irgend etwas, das einer Rettung ähnlich sah. Sie fürchtete sich davor, er könne, wenn er ein Weilchen zu Hause bliebe und sie beobachtete, alles durchschauen; aber sie wünschte es auch, wünschte sehnlich, daß es geschähe: dann hätte sich alles von selber gelöst. Ihr schien, es könnte alles leichter sein, wenn es trübe und regnerisch wäre. Aber helle, glühend heiße und endlos lange Tage brachen an; die arbeitsreichste Zeit stand bevor, das Meer des schwerer gewordenen, schon trocknenden Getreides reifte und färbte sich gelb, und nirgends konnte man sich vor dem Licht und vor der Hitze verbergen. Nach jenem unverhofften Fest, das den Alltag auf dem Gehöft unterbrochen hatte, ging es vielleicht noch schweigsamer auf ihm zu als sonst, und eine angespannte Stille hing über den gelben, hellen Feldern ringsum.

Sie saß tagelang auf der Bank vor dem Tisch in der heißen und leeren Stube und sah den Fliegen auf den erhitzten und trüben Scheiben zu, den großen Fliegen wie den ganz kleinen, neuen. Wolodja tat gar nichts, hatte aber wie immer ein besorgtes Gesicht, suchte sich irgendeine nichtige Beschäftigung und kam immer wieder ins Haus. Wenn er hereinkam, war er einfach, als sei nichts geschenen, nur seine Annäherungsversuche gab er auf. Was hatte das zu bedeuten? Vermutlich wartete er auf einen günstigen Augenblick und hoffte, es werde nun nicht mehr danebengehen. Und Paraschka dachte mit bitterem Spott: So ein Dummkopf! Sollte er doch am besten kurzen Prozeß machen und dem Vater alles erzählen, was er gesehen!

Eines Mittags, als über den Feldern und der erhitzten staubigen Straße im weichen, lichtstrotzenden Glanz des hohen, gleichsam zergehenden Himmels kaum sichtbare leuchtende Wolken zergingen, hielt vor dem Speicher ein Zweigespann. Im Wägelchen saß eine volle Gutsherrin, die, wie Paraschka wußte, Ustin viel Geld schuldete. Sie sah müde und bekümmert aus, auf dem grauen Gesicht und den Nasenflügeln lag Staub. Sie wiederholte, abwesend, immer wieder dasselbe, bedauerte, daß sie Ustin nicht angetroffen hatte, und hielt sich quälend lange auf. Der Kutscher blickte mürrisch zum Beipferd, das mit den Zähnen auf dem zur Seite gestellten Bein herumkratzte, die Herrin sah zu Boden oder vielleicht auch auf ihre Nasenspitze. Schließlich kniff sie die Augen zusammen und musterte Paraschkas abgemagertes Gesicht, ihre grünlich gewordenen, klaren Augen.

»Bist du gesund?« fragte sie plötzlich.

Paraschka entgegnete einfach und fest, sie sei es, setzte sich aber, nachdem die Gutsherrin fort war, auf eine Fensterbank, besah sich lange im Spiegel und bekam Angst. Sie hatte sich sehr verändert, das sah jedes Kind; wieso bemerkte es denn der Vater nicht? Doch auch ihm mußte es jeden Augenblick auffallen: er würde sofort verstehen, was geschehen war, und was dann?

In Gedanken ließ sie ihr ganzes kurzes Leben an sich vorüberziehen. Sie hatte, wie sich herausstellte, früher nicht einmal geahnt, in welcher Versuchung sie gelebt, wie oft sie an immer das gleiche gedacht, wie viele undeutliche, aber verlockende Träume von fernen und glücklichen Städten, Steppen und Straßen sie geträumt, wie zärtlich sie jemand geliebt hatte. Als Nikanor sein schreckliches Werk vollbrachte, richtete er nicht nur sie, sondern auch sich selbst zugrunde. Er, dieser kurzbeinige Dieb, war plötzlich für sie lebendig, war wirklich und ihr verhaßt geworden. Sie konnte ihn nicht lieben und hatte ihn nie geliebt. Sie konnte nicht ohne Scham, ohne Widerwillen und Verzweiflung an diesen Menschen denken. Die Prophezeiung des schrecklichen Landstreichers war in Erfüllung gegangen! Sie fühlte sich wie von einer schmachvollen, unheilbaren Krankheit behaftet und von ihrem Vater für immer durch einen bodenlosen Abgrund getrennt.

Doch während sie nachdachte, leise weinte, ihr Tuch vom Kopfe nahm und es glattstrich, ließ sie unmerklich für sie selbst wohl auch ihr Herz gewähren, und ihre Gedanken kamen durcheinander. Sie erinnerte sich, wie sie jemand geliebt, wie sie auf jemand gewartet hatte, und diese Liebe kehrte zurück; Paraschka wußte sich vor Sehnsucht nach der Vergangenheit, vor Mitleid mit sich selbst, vor Zärtlichkeit zu dem, den sie, wie ihr jetzt schien, so lange geliebt hatte, nicht mehr zu lassen. Sie dachte an ihren Vater, zu dem sie einmal gesagt hatte: »Ich bin innen wie außen vor dir«, und sie hätte aufschreien, auf die andere Seite des Hauses, wo er lebte, schlief und nach dem Mittagessen ausruhte, stürzen und sich vor seine Füße werfen wollen, damit er sie zermalme, unter seinen Stiefeln zertrete und ihre Qual um die alten, unwiederbringlichen Zeiten endlich gestillt sei. »Für dich, Tochter, für dich allein« – dieser seiner Worte erinnerte sie sich und weinte, überwältigt von der Wollust ihres Kummers und ihrer Tränen.

Eines Abends fuhren Ustin und Wolodja ins Dorf, sie wollten die Sensen zum Dengeln hinbringen. Der Abend war heiter und ruhig, hinter dem kurzen Gras, das im Abendlicht auf der Landstraße schimmerte, erstreckte sich rosiggelb die ebene Fläche des reifen Roggens, und pfeilschnelle schwarze Schwalben mit rosig leuchtenden Brüsten schwirrten am offenen Fenster, an dem Paraschka saß, vorbei. Plötzlich wuchs aus dem Roggen, der jenseits der Straße stand, die kurze Gestalt Nikanors am Rande des Kornfelds empor; er hatte augenscheinlich schon lange im Kornfeld gesessen, sich dort versteckt und war plötzlich aufgestanden, hatte sich in die Höhe gereckt. Sie fuhr entsetzt vom Fenster zurück. Er überquerte rasch die trockenen Wagenspuren und trat ins Haus.

»Guten Tag«, sagte er leise und blieb neben der Schwelle stehen. »Es ist niemand da?«

»Niemand«, entgegnete Paraschka, und ihre bleichen Lippen bewegten sich kaum.

»Ich habe ein Anliegen. Komm hinters Haus, unter die Eichen!«

Er sprach wie ihr Ehemann, sprach wie jemand, der ein Recht auf sie und Macht über sie besaß, wie ein Mensch, mit dem sie unlöslich durch ein Geheimnis verbunden war. Und sie stand schweigend auf und folgte ihm.

Unter den jungen Eichen erklärte er kurz und bündig, wenn auch nicht ohne sich umzublicken, warum er gekommen war: Sie sollte ihm helfen, vom väterlichen Gehöft zwei Stuten zu entführen, und nach Rostow mit ihm fliehen.

Stumpf, ohne aufzublicken, entgegnete sie: »Ist gut.«

Die Sonne versank hinter den bärtigen Ähren, zwischen denen sie auf einem Raine saßen, und überschüttete die Grannen mit goldenem Staub. Von der Landstraße her, aus Südost, wehte der weiche Hauch des schon nahenden Juli, der nahenden Erntezeit, in der die trockene Himmelsbläue so matt und so gleichmäßig ist; weich surrten die rostbraunen Getreidekäfer, wenn sie sich auf den schaukelnden Ähren niederließen, mit ihren trockenen, harten Flügeln.

Nikanor redete von folgendem: Genau in einer Woche werde Ustin in der Nacht zum Jahrmarkt nach Tichwin aufbrechen und auch Wolodja mitnehmen, zurückkehren aber würden sie erst am späten Abend; das alles wisse er, Nikanor, sehr genau, da er Ustin versprochen habe, gleichfalls zum Jahrmarkt zu kommen und ihm behilflich zu sein, einen Hengst zu verkaufen.

Man werde also in den Mittagsstunden, wenn auf den Feldern keine Menschenseele zu treffen sei, die Stuten in aller Ruhe vom Hofe führen, sie an den Wagen binden und über Feldwege, die vor der Erntezeit besonders einsam seien, in Richtung Lebedjan mit ihnen davonjagen können. Übernachten würden sie in den Getreidefeldern, auf Hohlwegen oder in Schluchten, die so verborgen lägen, daß sich kein Teufel dorthin verirren werde. Beim Morgengrauen müßte es weitergehen. In Lebedjan aber habe er einen zuverlässigen Menschen, der für sie Gold wert sei: ihm würden sie für drei- oder vierhundert Rubel die Stuten verkaufen, so daß sie dann über mehr als fünfhundert Rubel verfügen würden, mit denen sie sich sowohl bis Rostow durchschlagen als auch ein schon längst überlegtes Geschäft beginnen könnten.

»Und was für eins?« erkundigte sich Paraschka.

»Ja weißt du, in diesen Dingen bist du mir noch zu grün«, entgegnete Nikanor mit einem hämischen Lächeln.

»Besser wär's in der Nacht«, meinte sie ernst.

»Was du sagst!« erwiderte Nikanor spöttisch und drehte sich eine Zigarette aus Zeitungspapier.

Und er fügte mit einem Seufzer hinzu: »Das wird nichts, Mädel. Hör lieber auf meinen fertigen Plan!«

»Und geht es nicht schon früher?« fragte Paraschka, während sie ihre nackten kleinen Füße besah.

»Wer sich zu sehr beeilt, bekommt blinde Kinder.«

Sie schwieg, aber wieder bebte ihr Herz vor Wut über ihn. Eine ganze Woche sollte sie warten! Fühlte er ihre Qualen denn nicht? Ach, ob es denn nicht das Beste wäre, sich drüben an der jungen Eiche zu erhängen? dachte Paraschka im stillen und biß heftig auf ihren Lippen herum, um ihre zitternden Gesichtsmuskeln in die Gewalt zu bekommen, hielt aber schließlich nicht an sich und brach in Tränen aus.

»Was hast du?« fragte Nikanor verwundert.

Sie gab keine Antwort und weinte nur desto heftiger.

»Was habe ich dich gefragt?« fuhr Nikanor sie grob an.

»Laß mich in Frieden!« gab sie mit solchem Haß und solcher Wut zurück, daß er sogar ein wenig von ihr abrückte.

»Schon gut, schon gut«, sagte er verwirrt und versuchte sie zu umarmen. Sie stieß ihn mit dem Ellenbogen zurück. Doch er nahm sie sich trotzdem mit Gewalt.

7

Die ganze Woche bis zum Beginn des Tichwiner Jahrmarkts saß Ustin wie zum Trotz zu Hause. Jewgenija kam und beklagte sich über ihren Soldaten, der sich nach dem Militärdienst als völliger Dummkopf und Trunkenbold erwies, und über ihre lahme Schwiegermutter, die böse und liederlich war und ihr des Schwiegervaters wegen zusetzte. Aber Paraschka hörte ihr nicht zu. Sie dachte nichts mehr, fühlte nichts mehr, Stumpfheit, Ergebenheit in das Unabwendbare hatten von ihr Besitz genommen. Sie schlief in dieser Woche sehr viel, sowohl nachts als auch tags. Wenn sie erwachte, erschrak sie bei dem Gedanken, was ihr so bald bevorstand, und sprang auf.

Schließlich kam dann die letzte Nacht.

Es war schon spät, sie lag auf der Ofenbank, aber sie schlief nicht. Sie hörte, während sie aus der dunklen Stube den Himmel mit seinen blassen Sternen durchs Fenster sah, den Vater draußen vor dem Fenster mit jemand sprechen. Dann ging die Stubentür geräuschlos auf.

»Tochter! Schläfst du?« fragte er leise, wobei er an der Schwelle stehenblieb.

»Nein«, murmelte sie mit Mühe.

Doch er bemerkte den seltsamen Klang ihrer Stimme nicht und setzte sich auf ihr Bett zu in Bewegung. Nachdem er sie in der Dunkelheit gefunden hatte, ließ er sich neben ihr nieder und legte die Hand auf ihre entblößte Schulter.

»Tochter, was hast du?« fragte er leise und geheimnisvoll und neigte sich über ihr Gesicht. Sie fühlte seinen Bart, spürte die Wärme seines Atems und einen angenehmen, an Brot erinnernden Wodkageruch. »Verbirg dich nicht«, fügte er noch leiser hinzu und umarmte sie; das grobe Tuch seines Rocks kratzte auf ihrer Schulter.

Ihr Herz klopfte. Vater! wollte sie unter Tränen ausrufen und mit diesem einen Aufschrei all ihre Qual und Hilflosigkeit ausdrücken. Vater, wollte sie sagen, er hat mich zugrunde gerichtet, hat mich beschmutzt, ich liebe ihn nicht mehr, sondern ich weiß nicht wen, dich aber würde ich für niemand auf der Welt hergeben ...

Aber er drückte sie noch fester an sich und flüsterte in völlig verändertem Ton, einschmeichelnd, süßlich und sich verwirrend: »Möchtest du ein Geschenk, vielleicht etwas Neues zum Anziehen? Ich fahre gleich in die Stadt, fahre zum Jahrmarkt, was soll ich dir kaufen? Was? Sag schnell, hab keine Angst.«

Und er glitt mit zitternder Hand über ihren Rücken hin. Betroffen fuhr sie so heftig unter ihm hoch, daß er beinahe vom Bett gefallen wäre. Sie sprang auf, verkroch sich in die Ecke und streckte die Hände vor sich aus, während er zurückwich und murmelte: »Was ist dir? Was ist dir? Was hast du dir denn gedacht?«

»Geh«, brachte sie kaum noch hörbar heraus und spürte die eisige Kälte ihrer Lippen. Und mit freudigem Erstaunen in einer hellen Verzücktheit von Verzweiflung und Raserei dachte sie: Sieh da! Also das ist es!

Er blieb eine Weile stehen und ging schließlich hinaus. Sie hörte seine unnatürlich klangvolle Stimme draußen auf dem Hof, hörte den Wagen knarren, hörte, wie man den Hengst berief, der an dem Wagen festgemacht war und scheute, hörte, wie der Vater und Wolodja einstiegen und abfuhren. Sie spähte scharfsichtig wie eine Katze ins Dunkel der Stube hinaus und stand lange auf ihrem Bett in der tiefen Stille der Steppennacht, die sie von allen Seiten umgab. Dann legte sie sich vorsichtig hin und schlief sofort ein.

Ein Tag brach an, dumpf, sengend und blendend hell, obwohl die leuchtenden Himmelsränder vor Hitze weißlich und matt erschienen. Als sie erwachte, war es fast Mittag. Die Sonne schien prall durch die fliegenfleckigen, trüben Scheiben und erfüllte die Stube mit Hitze und Licht. Verschlafen und ungewaschen, mit stumpfem und schwerem Kopf, sprang sie barfuß hinaus auf die Schwelle; und sofort übergoß sie die Sonne, die schon sehr hoch stand, von Kopf bis Fuß mit trockener Hitze. Das Meer des reifen Getreides schien von der Stelle gerückt, schien auf das Haus und die Straße, auf der matt schimmernd der dicke Staub lag, zugetreten. Und dieser sandfarbene Ton des Getreides, das sich mit schweren Ähren zu Boden neigte und in der Stille, in der dichten, erhitzten Luft regungslos dastand, erweckte den Eindruck einer entsetzlichen Schwüle.

Sie sah sich fassungslos um und versuchte, sich zu erinnern, was sie denn eigentlich in diesem Augenblick zu tun hatte. Daß man gleich kommen werde, um sie zu holen, daß man sodann rasch werde abfahren und sich verbergen müssen, wußte sie noch genau. Aber wie hatte sie es nur fertiggebracht, sich vom Vater nicht zu verabschieden, ihm nicht zu sagen, was sie nachts durchgemacht hatte und was sie ihm hätte sagen müssen? Nun allerdings, nach dem, was gestern vorgefallen war, brauchte sie sich vom Vater nicht unbedingt zu verabschieden und ihm auch nichts zu sagen; aber wie hatte sie nur vergessen, daran zu denken, was mitzunehmen war, und nichts herausgesucht, sich nicht gewaschen, nicht einmal Schuhe angezogen? Sie stand mit bloßem Kopf in der glühenden Hitze, die Hände unter den Achseln verschränkt, fühlte die Sonne auf ihren nackten Schultern brennen, berührte den heißen Stein neben der Schwelle mit ihrem bloßen Fuß. Der weiße Hund lag mit hängender Zunge im schmalen Speicherschatten. Sie starrte voller Angst bald auf ihn, bald auf den Feldweg und die Felder.

Und plötzlich tauchten über dem Roggen vor dem mattsilbrigen Himmel ein Krummholz und ein hochbeiniges mageres Pferd auf. Auf der Wagenwand saß Nikanor, die Mütze im Nacken, und zerrte eifrig an der Pferdeleine. Staub wirbelte hoch, als er im Trab die Landstraße überquerte und polternd unmittelbar an der Hausschwelle vorfuhr. Seine Augen waren geweitet, das von der Sonne schwarze Gesicht schweißgebadet, der Ausdruck erstaunt.

»Wie steht es mit dir?« fragte er hastig flüsternd, während er vom Wagen sprang, ohne zu bemerken, daß Paraschka keine Schuhe anhatte und fast unbekleidet war. »Alles fertig? Können wir abfahren?«

Sie gab keine Antwort, sah ihn nur wild an, sprang von der Schwelle, daß ihre nackten Beine blitzten, und wandte sich zum Hürdentor. Sie stemmte sich mit der Schulter gegen das Tor, spürte, daß auch das Tor heiß von der Sonne war, und stieß beide Flügel auf. Sie ging über die dicke Schicht eingetrockneten Mists zu dem dunklen Stall, in dem die Stuten standen. Nikanor kam mit dem Wagen nach, fuhr einen Kreis und murmelte: »Aber wieso bist du denn nicht angezogen?« An der Stalltür hing ein großes Schloß. Paraschka wandte sich um.

»Ich habe keinen Schlüssel«, sagte sie und sah Nikanor mit großen, erstarrten, durchsichtig grünen Augen an.

Nikanor blickte sich um, bemerkte einen großen Stein, auf dem man die Äxte schärfte, ergriff ihn mit beiden Händen und hieb ihn von oben herunter gegen das Schloß. Das Schloß brach mitsamt dem Aufsetzband ab, doch Paraschka ließ es nicht zu Boden fallen, fing es auf und preßte es in ihrer kleinen braunen Hand. Nikanor, der von Schweiß triefte, schob die Mütze noch weiter in den Nacken zurück, betrat, einen Zughalfter in der Hand, den Stall und spähte mit auf die Seite geneigtem Kopf ins Halbdunkel, wo sich die braune Stute, ein schönes, violettäugiges Tier, das gescheut hatte, mit verbogenem Rumpf und Hals an die Wand drückte. Paraschka tat einen langen Schritt auf Nikanor zu und versetzte ihm ungeschickt, aber mit großer Wucht einen Schlag mit dem Schloß gegen die Schläfe. Er taumelte kurz vorneüber, fiel hin und schlug mit dem Kopf auf den Mist. Paraschka schnellte hoch, schoß wie ein Pfeil aus dem Stall und rannte zum Tor. Nikanors Pferd, das am Tor stand, schnob auf und jagte neben ihr her auf die Straße hinaus. Hier wandte es sich mit dem polternden Wagen in einer Wolke von Staub nach der einen Seite, der Stadt, der weißlich leuchtenden Ferne hinter der Straßensteigung, zu, während Paraschka nach der anderen Seite, über die Straße hinweg zum Roggenfeld, stürzte. Sie sah sich im Laufen noch einmal um und stand plötzlich still: aus dem Tor kam Nikanor gerannt, ohne Mütze, Gesicht und Hemd völlig mit rotem Blut beschmiert, und machte sich stolpernd, beinahe stürzend, auf die Verfolgung seines wildgewordenen Pferdes.

Paraschka kreischte auf und tauchte im stickigen Dickicht der Halme unter.

Viele von denen, die an diesem Tag die Feldwege befuhren, sahen sie rasch querfeldein laufen, ohne Weg, ohne Steg, mitten durchs Korn. Hier und da hockte sie nieder, spähte umher und lief wieder weiter: das weiße Hemd und der bloße Kopf flimmerten zwischen den gelben Ähren.

Man faßte sie erst fünf Tage später. Sie wehrte sich, bewies eine furchtbare Kraft und biß die drei Bauern wund, die ihr mit einer neuen Pferdeleine die Hände banden. (1913)

Brüder

Sieh sie dir an, die Brüder, die sich gegenseitig morden! Ich will von Trauer reden.
Sutra Nipata

Die Straße, die, von Colombo kommend, am Ozean entlangführt, zieht sich durch dichte Kokoswälder hin. In ihrem schattigen, von Sonnenlicht durchtupften Inneren sind links unter dem Schutzdach der gefiederten Palmenkronen singhalesische Hütten verstreut, die hinter blaßgrünen Bananenblättern halb verborgen und im Vergleich zum tropischen Wald, der sie umgibt, sehr niedrig sind. Rechts, zwischen den hohen, dünnen, dunkelberingten Stämmen, die nach den verschiedensten Seiten phantastisch verbogen sind, erstreckt sich tiefer, seidiger Sand, blitzt golden und heiß der Spiegel des glatten Wassers und stehen die groben Segel der urtümlichen Pirogen, zerbrechlicher, zigarrenförmiger Einbäume. Auf dem Sande rekeln sich in paradiesischer Nacktheit die kaffeebraunen Körper schwarzhaariger, halbwüchsiger Burschen. Viele solcher Körper plätschern lachend und schreiend im warmen, durchsichtigen Wasser neben der steinigen Küste. Was sollen, möchte man meinen, diesen Bewohnern der Wälder, den unmittelbaren Erben des Landes der Urväter, wie sich Ceylon auch heute noch nennt, was sollen ihnen Städte, Cents, Rupien? Geben ihnen der Wald, der Ozean und die Sonne nicht alles? Aber sie wachsen heran, und die einen treiben Handel, andere arbeiten auf Reis- und Teeplantagen, wieder andere, im Norden der Insel, fischen nach Perlen, indem sie zum Grunde des Ozeans niedertauchen und mit blutunterlaufenen Augen aus ihm wieder heraufsteigen, manche schließlich ersetzen die Pferde und fahren die Europäer durch die Städte und ihre Umgebung, auf dunkelroten, von grünen Laubdomen beschatteten Pfaden; denn die Pferde vertragen die Hitze auf Ceylon nur schlecht, und jeder reiche Kolonialresident, der sich ein Pferd hält, schickt es zum Sommer ins Gebirge.

Die Engländer, die die derzeitigen Herren der Insel sind, lassen den Rikschafahrer ein Blechschild mit Nummer anlegen, zwischen Schulter und Ellenbogen am linken Arm. Es gibt gewöhnliche Nummern und besondere. Einem alten Singhalesen, der in einer der Waldhütten vor Colombo lebte und Rikschafahrer wurde, war eine ganz besondere Nummer zugefallen, die Sieben. »Weshalb«, hätte Buddha fragen können, »weshalb, ihr Mönche, hat dieser alte Mann seinen irdischen Kummer zu vermehren begehrt?« – »Deshalb«, hätten die Mönche entgegnen können, »deshalb, Erleuchteter, hat dieser alte Mann seinen irdischen Kummer zu vermehren begehrt, weil er von irdischer Liebe bewegt war, von dem, was von den Ursprüngen an alles Seiende zum Dasein aufruft.« Er hatte Frau und Sohn und viele kleine Kinder, und es schreckte ihn nicht, daß »der, der sie hat, auch die Sorge um sie hat«. Er war schwarz, sehr mager und unansehnlich und ähnelte zugleich einem Halbwüchsigen und einer Frau; sein langes Haar, das im Nacken zusammengebunden und mit Kokosfett eingeölt war, war ergraut, und die Haut lag am ganzen Körper oder, besser gesagt, auf den Knochen, in Runzeln; wenn er lief, rann ihm der Schweiß in Bächen vom Kinn, von der Nase, vom Lappen, der um sein schmächtiges Becken gebunden war, und die enge Brust atmete pfeifend und röchelnd; da er sich aber mit dem Tollkraut stärkte, das er zu blutrotem Schaum zerkaute und ausspie, so daß er sich Schnurrbart und Lippen damit beschmutzte, lief er schnell, und die Weißen, die in seinem schwarz lackierten Wägelchen durch die glutheiße Stadt, über die dunkelroten, von der Sonne aufgeweichten und nach Blumenhumus und Erdöl riechenden Fahrwege spazierenfuhren, waren mit ihm zufrieden.

Von der Liebe bewegt, wollte er das Glück nicht für sich, sondern für die Familie, für den Sohn; er wollte für ihn erreichen, was ihm selber nicht gegeben, nicht beschieden gewesen war. Doch er verstand nur wenig Englisch, fand sich in den Bezeichnungen der Stellen, zu denen er laufen sollte, nicht gleich zurecht und trabte oft aufs Geratewohl davon. Die Rikscha ist ein sehr kleines Wägelchen; sie hat ein zurückklappbares Dach, die Räder sind leicht und hoch, die Deichselstangen nicht dicker als ein guter Spazierstock. Da steigt ein großer, weißäugiger Mann in sie ein, ganz in Weiß, mit weißem Helm und grobem, aber teurem Schuhwerk, setzt sich bequem in ihr zurecht, legt ein Bein über das andere und krächzt zurückhaltend, aber gebieterisch einen Befehl in seine Kehle hinein. Der Alte packt die Deichselstangen an, neigt sich vornüber zur Erde und fliegt davon wie ein Pfeil, fast ohne mit seinen leichten Füßen den Boden zu berühren. Der Mann im Helm, der einen Spazierstock in den sommersprossigen Händen hält, versinkt in Gedanken über seine Geschäfte und achtet nicht recht auf den Weg, bis er dann plötzlich wütend die Augen aufreißt: der Alte läuft gar nicht, wohin er soll! Kürzer gesagt, es landeten nicht wenig Stockhiebe auf seinem Rücken, auf seinen schwarzen Schulterblättern, die er im Vorgefühl von solchen Hieben ewig zusammengeschoben hielt. Doch heimste er auch nicht wenig zusätzliche Cents von den Engländern ein; wenn er sich selbst aus vollem Lauf vor einem Hotel oder Büroeingang zum Stehen brachte und die Deichselstangen hinwarf, legte er sein Gesicht in so klägliche Falten und streckte die langen, dünnen Arme mit den wie eine Schöpfkelle gehöhlten nassen Affenhänden so hastig aus, daß es unmöglich war, nicht etwas zuzulegen.

Eines Tages kam er zu völlig unvorhergesehener Stunde nach Hause gelaufen. Es war in der größten Hitze des Mittags, da in den Wäldern gleich goldenen Pfeilen jene zitronengelben Vöglein schwirren, die man die Sonnenvögel nennt, da all die grünen Papageien so schrill und fröhlich aufkreischen, sich von den Bäumen schwingen und in der Buntheit der Wälder, in ihrem Schatten, der voller Lackglanz ist, in allen Regenbogenfarben aufblitzen, da hinter den Umfriedungen der alten buddhistischen Viharas mit ihren Ziegeldächern so süß und schwer die sahnefarbenen, an kleine Tuberosen erinnernden Blüten des unbelaubten Opferbaums duften, da dickhalsige Chamäleone, während sie über glatte oder wie Elefantenrüssel geringelte Baumstämme gleiten, gleich feurigen Edelsteinen schillern, da soviel riesenhafte, prächtige Falter in der Sonne umherflattern oder auf der Stelle ersterben, da die braunen Ameisenhügel wimmeln und in achatene Körnchen zerfließen. Alles in den Wäldern sang und pries Mara, den Gott des Lebens wie des Todes, den Gott des »Lebensdursts«, alles jagte einander und freute sich, einander vernichtend, der kurzen Freude, während der alte Rikschafahrer, der nach nichts mehr dürstete als nach der Beendigung seiner Leiden, sich im stickigen Dunkel seiner Lehmhütte niederlegte, unter dem ausgetrockneten Blätterdach, in dem kleine rote Schlangen raschelten, und gegen Abend starb – an Schüttelfrost und wässeriger Ruhr. Sein Leben erlosch zugleich mit der Sonne, die hinter der fliederfarbenen glatten Fläche der großen, sich nach Westen erstreckenden Meeresweite versank, im Purpur, Gold und Aschgrau der prächtigsten Wolken der Welt, und eine Nacht brach an, in der in den Wäldern vor Colombo vom Rikschafahrer nichts übrigblieb als ein kleiner, verkrampfter Leichnam, der seine Nummer, ja, seinen Namen einbüßte, so wie der Fluß seinen Namen einbüßt, wenn er den Ozean erreicht. Wenn die Sonne untergeht, verwandelt sie sich in Wind, aber in was verwandelt sich ein Verstorbener? Die Nacht löschte die kurze Dämmerung mit ihren märchenhaft zarten rosa und grünen Tönen rasch aus, fliegende Füchse jagten, nach einem Nachtlager suchend, lautlos unter den Zweigen dahin, und eine schwarze, heiße Finsternis erfüllte die Wälder, die von Myriaden leuchtender Fliegen zu flimmern und geheimnisvoll und schwül vom Gezirp der Zikaden und der von kleinen Fröschen bewohnten Blumen zu klingen begannen. In einem abgelegenen Tempel im Walde, vor einem Lämpchen, das schwach schimmernd auf einem schwarzen, mit Kokosöl übergossenen und mit Reis und verwelkenden Blütenblättern bestreuten Opfertisch glomm, ruhte, die kleine Hand sanftmütig unter den Kopf geschoben, auf seiner rechten Seite der Erleuchtete, ein Riese aus Sandelholz, mit vergoldetem, breitem Gesicht und langen, schrägen saphirenen Augen, ein Lächeln friedlicher Wehmut um seinen schmalen Mund. In seiner dunklen Hütte lag auf dem Rücken der Rikschafahrer, und seine kläglichen Züge waren von Todesqual entstellt, denn des Erleuchteten Stimme, der zum Verzicht auf die irdische Liebe mahnt, hatte ihn nicht erreicht, und jenseits des Grabes erwartete ihn ein neues Leben voll Gram, die Folge des unrecht gelebten früheren. Die langzahnige Alte, die auf der Schwelle der Hütte saß, neben dem Kessel, der über dem Feuer hing, weinte in dieser Nacht; sie nährte ihren Kummer aus immer der gleichen unvernünftigen Liebe und Barmherzigkeit. Der Erleuchtete hätte ihre Gefühle mit dem kupfernen Anhänger in ihrem rechten Ohr vergleichen können, der einem Fäßchen glich: er war groß und schwer und hatte den Einschnitt im Ohrläppchen so auseinandergezogen, daß ein ziemliches Loch entstanden war. Grellweiß zeichnete sich die kurze Baumwolljacke ab, die die Alte unmittelbar auf ihrem nackten kaffeebraunen Körper trug. Gleich nebenan spielten die nackten Kinder, kreischten und hetzten einander wie kleine Teufel. Der Sohn aber, ein leichtfüßiger Jüngling, stand im Halbdunkel hinter dem Feuer. Er hatte am Abend seine Braut gesehen, ein rundgesichtiges, dreizehnjähriges Mädchen aus einem Nachbardorf. Er war erschrocken und erstaunt gewesen, als er vom Tode seines Vaters erfuhr; er hatte nicht geglaubt, daß das so bald kommen werde. Aber er war wahrscheinlich zu sehr von jener anderen Liebe bewegt, die stärker ist als die Sohnesliebe zum Vater. »Vergiß nicht«, hatte der Erleuchtete gesagt, »vergiß nicht, Jüngling, der du begierig bist, aus Leben Leben zu entzünden, wie Feuer am Feuer entzündet wird; vergiß nicht, daß alles Leiden dieser Welt, in der jeder mordet oder gemordet wird, daß alle ihre Leiden und Klagen der Liebe entspringen.« Aber die Liebe war bereits ganz in ihn eingedrungen wie der Skorpion in sein Nest. Er stand da und blickte ins Feuer. Wie alle Wilden hatte er übermäßig dünne Beine. Doch um die Schönheit seines Rumpfs, der von der Farbe dunklen Zimts war, hätte ihn selbst Schiwa beneidet. Seine schwarzblauen Pferdehaare, lang und gestrafft, im Scheitel zu einem Knoten gebunden, glänzten, es glänzten die Augen unter den langen Wimpern, und ihr Glanz glich dem Glanze von Koks, gegen den Licht fällt.

Am folgenden Tage trugen die Nachbarn den toten Alten tief in den Wald hinein, legten ihn in eine Grube, mit dem Kopf nach Westen, zum Ozean, bedeckten ihn eilig, aber bemüht, keinen Lärm zu machen, mit Erde und Laub und gingen eilig, um sich zu waschen. Der Alte war nun genug gelaufen; man nahm das Messingschildchen von seinem verrunzelten, dünnen, grau gewordenen Arm, und der Jüngling legte es an den seinen, der rund war und warm, liebäugelte mit ihm und blähte die feinen Nüstern. Zuerst lief er nur hinter den erfahrenen Rikschafahrern her, horchte, wohin die Fahrgäste sie schickten, merkte sich Straßenbezeichnungen und englische Wörter; später fuhr er sie dann auch selber, verdiente selber und bereitete sich auf eine eigene Familie, auf seine Liebe vor; der Wunsch nach Liebe ist der Wunsch nach Söhnen, so wie der Wunsch nach Söhnen der Wunsch nach Eigentum, der Wunsch nach Eigentum aber der Wunsch nach Wohlstand ist. Eines Tages jedoch, als er nach Hause gelaufen kam, erwartete ihn aufs neue schlimme Kunde: seine Braut war verschwunden. Sie war auf die Sklaveninsel gegangen, in einen Laden, und nicht wieder von dort zurückgekehrt. Der Vater der Braut, der Colombo gut kannte und sich oft in der Stadt aufhielt, suchte etwa drei Tage nach ihr und mußte wohl etwas erfahren haben, denn er kehrte beruhigt zurück. Er seufzte und schlug die Augen nieder – zum Zeichen der Ergebenheit in sein Geschick; er war jedoch ein großer Heuchler und schlauer Fuchs, der Alte – wie alle, die in Wohlstand lebten und in der Stadt Handel trieben. Er war füllig, hatte Brüste wie eine Frau und mattgraues Haar, das er nach hinten gekämmt trug und mit einem teuren Schildpattkamm schmückte; er ging barfuß, aber unter einem Schirm und umwickelte seine Lenden mit einem guten, bunten Gewebe; seine Jacke war aus Pikee. Von ihm die Wahrheit zu erfahren, war nicht möglich, Frauen und Mädchen aber sind alle schwach, so wie sich alle Flüsse schlängeln, das war dem jungen Rikschafahrer klar. Er saß, zu Stein erstarrt, zwei Tage zu Hause, rührte kein Essen an, sondern kaute nur Betel, kam schließlich zu sich und lief wieder davon nach Colombo. Seine Braut schien er völlig vergessen zu haben. Er trabte umher, sparte gierig Geld, und es war nicht recht zu verstehen, was ihn verliebter machte: das Getrabe als solches oder die silbernen Scheibchen, die er dafür erhielt. Ein russischer Seemann, der sich mit ihm photographieren ließ, schenkte ihm das Bildchen. Da stand er zwischen den Deichselstangen, das Gesicht den imaginären Zuschauern zugewandt, und jedermann konnte ihn sofort erkennen, sogar das Blechschild an seinem

Arm war zu sehen. So arbeitete er ohne Zwischenfälle, ja äußerlich glücklich, ein halbes Jahr.

Doch eines Morgens saß er an der langen Straße, die von der Sklaveninsel zum Viktoriapark führt, mit anderen Rikschafahrern unter einem vielstämmigen Banyan beisammen. Die heiße Sonne war eben über den Bäumen aufgegangen. Aber der Feigenbaum war stark in die Höhe geschossen, so daß es an seinen Wurzeln, die von der Sonne verbranntes Laub bedeckte, keinen Schatten mehr gab. Die Wägelchen wurden glühend heiß, während die dünnen Deichselstangen auf der erhitzten dunkelroten Erde lagen, die nach Petroleum und wie Kaffee roch, der warm ist vom Mahlen. Mit diesem Geruch vermischten sich die schweren und süßen Düfte der ewig blühenden Gärten in der Umgebung, Kampfer- und Moschusgeruch und der Geruch dessen, was die Rikschafahrer aßen; das waren kleine, warme, zartrosa Bananen, die eine goldgelbe Schale umgab, und jene orangefarbenen Früchte, deren Fleisch an einen Kinderkörper erinnert und ein wenig nach Terpentin schmeckt. Die Rikschafahrer saßen auf der Erde, hatten die Knie angewinkelt bis unters Kinn, die Arme auf die Knie und die frauenhaften Köpfe auf die Arme gelegt und plauderten. Plötzlich tauchte in der Ferne, vor den weißen Umfriedungen der Bungalows, die scheckig von Licht und Schatten waren, ein Mann in Weiß auf. Er kam in der Mitte der Straße daher und hatte jenen festen und eigensinnigen Gang, den nur die Europäer haben. Und der ganze Schwarm dieser nackten, langbeinigen Menschen sprang blitzartig auf und rannte um die Wette auf ihn zu. Sie stürmten von allen Seiten auf ihn ein, so daß er sie grimmig anfuhr und den Spazierstock hob. Schüchtern und gegen Kränkungen empfindlich, standen sie mitten aus dem Lauf vor ihm still. Er musterte sie, und Nummer sieben mit seinem pechschwarzen Haar erschien ihm stärker als die anderen. Auf diese Nummer fiel denn auch seine Wahl.

Er war nicht groß, aber kräftig gebaut und trug eine goldene Brille; er hatte schwarze, zusammengewachsene Augenbrauen, einen kurzen schwarzen Schnurrbart und ein olivgrünes Gesicht, in dem die tropische Sonne und eine Leberkrankheit bereits ihre dunkle Spur hinterlassen hatten. Den Kopf bedeckte ein grauer Tropenhelm, während die Augen unter dem Kohlschwarz der Wimpern und Brauen irgendwie seltsam durch blitzende Brillengläser blickten, als ob sie nichts sähen. Er nahm geschickt im Wägelchen Platz, fand dabei sofort die Lage heraus, bei der der Rikschafahrer am bequemsten laufen konnte, sah auf die kurze, starke, tätowierte Linke, zur kleinen Uhr im Rund des Lederbands und nannte das Ziel: York Street. Seine hölzerne Stimme war fest und ruhig, aber der Blick sonderbar. Der Rikschafahrer ergriff die Deichselstangen und trabte viel rascher davon, als nötig gewesen wäre; er knipste alle Augenblicke mit der Klingel, die sich am Ende der Deichselstange befand, und manövrierte sich an Fußgängern, Lastkarren und hin und her eilenden anderen Rikschas vorbei.

Es war Ende März, die heißeste Zeit. Noch keine drei Stunden waren seit Sonnenaufgang vergangen, und doch schien es, als sei der Mittag schon nah, so heiß, so hell war es überall, so volkreich vor den Kaufläden am Ende der Straße. Die Erde, die Gärten, die ganze hohe und weitverzweigte Vegetation, die über den Bungalows mit ihren kreidigen Dächern und über den alten, geschwärzten Läden grünte und blühte, erfüllten die Luft mit Wärme und Wohlgeruch, und nur die Regenbäume hatten die Blätter, die kleinen Tassen gleichen, fest zusammengerollt. Die Reihen der Kaufläden oder, richtiger, der Schuppen, die mit schwarzen Ziegeln gedeckt und mit riesigen Bananenbunden, Dörrfisch und getrocknetem Haifischfleisch vollgehängt waren, wimmelten von Käufern und Verkäufern, die alle an dunkelhäutige Badewärter erinnerten. Der Rikschafahrer lief rasch, vornübergeneigt, mit flimmernden langen Beinen, und noch kein Tropfen Schweiß trat auf seinem glänzenden, mit Kokosöl eingefetteten Rücken oder auf seinen runden Schultern hervor, über denen der schlanke Stamm des mädchenhaften Halses den pechschwarzen Kopf anmutvoll durch die Sonnenglut trug. Am äußersten Ende der Straße machte er plötzlich halt. Den Kopf leicht zurückgewandt, brachte er rasch einige wenige Worte in seiner Sprache hervor. Der Engländer, sein Fahrgast, sah nur die Enden der aufgebogenen Wimpern, erfaßte das Wort »Betel« und hob die Brauen. Wie? So jung und stark, vielleicht zweihundert Schritte gelaufen, und schon Betel? Er gab keine Antwort und schlug den Rikschafahrer mit dem Spazierstock auf die Schulterblätter. Doch der, feige, aber auch hartnäckig wie alle Singhalesen, riß nur die Schulter hoch und schoß wie ein Pfeil schräg über die Straße auf die Verkaufsstände zu.

»Betel!« wiederholte er, wobei er die zornigen Augen dem Engländer zuwandte und die Zähne fletschte wie ein Hund.

Aber der Engländer hatte ihn schon vergessen. Und einen Augenblick später kam der Rikschafahrer aus einem der Läden zurückgeeilt, ein Blatt jenes Pfefferbaums auf der schmalen Hand; er bestrich es mit Kalk und wickelte es um ein Stückchen Betelnuß, das wie ein Feuerstein aussah. Du sollst nicht töten, nicht stehlen, nicht ehebrechen, nicht lügen und dich nicht berauschen, gebot der Erleuchtete. Ja, aber was wußte schon der Rikschafahrer von ihm? Undeutlich klang in seinem Herzen nach, was die zahllosen Herzen seiner Ahnen undeutlich aufgenommen. In der Regenzeit war er mit seinem Vater zu den heiligen Hütten gegangen, hatte dort unter Frauen und Bettlern den Priestern zugehört, die in einer alten, von allen vergessenen Sprache lasen, und nichts verstanden, nur in den allgemeinen freudigen Ausruf, der beim Namen des Erleuchteten erklang, hatte er eingestimmt. Wiederholt hatte er den Vater an der Schwelle des Götzentempels beten sehen. Er verneigte sich vor der liegenden Holzstatue, murmelte ihre Gebote, hob die zusammengelegten Hände zur Stirn und tat schließlich die kleinste und abgenutzteste seiner sauer verdienten Münzen auf den Opferaltar. Sein Murmeln klang jedoch gleichgültig, er fürchtete sich nämlich nur vor den Bildern, den Darstellungen der Qualen von Sündern an der Tempelwand; im übrigen verehrte er auch die anderen Götter, die schreckenerregenden indischen Statuen, denn auch an sie glaubte er, nicht anders als an die Macht der Dämonen, der Schlangen, der Sterne und der Finsternis.

Nachdem der Rikschafahrer das Betelblatt in den Mund geschoben hatte, lächelte er, wechselhaft in seinen Gefühlen, wie er war, dem Engländer freundschaftlich mit den Augen zu, packte die Deichselstangen, schnellte sich mit dem linken Fuß ab und lief weiter. Wenn der Engländer den Kopf hob, funkelte die

Sonne über Gold und Gläser seiner Brille hin und blendete. Die Sonne brannte auf seinen Händen und Knien, heiß atmete die Erde, man sah sogar, daß über ihr die Luft wie über einer Bratpfanne zitterte, doch er saß unbeweglich da und rührte das Wagenverdeck nicht an. Zwei Straßen führten in die Stadt, ins »Fort«, wie die Residenten es nennen: die eine rechts, am malaiischen Götzentempel vorbei, auf einem Damm zwischen Lagunen, die andere links, am Ozean entlang. Auf dieser wünschte der Engländer zu fahren. Aber der Rikschafahrer wandte sich im Laufen zu ihm um, zeigte die blutrot beschmierten Lippen und tat, als verstehe er nicht, was man von ihm begehre. Und der Engländer gab wiederum nach; er blickte nur zerstreut um sich. Die grüne Lagune, blitzend und warm, voller Schildkröten und voller Fäulnis, erstreckte sich, von einem fernen Kokoswäldchen gesäumt, zur Rechten. Auf dem Damm wurde gegangen, gefahren, gelaufen und mit den Klingeln geknipst. Man stieß hier bereits auf Rikschafahrer, die einen Fez und einen weißen Kittel nebst kurzen weißen Hosen trugen. Die Europäer, die in den Wägelchen saßen, waren bleich von der qualvollen Nacht und hielten, die Beine übereinandergeschlagen, die weißen Schuhe hoch in die Luft. Mit einem grauen Buckelöchslein bespannt, rollte ein zweirädriger Karren vorüber: im leichten, heißen Schatten seines Verdecks saß ein alter, gelbgesichtiger Parse, der aussah wie ein Eunuch, in weitem Mantel, mit goldgesticktem Sammetkäppchen. Ein riesiger Afghane, in weißen Pluderhosen und weichen Stiefeln mit aufwärtsgebogener Spitze, in langer weißer Bluse und einem mächtigen rosa Turban, stand unbeweglich über der Lagune und blickte auf die Schildkröten, ins dünne, warme Wasser hinab. Von Ochsen gezogen, rollten in endlosem Zuge lange, gedeckte Lastkarren vorbei. Unter den engen, gewölbten Strohdächern lagen Stapel von Waren, lag gelegentlich auch ein Haufe von braunen Körpern herum, Körpern von jungen Arbeitern. Dürre, von der Hitze verbrannte alte Männer schritten auf Füßen, die rot waren vom roten Saub, neben den Rädern einher wie die Mumien alter Frauen. Maurer kamen vorbei, vierschrötige schwarze Zementierer. »Pagode«, sagte der Engländer und meinte damit ein Teehaus, das an der

Einfahrt ins Fort unter uralten Bäumen lag, unter einem Schirmdach aus Laub, das unermeßlich, aber hell war von der Sonne, die es durchdrang.

Man hielt vor einem alten Holländerbau mit einer Bogenhalle im Erdgeschoß. Der Engländer sah auf die Uhr und ging Tee trinken und eine Zigarre rauchen. Der Rikschafahrer aber legte auf der Straße mit ihrem breiten, schattigen, rotvioletten Fahrdamm, der von den gelben oder feuerroten Blütenblättern des Hibiskus übersät war, einen Halbkreis zurück, warf die Deichselstangen an eine Baumwurzel hin und ließ sich mit Schwung auf die Erde fallen. Er zog die Knie an, legte die Ellenbogen darauf, atmete hitzig die wohlriechende Badehauswärme des Mittags ein und sah stumpfsinnig den vorüberkommenden Singhalesen und Europäern nach; dann zog er einen Lappen aus seinem Schurz, wischte die vom Betel blutroten Lippen, das Gesicht und die Wölbungen seiner glatten Brust damit ab, legte den Lappen zu einer Binde zusammen, hielt sie an seine Stirn und band sie sich um den Kopf; das wirkte sehr unschön und gab ihm das Aussehen eines Kranken, aber so machten es eben viele Rikschafahrer. Da saß er nun und dachte vielleicht nach ...

»Unsere Leiber, Herr, sind verschieden, aber das Herz ist natürlich eins«, hat Ananda zum Erleuchteten gesagt, und so kann man sich also vorstellen, was ein Jüngling denken und fühlen mußte, der in den paradiesischen Wäldern bei Colombo aufgewachsen war, bereits das stärkste der Gifte, die Liebe zum Weibe, gekostet und sich ins Leben eingemischt hatte, das rasch hinter den Freuden einherläuft und Kümmernisse flieht. Mara hatte ihn schon verwundet, aber Mara läßt Wunden auch wieder heilen. Mara entreißt dem Menschen, was dieser mit seinen Händen ergriff, aber Mara stachelt ihn ja auch auf, das ihm Entrissene wieder zu packen oder doch etwas, was dem Entrissenen gleicht ...

Der Engländer schlenderte, nachdem er seinen Tee getrunken hatte, in der Straße umher, betrat den oder jenen Laden und sah sich die Schaufenster mit den Edelsteinen, den Elefanten und Buddhas aus Ebenholz, allerlei bunten Geweben und goldenen, schwarzgesprenkelten Pantherfellen an, während der Rikschafahrer, der sich dabei etwas denken, vielleicht auch nur etwas fühlen mochte, beredte Blicke mit anderen Rikschafahrern tauschte, dem Engländer folgte und das Wägelchen hinter sich herzog. Punkt zwölf gab ihm der Engländer eine Rupie, damit er sich etwas zu essen kaufe, während er selber im Büro einer großen europäischen Reederei verschwand. Der Rikschafahrer kaufte sich billige Zigaretten und rauchte fünf Stück hintereinander, wobei er den Rauch kräftig einzog und auf die Zigarette hinuntersah, wie sonst nur Frauen tun. Angenehm benebelt, saß er im durchscheinenden Schatten vor dem dreistöckigen Haus, in dem sich das Büro befand; plötzlich blickte er auf und erkannte, daß sein Fahrgast mit noch fünf anderen Europäern unter der weißen Markise auf dem Balkon stand. Alle sahen durch Ferngläser zum Hafen, und schließlich tauchten hinter den Dächern des Hafendamms drei hohe, schlanke, leicht nach hinten geneigte Masten auf, die langsam vorüberglitten. Vom Balkon wurde mit Taschentüchern gewinkt, während hinter den Dächern hervor majestätisch und kraftvoll die Schiffssirene erscholl und auf der Reede wie in der Stadt widerhallte: das Schiff, auf das der Fahrgast der Riksscha Nummer sieben gewartet hatte, war aus dem fernen Europa angelangt. Es lief nach zwanzigtägiger Reise pünktlich in Colombo ein, und etwas, was der Rikschafahrer keineswegs erwartet hatte, da er noch voller Hoffnungen und Wünsche war, nahm seinen Anfang, als das für ihn so schicksalhafte Dinner in einem Haus an der Lagune beschlossen wurde.

Doch bis zum Dinner, bis zum Abend blieb noch viel Zeit. Und wieder trat dieser Mann mit der Brille, der blicklos schien, auf die Straße hinaus. Er verabschiedete sich von den beiden, die mit ihm herauskamen und sich zum weißen Standbild der Königin Viktoria und zum gedeckten Landungssteg wandten, und wieder trottete der Rikschafahrer durch die Straßen, dieses Mal zu einem Hotel, wo um diese Zeit in einem halbdunklen Saal, dessen glutheiße Schwüle durch Propeller, die unter der Decke kreisten, verweht und mit den Essensgerüchen verquirlt wurde, viele reiche Touristen und Residenten aßen. Und wieder setzte sich der Rikschafahrer wie ein Hund auf den Damm, auf die Blütenblätter des Hibikus. Von den zusammengewachsenen, lichtgrünen Baumkronen fiel ein durchscheinender Schatten über die Straße, und frauenhafte Singhalesen gingen in diesem Schatten an ihm vorüber und drängten den Europäern Schildpattkämme, bunte Ansichtskarten und Edelsteine auf, einer schleppte sogar ein Tierlein mit langstachligem Fell an einer Leine mit sich herum und versuchte, es zu verkaufen; und immerfort trabten und trabten halbwilde Rikschafahrer durch diese reiche Europäerstraße. In der Entfernung schimmerte auf einem offenen Platz die riesenhafte weiße Marmorfrau, die, stolz und mit einem Doppelkinn geschmückt, in Königsmantel und Krone auf einem hohen Marmorsockel thronte. Ebendorther kam auch die Schar der grade aus Europa Eingetroffenen. Blaugraue oder schwarze Bediente stürzten ihnen bis vor den Hoteleingang entgegen, vollführten einen Bückling und nahmen ihnen Spazierstöcke und kleines Gepäck aus der Hand, während ein Mann, der mit seinem pomadegeglätteten Scheitel, den Augen, den Zähnen, seinen Manschettenknöpfen, seiner gestärkten Wäsche, der Smokingjacke, den Hosen aus Pikee und seinen weißen Schuhen glänzte, sie mit zurückhaltenden und ausgesuchten Verneigungen empfing. »Die Menschenkinder sind ständig zu Gelagen, auf Spaziergängen oder zu Lustbarkeiten unterwegs«, hatte der Erleuchtete gesagt, als er vor vielen, vielen Jahren das paradiesische Asyl der ersten Menschen aufgesucht, die die Begierde kannten. »Das Sichtbare, die Laute, der Geschmack und die Gerüche berauschen sie«, sagte er, »und die Begierde rankt sich an ihnen hoch wie jene Schlingpflanze, die, grün, schön und tödlich-verhängnisvoll, sich am Baum Schala hochrankt.« Spuren von Müdigkeit, von Schlaffheit, hervorgerufen durch die Hitze, durch Krankheiten oder das Geschaukel auf See, standen in den grauen Gesichtern der Menschen, die zum Hotel gingen. Alle sahen aus wie Halbtote, alle sprachen, ohne daß sich die Lippen bewegten, doch alle kamen, und alle verschwanden im Dämmer des Vestibüls, um sich in ihre Zimmer zu zerstreuen, zu waschen und zu erfrischen und später, aufgepulvert vom Essen und Trinken, von den Zigarren und vom Kaffee, in Rikschas zu der Küste des Ozeans, den Zimtgärten, den indischen Tempeln und den Viharas der Buddhisten rollen zu lassen. Jedermanns, aber auch jedermanns Seele war von dem erfüllt, was den Menschen leben und den süßen Betrug des Lebens ersehnen heißt! Wie sollte da einem Rikschafahrer, der im Lande der ersten Menschen geboren war, dieser Betrug nicht doppelt süß erscheinen? Frauen gingen an ihm vorüber, betagt und häßlich, langzahnig wie seine schwarze Mutter, die draußen in einer fernen Waldhütte saß, aber manchmal kamen auch Mädchen vorbei, lieblich, in weißen Kleidern und kleinen Helmen, die ein leichter Schleier umwand, und blickten, seine Begierde weckend, unverwandt auf seine prächtigen, zu ihnen erhobenen Wimpern, den Lappen, der seinen pechschwarzen Kopf umwand, und den vom Betel blutroten Mund. Aber war denn die, die in dieser Stadt verschwunden war, schlechter als sie gewesen? Sie war in der Wärme der tropischen Sonne aufgewachsen. Die weiße, kurze, hellblau geblümte Jacke und ebensolch ein Rock, die sie über den nackten, ein wenig vollen, doch festen, kleinen Körper streifte, machten sie schwärzer. Sie hatte ein rundes Köpfchen, eine gewölbte Stirn und strahlende runde Augen, in denen sich kindliche Scheu bereits mit der freudigen Neugier des Lebens, mit verborgener zarter und leidenschaftlicher Weiblichkeit traf; sie trug eine Korallenkette um ihren runden Hals und silberne Bänder an ihren kleinen Händen und Füßen. Der Rikschafahrer sprang auf und lief in eine der nächsten Quergassen, wo sich in einem alten einstöckigen Hause mit Ziegeldach und dicken hölzernen Säulen eine volkstümliche Bar befand. Dort legte er fünfundzwanzig Cents auf den Schanktisch und trank ein ganzes Wasserglas Whisky dafür. Indem er dessen Feuer mit dem des Betels vermischte, versah er sich bis zum Abend mit einem seligen Schwung, bis zu der Stunde, da sich die Wälder bei Colombo mit schwarzer, heißer Finsternis erfüllen, von dem Gezirpe und Gestöhn zahlloser Laubfrösche und Zikaden geheimnisvoll erklingen und Myriaden feuriger Funken in den Bambusdickichten aufsprühen würden.

Auch der Engländer war betrunken, als er mit einer Zigarre auf die Straße trat: seine Augen waren schläfrig, das Gesicht wirkte rosiger und gleichsam voller. Er sah auf die Uhr, überlegte, stand unentschlossen vor dem Hotel und wußte augenscheinlich nicht, wie er die Zeit totschlagen sollte; er ließ sich schließlich zunächst zur Post fahren, wo er drei Ansichtskarten in den Briefkasten steckte, dann von der Post zum Gordon-Park, den er erst gar nicht betrat – er warf nur einen Blick durchs Tor auf Monument und Alleen –, vom Gordon-Park aber, wohin gerade die Nase zeigte: zur Schwarzen Stadt, zum Markt in diesem Stadtteil, zum Fluß ... Und der betrunkene, von Kopf bis Fuß nasse Rikschafahrer, den obendrein die Hoffnung anspornte, einen ganzen Haufen Cents einzuheimsen, zuckelte unentwegt mit ihm herum. In der erschöpfendsten Stunde des Nachmittags, in der größten Wärme, im hellsten Licht, da man nur zwei Minuten im Schatten eines Baums auf einer Bank zu sitzen brauchte, um einen dunklen Schweißfleck auf ihr zu hinterlassen, durchtrabte er dem Engländer zu Gefallen, der nur die Zeit bis zum Dinner hinbringen wollte, die ganze volkreiche, alte, scharf riechende Schwarze Stadt, und viele farbige nackte Leiber und bunte Gewebe an ihren Hüften bekam der schläfrige Brite zu sehen, viele Parsen, Inder und gelbgesichtige Malaien, viele stinkende Chinesenläden, Ziegel- und Rohrdächer, Götzenbilder, Tempel und Moscheen, viele müßige Matrosen aus Europa und viele buddhistische Mönche, letztere rasiert und mager, mit irrem Blick, bekleidet mit einer kanariengelben Toga, aber die rechte Schulter entblößt; sie trugen einen Wedel aus Blättern der geheiligten Palme in ihrer Hand. Rasch jagten der Rikschafahrer und sein Fahrgast durch diese Enge, durch diesen Schmutz des uralten Ostens dahin, als ob sie vor jemand flüchteten, bis an den Fluß, der, schmal, zähflüssig und tief, überhitzt von der Sonne und zur Hälfte von undurchdringlichem grünem Dickicht verdeckt, das von den Ufern auf ihn herabhing, ein Lieblingsaufenthalt der Krokodile war; allerdings zogen sich die Krokodile immer mehr in das Innere der Urwälder zurück, fort von den strohüberwölbten, mit Teeballen, Reis, Zimt und noch unbearbeiteten Edelsteinen beladenen Lastkähnen, die im satten Glanz der Abendsonne besonders langsam dahinschwammen. Später befahl der Engländer, ihn ins Fort zurückzufahren, das nun bereits menschenleer, mit geschlossenen Büros, Agenturen und Banken dalag, ließ sich in einer Barbierstube rasieren und kam unangenehm verjüngt aus ihr heraus, kaufte Zigarren ein und betrat flüchtig eine Apotheke. Der nasse, abgemagerte Rikschafahrer sah ihn schon feindselig an, wie mit den Augen eines Hundes, der einen Anfall von Tollwut spürt. Nachdem er den Leuchtturm am Ende der Queens Street passiert und durch die sauberen und stillen Militärquartiere gekommen war, gelangte er in der sechsten Stunde zur Küste des Ozeans, der ihm, grüngolden in der Abendsonne flimmernd, mit seiner freien Weite befreiend in die Augen sah, und wandte sich über den Platz Galle Face zur Sklaveninsel.

»Der Lebensdurst gebiert die Begierde nach Freude«, hatte der Erleuchtete gelehrt, »die Freude gebiert das Leid, aus Freude und Leid entsteht die Furcht.« Und in den Augen des Rikschafahrers erschienen sowohl Leid als auch Furcht und Zorn. Er war vom Laufen wie benebelt und sah sich mehr als einmal nach seinem Peiniger um; schwer atmend durchmaß er mit seinen langen Beinen den breiten, glattgewalzten Fahrdamm über den Platz. Der Platz war riesig und leer – er wirkte gegen Sonnenuntergang traurig. Die Engländer gehen hier, nachdem sie ihre Geschäfte beendet haben, vor ihrem Dinner spazieren, fahren allein oder mit ihren Frauen, ihren Geliebten oder Kindern in teuren Kutschwagen herum, spielen Fußball oder bewundern den Ozean und die prächtige Schönheit des tropischen, ihnen so fremden Sonnenuntergangs. Der Rikschafahrer lief und starrte mit wilden Augen zu diesen rothaarigen, sehnigen Männern in kurzen weißen Hosen und bunten Jerseys, die sich aus freien Stücken auf dem Platz abhetzten, um die Wette hintereinander herrannten, den in der Luft wirbelnden Bällen nachsprangen und mit den groben Spitzen der schweren Stiefel nach ihnen traten. Die Sonne sank, der Himmel im Westen färbte sich grün, und eine leichte, flockige Wolke, die in seiner Tiefe dahinschmolz, erglühte in schönstem Rosa. »Carlton Hotel«, sagte mit lebloser Stimme der Engländer, der während der ganzen Zeit schläfrig und voller Trauer nach Westen, zum Ozean, ins rauschende, sanfte Gewoge hinausgestarrt hatte, das an den Uferblöcken zu heliotropfarbenem Schaum zerging. Der Rikschafahrer fletschte, während er lief, die Zähne; am liebsten hätte er diesen Mann, der ihn zu Tode hetzte, aufgefressen; aber es ging nicht an, ihm seine Dienste zu verweigern: der Engländer stukte ihn, ohne den Ausdruck des schwermütig-schläfrigen Gesichts zu wechseln, immer häufiger mit der Spazierstockspitze; auch war die selige Entrücktheit des Rikschafahrers völlig umgeschlagen: in eine angespannte Unterwürfigkeit, in einen Starrkrampf ununterbrochenen Laufens. Alle Hotels im Fort waren besetzt gewesen, der Engländer hatte mit einem einfachen vorliebnehmen müssen, das draußen hinter der Sklaveninsel lag, so daß der Rikschafahrer aufs neue an jenem Feigenbaum vorüberkam, an dem er sich heute früh niedergelassen hatte, voll eigensinniger Hoffnung auf das Glück, begierig nach einem Verdienst, den diese rätselhaften, erbarmungslosen Weißen ihm verschaffen sollten. Durchgehende Gärten, steinerne Gartenmauern, niedrige, geduckte Bungalows mit holländischen Dächern glitten vorüber. Der Rikschafahrer, der in den Hof eines solchen Bungalows einbog, ruhte, während der Engländer sich zum Dinner umzog, wohl eine halbe Stunde vor einer breiten Terrasse aus. Sein Herz schlug, als ob es vergiftet wäre, die Lippen waren weißer, die Züge des dunkelbraunen Gesichts schärfer, die wunderbar schönen Augen schwärzer und weiter geworden; die Binde um seinen Kopf war so durchnäßt, daß er sie abriß und weit von sich fortwarf. Der Geruch seines erhitzten Körpers war unangenehm, er erinnerte an den Geruch von warmem Tee, der sich mit dem von Kokosöl und einem weiteren Geruch vermischte, der wirkte, als reibe man ein Häufchen Ameisen zwischen den Händen.

Die Sonne war mittlerweile untergegangen. Unter dem Schutzdach der Terrasse lag in einem Schaukelstuhl ein ältliches Mädchen und las beim letzten Licht in einem Gebetbuch. Ein stummer Inder, der sie von der Straße aus erblickte, betrat lautlos den Hof: ein hochgewachsener schwarzer Alter mit grauem Kraushaar auf Brust und Bauch, mager wie ein Skelett, mit einem armseligen Turban und langem Schurz aus einem Gewebe, das einstmals rot mit gelben Streifen gewesen war. Er trug einen geschlossenen, aus Palmbast geflochtenen Korb am Arm. Er trat auf die Terrasse zu, verneigte sich kriecherisch, indem er die

Hand an die Stirn legte, setzte sich auf die Erde und schlug den Korbdeckel hoch. Das ältliche Mädchen im Schaukelstuhl winkte nur ab, ohne ihn anzusehen. Doch er war schon dabei, seine Rohrpfeife aus dem Gürtel zu ziehen. Da sprang der Rikschafahrer plötzlich auf und fuhr ihn in unerklärlicher Wut laut an. Auch der Alte sprang auf, schlug den Korbdeckel zu, wandte sich und lief zum Tor. Aber der Rikschafahrer hatte noch lange danach runde Augen – ganz wie sie, jene Schreckliche, die er sich vorstellte: wie sie sich langsam, gleich einem straff gewundenen Strick aus dem Korbe emporwand und zischend den bläulich getönten, schillernden Hals aufblies. Rasch sank die Dunkelheit herab; als der Engländer, frisch gewaschen und im weißen Smoking, auf die Terrasse trat, war es schon völlig finster. Und der Rikschafahrer stürzte gehorsam zu den Deichselstangen. Es war bereits Nacht, eine Nacht, die wie immer vor Eintritt der Regenzeit besonders heiß und stärker noch als der Tag erfüllt war von Gerüchen. Der warme, süßliche Moschusduft, mit dem sich der Geruch der warmen, mit Blütenhumus gedüngten Erde mischte, hatte sich noch verdichtet. Es war so schwarz über den Gärten, zwischen denen der Rikschafahrer dahinlief, daß nur am schweren Atem und an der dürftigen kleinen Laterne, die an der Deichselstange hing, zu erraten war, daß vorne jemand entgegeneilte. Später erkannte man dann unter dem schwarzen Laubdach der Bäume den schwachen Schimmer der fauligen Lagune, auf der sich lange rötliche Lichtreflexe hinzogen. Ein großes, zweistöckiges Haus leuchtete mit seinen Fensteröffnungen hinaus in die tropische Schwärze. Im Hof war es dunkel. Viele Rikschafahrer, deren Körper mit der Dunkelheit verschmolzen, so daß man nur noch das schwache Leuchten der weißen Schurze sah, waren mit Gästen zu diesem Hof herbeigeeilt. Die große, nach der Lagune zu sich öffnende Veranda strahlte dagegen von Kerzen in Glasbehältern, die übersät waren mit zahllosem Mückengetier, glänzte vom Tischtuch der langen Tafel, die mit Geschirr, Flaschen und Schalen mit Eis vollgestellt war, und schimmerte von den weißen Smokings der Tafelnden, die ununterbrochen, wenn auch zurückhaltend und gleichsam in ihre Kehle hinein, murmelten, während barfüßige, wohlgenährte Diener, die an Kindermädchen erinnerten, auf nackten Sohlen umherschlurrten und sie bedienten, während eine riesige chinesische Bastmatte, die mit der einen Kante an der Decke hing und von Malayen, die hinter einem Wandschirm saßen, bewegt wurde, über den Essenden hin- und herschwang und ihnen immerfort Luft zufächelte, auf ihre kalte, nasse Stirn. Der Rikschafahrer Nummer sieben flog herbei vor die Veranda. Die Tafelnden begrüßten den verspäteten Gast mit einem freudigen Gemurmel. Er sprang vom Wägelchen und eilte zur Veranda hinauf. Der Rikschafahrer aber jagte um das Haus, um wieder zum Tor und in den Hof, zu den wartenden Rikschafahrern zu gelangen, prallte jedoch auf seinem Wege ums Haus plötzlich so heftig zurück, als hätte ihn irgendwer mit dem Stock ins Gesicht geschlagen. An einem offenen, hell erleuchteten Fenster des ersten Stocks stand, in einem japanischen Kimono aus roter Seide, eine dreifache Rubinenkette um den Hals und breite goldene Spangen an den nackten Armen, den Blick der runden, strahlenden Augen zu ihm gewandt – seine Braut, halb Mädchen noch und halb Weib, dieselbe, mit der er vor einem halben Jahr schon einig gewesen war, Reiskügelchen zu tauschen! Sie konnte ihn, der unten im Dunkeln stand, nicht sehen. Er hatte sie sofort erkannt, war zurückgeprallt und erstarrte auf der Stelle.

Er sank nicht um, sein Herz zersprang nicht, es war zu jung und zu stark. Nachdem er eine kleine Weile dagestanden hatte, hockte er auf der Erde nieder, unter einem uralten Feigenbaum, dessen Krone – der Krone des Paradiesbaumes gleich – von zahllosen grellgrünen Funken glühte und sprühte. Er blickte lange zu dem runden schwarzen Köpfchen hinauf, auf die rote, den zierlichen Körper zwanglos umschmeichelnde Seide, auf die erhobenen, das Haar ordnenden Hände jener, die da im Rahmen des Fensters stand. Er blieb so lange auf der Erde hocken, bis sie sich umdrehte und in der Tiefe des Zimmers verschwand. Nachdem sie gegangen war, sprang er augenblicklich auf, ertastete auf der Erde die Deichselstangen, flog wie ein Pfeil über den Hof und durchs Tor und lief, lief wie vorhin; aber dieses Mal wußte er sehr genau, wohin er lief und wozu; er war Herr seines plötzlich befreiten Willens.

Wach auf, wach auf! riefen in ihm mit tausend lautlosen Stimmen seine traurigen, schon hundertfach in dieser paradiesischen Erde verwesten Ahnen. Schüttele die Verführungen Maras, den Traum dieses kurzen Lebens von dir ab! Willst du denn schlafen, vom Gift vergiftet, durchdrungen vom Pfeil? Hundertfach leidet, wer ein hundertfach Liebes besitzt; alles Leid, alle Klage entspringt der Liebe, des Herzens Anhänglichkeit, so töte sie ab! Du wirst nicht lange im Frieden der Ruhe verharren, immer und immer wieder wird dich deine paradiesische Erde, dieses Asyl der ersten Menschen, die die Begierde kannten, in tausend Inkarnationen ausstoßen, doch sie, diese kurze Ruhe, wird dennoch anbrechen für dich, der du nur allzufrüh auf die Straße des Lebens hinausgelaufen, leidenschaftlich dem Glück nachgejagt und von dem schärfsten der Pfeile verwundet worden bist, dem Durst nach Liebe und neuen Anfängen für diese alte Welt, in der von den Ursprüngen an der Sieger festen Fußes auf des Besiegten Nacken tritt!

Unter dem schwarzen Dach mit den Kronen zusammengewachsener Bäume tauchten die Lichter in den noch offenen Kaufbuden der Sklaveninsel auf. Der Rikschafahrer aß in einer von ihnen gierig ein Schälchen warmen gekochten Reis, der überstark gepfeffert war, und stürzte weiter. Er wußte, wo der Alte aus Madura wohnte, der erst vor einer Stunde im Hotelhof gewesen war; er lebte mit seinem Neffen, der einen großen Obstladen betrieb, in einem niedrigen Hause mit dicken hölzernen Säulen, das mit dem Laden zusammenhing. Der Neffe, in schmutziger europäischer Leinenkleidung, mit einem mächtigen Schopf schwarzer, krauser, verfilzter Wolle auf seinem Kopfe, schleppte Körbe mit Obst in das Innere seines Ladens, wobei er das Gesicht verzog, gepeinigt vom Rauch einer Zigarette, die klebend an seiner Unterlippe hing. Er beachtete das wilde Aussehen des nassen, erhitzten Rikschafahrers nicht. Und der Rikschafahrer sprang wortlos unter das Schutzdach zwischen die Säulen und stieß mit dem Fuß eine kleine Tür auf, die nach innen führte und hinter der er den stummen Alten zu finden hoffte. Seine schwitzende Hand umklammerte ein heimlich gehütetes Goldstück, das er schon während des Laufens aus seinem Schurz hervorgeholt hatte, aus einem Lederbeutel, der am Gürtel hing. Und das Goldstück tat rasch seinen Dienst. Er kam mit einer großen, verschnürten Zigarrenkiste herausgeeilt. Er hatte einen hohen Preis für sie bezahlt, aber sie war dafür ja auch nicht leer; das, was in ihr lag, wehrte und wand sich, raschelte und stieß mit gestrafften Ringen gegen den Deckel.

Wozu nahm er das Wägelchen mit? Dennoch, er tat es und jagte in gleichmäßigen, kräftigen Sätzen zur Küste des Ozeans, zum Platz Galle Face. Der Platz war leer und erstreckte sich dunkel und weit im Sternenschein. Dahinter sah man vereinzelte Lichter, die Lichter des Forts, verstreut, und langsam drehte sich oben am Himmel matt blinkend die Leuchtturmwarte, die rauchige Streifen weißen Lichts aussandte, aber nur nach der Seite der Reede. Ein kühler Hauch wehte vom Ozean, dessen gleichmäßiges, schläfriges Rauschen kaum hörbar war. Der Rikschafahrer lief bis ans Ufer, bis hin zur Mitte des Damms, warf zum letzten Male die Deichselstangen hin, zwischen die ihn das Leben so früh, doch nicht für lange gespannt hatte, und setzte sich, diesmal nicht auf die Erde, sondern auf eine Bank; kühn wie ein Resident ließ er sich auf ihr nieder.

Er hatte, als er dem Inder ein ganzes Pfund weggab, die kleinste, stärkste, mörderischste dafür verlangt. Und abgesehen davon, daß sie märchenhaft schön war – völlig von grüngerandeten, schwarzen Ringen bedeckt, mit rundem, sattblauem Kopf, smaragdgrünem Nackenstreifen und trauerfarbenem Schwanz –, war sie trotz ihrer Kleinheit ganz ungewöhnlich kräftig und böse, besonders jetzt, nachdem man sie in diesem riechenden Holzkistchen geschüttelt hatte. Sie federte krampfhaft, als sei sie aus Stahl, wand sich, raschelte, schlug gegen den Deckel. Und er löste, band rasch die Schnur auf . . . Wer will im übrigen wissen, wie er das eigentlich tat? Ob mit festen oder mit zitternden Händen? Ob schnell und entschlossen oder nicht? Und ob er danach noch lange zögerte? Ob er noch lange zum dunklen, rauschenden Ozean, ins schwache Sternenlicht, zum Kreuz des Südens, zum Corvus, zum Kanopus blickte? Ob er die Zähne fletschte wie ein Hund gegen die Stadt der Residenten, gegen das reiche Hotel, das in der Ferne mit seinem Eingang strahlte?

Vermutlich öffnete er das Kistchen sofort und legte seine linke Hand entschlossen auf jene Federn, die eiskalt waren wie der Körper eines Toten und ihm entgegenschnellten.

Er wurde mitten in die Hand gebissen.

Ein solcher Biß aber brennt unerträglich; er gleicht einem elektrischen Schlag und durchzuckt den ganzen menschlichen Körper von Kopf bis Fuß mit einem unbeschreiblichen Schmerz, mit einer solchen Qual, daß sogar Affen, die einen solchen Biß empfangen, jämmerlich aufschreien und in ein kindliches, leidenschaftliches, verzweifelt flehendes Schluchzen ausbrechen. Und es besteht kein Zweifel, daß der Rikschafahrer, als er diesen brennenden Schlag empfand, sich auf der Bank gleich einem Rad herumdrehte und daß das Kistchen weit weg zur Seite flog. Gleich danach aber tat sich ein bodenloses Dunkel unter ihm auf, und alles glitt rasch an seinen Augen vorbei irgendwohin schräg nach oben: der Ozean und die Sterne und die Lichter jenes Hotels. Das Rauschen des Ozeans brandete ihm bis in den Kopf und riß plötzlich ab: nach diesem Schlag tritt stets eine tiefe Ohnmacht ein. Doch nach der Ohnmacht kommt der Mensch immer rasch zu sich, aber wohl nur, um sich zu erbrechen, schwer und mit Blut, und gleich darauf wieder ins Nichts zu versinken. Dieses Versinken ins Nichts wiederholt sich zu mehreren Malen, und jedesmal wird der Mensch gleichsam zerstückelt, sein Atem stockt, und Teile des menschlichen Lebens, der menschlichen Fähigkeiten werden hinweggeschwemmt: das Denken, das Erinnerungsvermögen, Gesicht und Gehör, der Schmerz, der Kummer, die Freude, der Haß und jenes Letzte und Allumfassende, das Liebe heißt, das Bedürfnis, die ganze sichtbare und nicht sichtbare Welt in seinem Herzen aufzunehmen, um sie dann wieder jemand zu verschenken.

Etwa zehn Tage später, zu dunkler, heißer Dämmerstunde, jagten im Hafen von Colombo, während ein Gewitter heraufzog, auf einen großen russischen Dampfer, der im Begriff stand, nach Suez abzulegen, zweimal zwei Ruderer zu; sie ruderten eine Schaluppe, in der, bequem zurückgelehnt, der Fahrgast des Rikschafahrers Nummer sieben saß. Der Dampfer dröhnte bereits vom Rasseln der Ankerkette, als der Fahrgast, neben der riesigen eisernen Bordwand angelangt, das lange Fallreep zum Deck hinaufeilte.

Der Kapitän lehnte zunächst rundheraus ab, ihn mitzunehmen: das Schiff sei ein Frachter, erklärte er, der Agenturvertreter sei fort, es sei unmöglich.

»Aber ich bitte Sie dringend, ganz außerordentlich dringend darum«, wandte der Engländer ein.

Der Kapitän sah ihn verwundert an; der Mann wirkte kräftig und energisch, doch lag ein Anflug von ungesunder Bräune auf seinem Gesicht, während die Augen hinter den blitzenden Gläsern unruhig starrten, als ob sie nichts sähen. »Warten Sie doch bis übermorgen«, sagte der Kapitän, »übermorgen fährt ein deutsches Postschiff.«

»Ja, gewiß, aber es fiele mir sehr schwer, zwei weitere Nächte in Colombo zu verbringen«, entgegnete der Engländer. »Dieses Klima erschöpft mich, ich bin ganz krank. Ich bin von diesen Ceyloner Nächten, von der Schlaflosigkeit, von alledem, was ein nervöser Mensch beim Aufziehen von Gewittern empfindet, völlig zerquält. Sehen Sie sich diese Finsternis, diese Wolken da an, die sich über allen Himmelsrändern zusammenballen! Die Nacht wird wieder entsetzlich werden, die Regenperiode hat eigentlich schon begonnen.«

Und der Kapitän zuckte die Achseln, überlegte und gab schließlich nach. Einen Augenblick später schleppten bereits Singhalesen, die dünn waren wie Aale, einen Koffer aus schwarzem Lackleder, der mit bunten Hotelplaketten übersät und mit roten Namensinitialen gekennzeichnet war, das Fallreep hinauf.

Die freie Arztkabine, die man dem Engländer anbot, war äußerst eng und schwül. Aber er fand sie wunderbar. Er packte rasch aus und stieg durch die Messe zum oberen Deck hinauf. Alles versank zusehends in Finsternis. Das Schiff hatte die Anker schon gelichtet und wandte sich zum offenen Meer. Rechts glitten andere Schiffe, Masten mit Positionslaternen und die Lichter des Forts auf ihn zu. Links, unter der hohen Bordwand hervor, strebte bereits gekräuselt, aber die Dunkelheit und die Schwermut der Wolken noch widerspiegelnd, die Oberfläche des Wassers nach der flachen Küste, den Kohlenhalden und dem schwarzen Dickicht der Kokoswälder mit ihren schlanken Stämmen hin, und dieses Kräuseln und Streben machte den Kopf schwindeln. Immer steifer wehte, ständig die Richtung wechselnd, irgendwoher ein feuchter, weicher, von widerwärtigen Wohlgerüchen erfüllter Wind. Plötzlich brach in den schweigsamen Wolken ein solcher Abgrund von mattblauer Helligkeit auf, daß selbst im Innersten der Wälder die Stämme der Palmen und Bananenbäume und die Hütten zu ihren Füßen für einen Augenblick sichtbar wurden. Der Engländer zwinkerte erschrocken mit den Augen, sah sich noch einmal nach der fahlen, nun schon zur Linken vorübergleitenden Mole, zum roten Feuer an ihrem Ende, zur bleiernen Ferne des Ozeans jenseits der Mole um und ging rasch zurück in seine Kabine.

Der alte Steward, ein Mann, der vor Müdigkeit böse und unnötig wachsam und argwöhnisch war, spähte mehrmals vor dem Dinner durch den Vorhang in die Kabine hinein. Der Engländer saß in einem Liegestuhl, ein dickes, in Leder gebundenes Heft auf den Knien, und schrieb mit einer goldenen Feder; wenn er aufsah und mit den Brillengläsern blitzte, war der Ausdruck seines Gesichts stumpf und verwundert zugleich. Später tat er den Halter beiseite und grübelte; er schien ins Rauschen und Lärmen der schweren Wellen vertieft, die hinter der Kabinenwand vorüberwogten. Der Steward kam vorbei und schwang mit lautem Geklirr ein Glöckchen. Der Engländer erhob sich und zog sich nackt aus. Er rieb sich von Kopf bis Fuß mit einem Schwamm ab, der mit Wasser und Eau de Cologne getränkt war, rasierte sich, stutzte den kurzen, dicken Schnurrbart, bürstete sein schwarzes, gerades, an der Seite gescheiteltes Haar sorgfältig glatt, zog frische Wäsche, dann seinen Smoking an und ging mit seinem gewohnten, entschlossenen, soldatischen Ausdruck zum Essen.

Die Schiffsoffiziere, die längst am Tisch saßen und seiner Verspätung wegen über ihn schalten, begrüßten ihn mit übertriebener Artigkeit, wobei sie mit ihrer Kenntnis der englischen Sprache zu glänzen suchten. Er dankte ihnen mit zurückhaltender, aber nicht geringerer Liebenswürdigkeit und beeilte sich, zu erwähnen, daß ihm die russische Küche sehr gut gefalle und daß er Rußland und auch Sibirien kenne, daß er überhaupt viel gereist sei und seine Reisen immer sehr gut überstanden habe, was man von seinem letzten Aufenthalt in Indien, auf Java und auf Ceylon indessen nicht sagen könne: hier sei er leberkrank geworden und mit den Nerven durcheinandergeraten, es sei sogar zu Seltsamkeiten bei ihm gekommen – in der Art derjenigen etwa, die er sich vor einer Stunde geleistet habe, als er so überraschend an Bord erschien. Beim Kaffee bewirtete er die Seeleute mit Kognak und Likören, er hatte auch eine Schachtel dicker ägyptischer Zigaretten mitgebracht und stellte sie offen auf den Tisch – zur allgemeinen Bedienung. Der Kapitän, ein Mann mit klugem und festem Blick, der sich bemühte, in allem als Europäer zu erscheinen, brachte das Gespräch auf die kolonialen Aufgaben Europas, auf die Japaner und auf die Zukunft des Fernen Ostens. Der Engländer hörte aufmerksam zu, widersprach oder pflichtete bei. Er sprach sehr flüssig und nicht ganz einfach, als lese er einen gut geschriebenen Artikel vor. Manchmal schwieg er plötzlich still und horchte noch aufmerksamer als bisher auf das Geräusch der Wellen draußen, hinter der offenen Tür. Dem Gewitter war man entgangen. Die Lichter von Colombo, die noch lange Zeit gleich einer Diamantenkette schillerten, waren schon längst im schwarzen Sand versunken. Das Schiff zog in der grenzenlosen Finsternis durch die Wüste des Ozeans und der Nacht dahin. Die Messe befand sich auf Deck, gleich unter der Kommandobrücke. Und die Finsternis zeichnete sich in den offenen Türen und Fenstern scharf ab, stand da und starrte in den hell erleuchteten Speiseraum. Es wehte ein feuchter Hauch aus dieser Finsternis herein, der feuchte und freie Atem von etwas seit altersher Freiem, und eine Frische, die bis zu den Männern am Tisch herüberdrang, ließ sie den Duft des Tabakrauchs, des heißen Kaffees und der Liköre spüren. Aber manchmal sank das elektrische Licht plötzlich ab, und die Rechtecke der Fenster und Türen begannen zu schimmern: lautlos, unsäglich weit und lichtblau tat sich rings um das Schiff herum der Abgrund der Abgründe auf, das fließende Gewoge der Meeresräume erglänzte, die Himmelsränder waren pechschwarz verdeckt – und wie das schwere Grollen des Schöpfers selber, der noch im vorzeitlichen Chaos verharrt, hallte von dort herüber dumpf, finster und feierlich, alles bis in die Grundfesten erschütternd, das Rollen des Donners. Der Engländer war dann jedesmal für einen Augenblick wie zu Stein erstarrt.

»Im Grunde genommen ist das furchtbar!« sagte er mit seiner leblosen, aber festen Stimme nach einem besonders blendenden Aufflammen. Und er erhob sich von seinem Platz und ging zur Tür, durch die wieder die Dunkelheit starrte. »Ganz furchtbar«, fuhr er fort, als spräche er zu sich selbst. »Das Furchtbarste aber ist, daß wir daran nicht denken, daß wir nicht fühlen und nicht mehr fühlen können, verlernt haben zu fühlen, wie furchtbar das ist.«

»Was eigentlich?« fragte der Kapitän.

»Und sei es zum Beispiel die Tatsache«, entgegnete der Engländer, »daß unter uns und um uns herum nur bodenlose Tiefe ist, nichts als der wogende Abgrund, von dem schon die Bibel so grauenhaft spricht. Oh«, sagte er streng, während er in die Dunkelheit hinausspähte, »überall, in der Ferne wie in der Nähe, flammen feurige grüne Schaumfurchen auf, und das Dunkel um sie herum ist schwarzviolett wie der Flügel eines Raben. Ist es sehr unheimlich, Kapitän zu sein?« fragte er ernst.

»Nein, warum denn?« entgegnete mit gespielter Lässigkeit der Kapitän. »Gewiß, eine verantwortliche Sache, aber ... am Ende hängt alles von der Gewöhnung ab.«

»Sagen Sie lieber, von unserer Stumpfheit«, meinte der Engländer. »Dort oben auf Ihrer Brücke zu stehen, zu deren Seiten diese beiden großen Augen, ein grünes und ein rotes, trüb durch die dicken Gläser blicken, und irgendwohin in die Finsternis der Nacht und eines Wassers hinauszufahren, das sich nach allen Seiten über Tausende von Meilen erstreckt, das ist doch Wahnsinn! Im übrigen«, fügte er hinzu und spähte wieder durch die Tür, »im übrigen ist es ja auch nicht besser, dort unten in der Kabine zu liegen, wo hinter einer dünnen Wand, unmittelbar neben deinem Kopfe, die ganze Nacht hindurch die bodenlosen Klüfte rauschen und kochen. Nein, nein, unser Verstand ist nicht stärker als der eines Maulwurfs oder noch schwächer wohl gar, denn der Maulwurf, das Tier, der Wilde hat sich doch wenigstens den Instinkt bewahrt, während er bei uns Europäern entartet oder im Entarten begriffen ist!«

»Dafür fahren aber die Maulwürfe nicht um den ganzen Erdball herum«, erwiderte lächelnd der Kapitän. »Die Maulwürfe wissen weder den Dampf noch die Elektrizität oder den drahtlosen Telegrafen zu nutzen. Wenn Sie wollen, spreche ich jetzt gleich mit Aden! Und bis Aden sind es immerhin zehn Tage Fahrt!«

»Auch das ist unheimlich«, sagte der Engländer und sah den Funker, der lachte, streng durch die Brille an. »Ja, auch das ist äußerst unheimlich. Aber wir haben ja im Grunde vor nichts mehr Angst. Nicht einmal den Tod fürchten wir wirklich: weder das Leben noch die Geheimnisse, die Abgründe, die uns umgeben, noch den Tod – weder den eigenen noch den der anderen! Ich habe am Burenkrieg teilgenommen, ich habe Befehl gegeben, mit Kanonen zu schießen, und Menschen zu Hunderten umgebracht, und siehe da: nicht nur, daß ich darunter nicht leide, nicht den Verstand verliere, weil ich ein Mörder bin, ich denke einfach niemals daran.«

»Und die Tiere, die Wilden, denken denn die daran?« fragte der Kapitän.

»Die Wilden glauben daran, daß es so sein muß, wir nicht«, erwiderte der Engländer und schwieg; er begann in der Messe auf und ab zu gehen, wobei er möglichst fest aufzutreten versuchte.

Die Blitze, die, nun schon rosa, zwischen den Sternen zuckten, schwächten sich ab. Der Wind, der durch Fenster und Türen hereinwehte, war stärker und kühler geworden, die schwarze Finsternis hinter der Tür rauschte schon schwerer. Der Aschenbecher, eine große Muschel, kroch auf dem Tisch hin und her. Man fühlte, wie etwas von unten herauf, unter den unangenehm schwachen Beinen, bald anschwoll und einen hochhob, bald auf die Seite drückte und losließ, der Boden unter den Füßen sank immer tiefer. Die Seeleute, die ihren Kaffee ausgetrunken und ihre Zigarette geraucht hatten, blieben, während sie ihren sonderbaren Passagier mit einem unterdrückten Gähnen anblickten, noch schweigend einige Minuten sitzen, wünschten ihm nacheinander eine gute Nacht und griffen nach ihren Mützen. Der Kapitän allein blieb. Er rauchte und folgte dem Engländer mit dem Blick. Der Engländer, eine Zigarre in der Hand, ging schaukelnd von Tür zu Tür und ärgerte mit seinem Ernst und seiner Zerstreutheit den alten Steward, der den Tisch abräumte.

»Ja«, sagte er, »das einzige, was uns noch Furcht macht, ist, daß wir verlernt haben zu fürchten! Gott und die Religion gibt es in Europa schon lange nicht mehr, bei all unserer Habgier und Geschäftigkeit sind wir eiskalt gegen das Leben wie gegen den Tod geworden. Wenn wir den Tod noch fürchten, so nur noch mit dem Verstand oder mit einem Rest von tierischen Instinkten. Manchmal sind wir sogar bemüht, uns diese Furcht einzuflößen oder sie zu vergrößern, und doch empfinden und fühlen wir sie nicht in gebotenem Maße – so wie zum Beispiel auch ich das nicht als wirklich furchtbar empfinde, was ich vorhin doch selbst so furchtbar fand«, sagte er und zeigte auf die offene Tür, hinter der die schwarze Finsternis rauschte; der Schiffsbug ging nun schon steif in die Höhe, während der Rumpf mit knarrenden Schotten bald auf der einen, bald auf der anderen Seite lag.

»Das ist alles nur die Auswirkung von Ceylon«, bemerkte der Kapitän.

»Oh, gewiß doch, gewiß«, pflichtete ihm der Engländer bei. »Wir alle, ob Kaufleute oder Techniker, Militärs, Politiker oder Kolonisatoren, irren nur auf der Flucht vor der eigenen Stumpfheit und Leere in dieser Welt umher und sind bestrebt, uns mit Gewalt bald für die Schweizer Berge und Seen, bald für die Bettelarmut Italiens, für seine Bilder, für seine Statuen, seine Säulentrümmer zu begeistern; wir klettern auf den glattgetretenen Steinen umher, die von irgendwelchen sizilianischen Amphitheatern übriggeblieben sind, starren mit geheucheltem Entzücken auf die gelben Steinhaufen der Akropolis, wohnen, als handle es sich um eine Schaustellung auf dem Jahrmarkt, der Verteilung des heiligen Feuers in Jerusalem bei, zahlen ein wahnsinniges Geld dafür, uns in den Totenstädten und tönernen Tempeln Ägyptens von Reiseführern und Flöhen drangsalieren zu lassen, besteigen ein Schiff und fahren nach Indien, China, Japan, und erst hier, auf dem Boden der ältesten Menschengeschlechter, in diesem für uns verlorenen Garten Eden, den wir als unsere Kolonie bezeichnen und gierig ausplündern, inmitten von Schmutz, Pest, Cholera, Fieber und farbigen Menschen, die wir in Vieh verwandelt haben, erst hier empfinden wir, und sei es nur in gewissem Maße, die Gottheit, das Leben, den Tod. Hier habe ich, den alle diese Osirisse, Zeuse, Apollos, auch Christus und Mohammed gleichgültig ließen, mehr als nur einmal gefühlt, daß ich, wenn überhaupt, nur sie verehren könnte, diese furchtbaren Götter unserer Urheimat: den hundertarmigen Brahma, Schiwa, den Teufel und Buddha, dessen Wort erklang wie das Wort Methusalems selber, als er den Sargdeckel zunagelte über der Welt. Ja, nur dank dem Osten und dank den Krankheiten, die mich im Osten befallen haben, nur dank der Tatsache, daß ich in Afrika Menschen umbrachte, in Indien, das von England und damit zu einem Teil auch von mir ausgeplündert wird, Tausende verhungern sah, in Japan Mädchen kaufte, die für einen Monat meine Frau würden, in China hilflosen, affenähnlichen alten Männern mit dem Stock auf die Köpfe schlug, auf Java und Ceylon die Rikschafahrer abhetzte bis zum Todesröcheln, in Anuradhapura seinerzeit ein entsetzliches Schüttelfieber bekam und mir an der Küste von Malabar meine Leberkrankheit zuzog, nur dank alledem fühle und denke ich noch dies und das. Jene Länder, jene zahllosen Menschen, die entweder noch ein kindlich-unmittelbares Leben leben und sowohl das Sein und den Tod als auch die göttliche Herrlichkeit des Alls mit ihrem ganzen Wesen empfinden oder bereits einen langen und mühevollen geschichtlichen, religiösen und philosophischen Weg durchlaufen haben und müde von diesem Weg sind, streben wir Menschen des neuen eisernen Zeitalters zu versklaven und untereinander aufzuteilen und nennen das dann unsere kolonialen Aufgaben. Wenn diese Teilung aber einmal beendet sein wird, wird in der Welt wieder ein neues Tyros oder Sidon, ein neues englisches oder deutsches Rom die Macht an sich reißen und sich auch wiederholen, unbedingt wiederholen, was Sidon, das sich nach dem Zeugnis der Bibel für einen Gott hielt, von den jüdischen Propheten, was Rom durch die Apokalypse und Indien, den arischen Stämmen, von denen es unterjocht wurde, von Buddha geweissagt worden war, der sprach: ›Oh, ihr Fürsten, die ihr herrschet, an Schätzen reich, eure Habgier gegeneinander wendet und unersättlich euren Begierden frönt!‹ Buddha hatte verstanden, was das Leben der Persönlichkeit in dieser ›Welt der flüchtigen Geschehnisse‹ bedeutet, in diesem All, das wir nicht begreifen, und ein heiliges Entsetzen hatte ihn ergriffen. Wir aber erheben, sosehr man von einer kommenden allgemeinen Brüderlichkeit und Gleichheit auch reden mag, unsere Persönlichkeit bis in den Himmel und wollen, daß sie die ganze Welt umfaßt, und eben nur auf dem Ozean, unter den neuen, uns fremden Sternen, inmitten der Majestät der tropischen Gewitter oder in Indien oder auf Ceylon, wo man in schwarzen, heißen Nächten, in dieser fiebrigen Finsternis fühlt, wie der Mensch sich auflöst, in der Schwärze, den Lauten und Gerüchen, in diesem furchtbaren All-Einen zergeht, nur da begreifen wir in einem schwachen Grade, was es mit dieser unserer Persönlichkeit auf sich hat. Kennen Sie«, sagte er, indem er stehenblieb und den Kapitän durch seine Brille anblitzte, »kennen Sie diese buddhistische Legende?«

»Welche?« fragte der Kapitän, der schon heimlich gegähnt und auf die Uhr gesehen hatte.

»Folgende. Ein Rabe flog einem Elefanten nach, der von einem bewaldeten Berg zum Ozean lief; der Elefant, der alles auf seinem Wege zertrat, durchbrach die Dickichte und stürzte sich in die Wellen, und der Rabe, den die ›Begierde‹ quälte, stieß zu ihm nieder, wartete ab, bis er ertrank und wieder aus den Wellen auftauchte, und ließ sich auf dem Kadaver des Großohrigen nieder; der Kadaver trieb auf dem Wasser dahin und zersetzte sich, während der Rabe gierig von ihm fraß; als er dann schließlich zu sich kam, sah er, daß er zugleich mit dem Kadaver weit, weit hinausgetrieben worden war, so weit, daß es nun kein Zurück mehr gab, selbst nicht für Möwenflügel, und schrie mit jämmerlicher Stimme auf, genau mit der, auf die der Tod so hellhörig wartet ... Eine grauenhafte Legende!«

»Ja, das ist grauenhaft«, sagte der Kapitän.

Der Engländer schwieg und nahm seine Wanderung zwischen Tür und Tür wieder auf. Aus der rauschenden Dunkelheit drang schwach der abgerissene, traurige Klang der Sanduhr herüber; sie schlug zwei Glas. Der Kapitän blieb anstandshalber noch fünf Minuten sitzen, erhob sich dann, drückte dem Engländer die Hand und ging in seine große, ruhige Kajüte. Der Engländer pendelte, in Gedanken versunken, immerfort auf und ab. Der Steward, der eine halbe Stunde im Büfettraum herumgestanden hatte, trat schließlich ein und löschte mit bösem Gesicht die Lichter; nur eine Wandlampe ließ er brennen. Der Engländer ging, nachdem der Steward verschwunden war, auf diese Wandlampe zu und löschte auch sie. Sofort brach Finsternis ein, das Rauschen der Wellen erschien sofort lauter, sofort tauchten in den Fenstern der Sternenhimmel, die Masten, die Rahen auf. Das Schiff ächzte und knarrte und kletterte von einem Wellenberg auf den anderen. Es schwang immer stärker aus, hob sich und senkte sich, und im Takelwerk flogen in weitem Bogen hinauf oder hinab, bald in den Abgrund oben, bald in den Abgrund unten der Corvus, der Kanopus, das Kreuz des Südens, über die ein rosa Wetterleuchten hinging. (1914)

Grammatik der Liebe

Eines Tages, es war Anfang Juni, fuhr ein gewisser Iwlew in eine abgelegene Gegend seines Kreises.

Die Reisekutsche mit dem staubigen, schiefen Verdeck hatte ihm sein Schwager zur Verfügung gestellt, auf dessen Gut er den Sommer verbrachte. Das Dreigespann – kleine, aber tüchtige Pferde mit dichten, wirren Mähnen – hatte Iwlew im Dorf bei einem reichen Bauern gemietet. Sie wurden vom Sohn dieses Bauern gelenkt, einem stumpfen Burschen von achtzehn Jahren, der nur auf wirtschaftlichen Vorteil bedacht war. Er grübelte in einem fort unzufrieden vor sich hin, schien gekränkt und verstand keine Scherze. So überließ sich Iwlew, der sich davon überzeugte, daß mit dem Burschen zu keiner Unterhaltung zu kommen war, der ruhigen und ziellosen Betrachtung, die sich so gut mit Pferdegetrappel und dem Gebimmel von Schellen verträgt.

Es fuhr sich zunächst angenehm. Der Tag war warm und trüb, die Straße gut eingefahren, auf den Fluren viel Blumen und Lerchen; von den Getreidefeldern, die mit niedrigem, blaugrauem Roggen bestanden waren und sich dahinzogen, soweit das Auge reicht, wehte ein weicher Wind, der den Blütenstaub über die Hänge forttrug und da und dort vor sich hertrieb wie Rauch, so daß die Ferne gleichsam im Nebel lag. Der Bursche, der eine neue Mütze und eine ungeschlachte Lüsterjacke anhatte, saß kerzengerade da; der Umstand, daß er so herausstaffiert war und man ihm die Pferde ganz und gar anvertraut hatte, machte ihn besonders ernst. Die Pferde aber husteten und trotteten ohne Eile dahin; das Zugscheit des linken Beipferds schleifte zuweilen über das Rad hin oder hing straff über ihm, und immerfort blitzte ein abgenutztes Hufeisen hell und stahlblank unter ihm auf.

»Fahren wir beim Grafen vor?« fragte der Bursche, ohne sich umzuwenden, als vorn ein Dorf auftauchte, das sich mit seinen Weidengehölzen und einem Garten vor den Himmelsrand schob.

»Und wozu?« fragte Iwlew.

Der Bursche schwieg ein Weilchen, schlug mit der Peitsche eine große Bremse herunter, die auf dem einen der Pferde festsaß, und gab finster zur Antwort: »Na, um Tee zu trinken.«

»Dir liegt nicht der Tee im Sinn«, sagte Iwlew. »Du willst nur die Pferde schonen.«

»Nicht den Weg fürchtet das Pferd, sondern das Füttern«, sagte der Bursche in belehrendem Ton.

Iwlew sah sich um; das Wetter war unfreundlicher geworden, von allen Seiten zogen farblose Wolken herauf, und es tröpfelte schon; solche bescheidenen, unansehnlichen Tage enden immer mit einem Landregen Ein alter Mann, der in der Nähe des Dorfes pflügte, sagte, daß nur die junge Gräfin zu Hause sei, aber man fuhr dennoch vor. Der Bursche nahm seinen Rock um die Schultern und ließ sich, zufrieden, daß die Pferde ausruhten, ruhig auf dem Bock der Reisekutsche naß regnen, die auf dem schmutzigen Hof vor einem steinernen Futtertrog hielt; der Trog war in die Erde hineingewachsen, die Erde um ihn herum von den Hufen des Viehs zerstampft. Der Bursche besah seine Stiefel und schob hier und da mit dem Peitschenstiel das Hintergeschirr des Mittelpferdes zurecht; indessen saß Iwlew im Besuchszimmer, das vom Regen verdunkelt war, plauderte mit der Gräfin und wartete auf den Tee; es roch bereits nach brennendem Kienspan, und an den offenen Fenstern zog dicht und grünlich der Rauch eines Samowars vorbei, in den eine barfüßige Magd auf den Treppenstufen vor dem Eingang Bündel von Kleinholz stopfte; es war mit Petroleum übergossen und flammte grellrot. Die Gräfin trug ein weites Morgenkleid in Rosa, mit einem Ausschnitt, in dem man den gepuderten Busen sah; sie rauchte, zog den Rauch tief in sich ein und tastete immerfort nach dem Haar, wobei sich die festen und runden Arme bis an die Schultern hinauf entblößten; sie lenkte, während sie rauchte und lachte, die Unterhaltung in einem fort auf die Liebe und kam unter anderem auf ihren nächsten Nachbarn, den Gutsbesitzer Chwoschtschinskij, zu sprechen. Dieser war, wie Iwlew von Kindestagen an wußte, sein Leben lang von der Liebe zu seinem früh verstorbenen Dienstmädchen Luschka besessen gewesen.

»Ach, diese legendäre Luschka!« bemerkte Iwlew in scherzhaftem Ton, um gleich darauf etwas verlegen zu bekennen: »Weil dieser Kauz sie vergöttert hat und sein Leben mit verrückten Träumen von ihr hinbrachte, war ich in meiner Jugend beinahe selber in sie verliebt und stellte sie mir Gott weiß wie wunderbar vor, obwohl sie, wie man behauptet, keineswegs hübsch gewesen ist.«

»Wirklich?« fragte die Gräfin, ohne recht zuzuhören. »Er ist im vorigen Winter gestorben. Und Pissarew, den er aus alter Freundschaft als einzigen gelegentlich bei sich sah, behauptet, daß er in allem übrigen völlig normal gewesen sei, was ich auch glaube – er paßte nur nicht unter die heutigen Menschen.«

Die barfüßige Magd trug endlich mit ungewöhnlicher Vorsicht ein altes Silbertablett herein, auf dem ein Glas starken, schwarzgrauen abgestandenen Tees und ein Körbchen mit fliegenbeschmutztem Gebäck standen.

Als man weiterfuhr, begann es richtig zu gießen. Es blieb nichts übrig, als das Verdeck aufzuschlagen, sich mit der harten, vertrockneten Wetterdecke zuzudecken und zusammenzukauern. Die Pferde polterten darauflos wie die Auerhähne, Bäche von Regenwasser rannen an ihren dunklen, glänzenden Schenkeln herab, unter den Rädern raschelte mitten im Getreide das Gras eines Feldrains, den der Bursche in der Hoffnung, den Weg zu verkürzen, entlanggefahren war; ein warmer Roggengeruch, der sich zu dem Geruch der alten Reisekutsche gesellte, sammelte sich unter dem Verdeck.

So also ist das, Chwoschtschinskij ist tot, überlegte Iwlew. Man sollte auf keinen Fall versäumen, sich das verödete Heiligtum dieser geheimnisvollen Luschka anzusehen, wenn auch nur flüchtig. Was mag dieser Chwoschtschinskij wohl für ein Mensch gewesen sein? Ein Irrer oder ganz einfach eine verstiegene, nur auf das eine ausgerichtete Seele? Nach den Erzählungen seiner Altersgefährten, der älteren Gutsbesitzer, zu urteilen, hat er im

Kreis zu seiner Zeit als außerordentlich heller Kopf gegolten. Bis plötzlich diese Liebe über ihn hereinbrach, erst diese Luschka, dann ihr unerwarteter Tod – da war für ihn die Welt verloren: er zog sich in sein Haus zurück, in jenes Zimmer, in dem Luschka gelebt hatte und gestorben war, und brachte mehr als zwanzig Jahre auf ihrem Bette sitzend zu. Er fuhr nicht nur nirgends mehr hin, sondern ließ sich sogar im eigenen Hause vor niemand sehen, saß die Matratze auf Luschkas Bett völlig durch und schrieb buchstäblich alles, was in der Welt geschah, ihrem Einfluß zu: Zog ein Gewitter auf, so schickte es Luschka, wurde ein Krieg erklärt, so hatte ihn Luschka beschlossen, trat eine Mißernte ein, so hatten es ihr die Bauern nicht recht gemacht . . .

»Du hältst wohl auf Chwoschtschinskoje zu, nicht wahr?« rief Iwlew und steckte den Kopf in den Regen hinaus.

»Ja, auf Chwoschtschinskoje«, entgegnete undeutlich durch den rauschenden Regen der Bursche, von dessen herunterhängender Mütze das Wasser troff. »Über die Pissarewschen Höhen.«

Diesen Weg kannte Iwlew nicht. Die Gegend wurde immer ärmer und öder. Der Rain war zu Ende, die Pferde gingen im Schritt und zogen die schief liegende Kutsche bergab durch eine ausgewaschene Mulde auf irgendwelche noch ungemähten Wiesen zu, die sich mit ihren grünen Hängen traurig gegen die niedrigen Wolken abzeichneten. Weiter wand sich der Weg, bald verschwindend, bald erneut sichtbar, im Zickzack auf dem Grunde von Schluchten, durch Erdklüfte, zwischen Erlen- und Weidenbüschen dahin . . . Da war eine kleine Imkerei, die Gott weiß wem gehörte; einige Bienenstöcke im hohen Gras, das rot von Erdbeeren war, standen an einem Hang. Man umfuhr irgendein altes Wehr, das in Brennesseln versank, und einen längst ausgetrockneten Teich – eine tiefe, von mehr als mannshohem Gras überwucherte Senke. Ein schwarzes Schnepfenpärchen schoß klagend aus ihm hervor und schwang sich in den regnerischen Himmel. Auf dem Wehr aber blühte inmitten der Brennesseln ein üppiger alter Strauch voll kleiner blaßrosa Blüten, jenes liebliche Bäumchen, das man den »Gottesbaum« nennt, und plötzlich erinnerte sich Iwlew wieder der Gegend, erinnerte sich, in seiner Jugend hier öfter vorübergeritten zu sein.

»Man sagt, daß sie sich hier ertränkt hat«, bemerkte unerwartet der Bursche.

»Du meinst wohl Chwoschtschinskijs Geliebte?« fragte Iwlew. »Das ist nicht wahr, sie hat gar nicht daran gedacht, sich zu ertränken.«

»Doch hat sie sich ertränkt«, widersprach der Bursche. »Ich glaube allerdings, er hat nur seiner Armut wegen den Verstand verloren, und nicht durch sie.«

Er schwieg, dann setzte er grob hinzu: »Wir müssen aber wieder haltmachen ... in diesem Chwoschtschino, oder wie das heißt. Da, wie erschöpft die Pferde sind!«

»Also bitte, tu mir den Gefallen!« sagte Iwlew.

Auf einer Kuppe, zu der die vom Regenwasser bleigraue Straße hinaufführte, stand mitten auf einem Kahlschlag, zwischen nasssen, faulenden Spänen und Blättern, zwischen Stümpfen und bitter und frisch duftendem jungem Espengehölz einsam ein Bauernhaus. Ringsum war keine Menschenseele zu sehen, und nur die Ammern, die selbst im Regen auf hohen Blumenstielen herumsaßen, erfüllten den ganzen spärlichen Wald, der hinter dem Hause lag, mit ihrem Gezwitscher. Als aber das Dreigespann durch den Schlamm heranpatschte und sich auf gleicher Höhe mit der Hausschwelle befand, stürzte irgendwoher ein ganzes Rudel riesiger schwarzer, schokoladenfarbener und rauchgrauer Hunde herbei, umwimmelte mit wütendem Gebell die Pferde, schnellte sich bis unmittelbar unter ihre Schnauzen hoch, drehte sich in der Luft um sich selber und versuchte sogar, unter das Kutschenverdeck zu springen. Im gleichen Augenblick und ebenso überraschend zerbarst der Himmel über der Kutsche mit einem ohrenbetäubenden Donnerschlag, der Bursche peitschte erbittert auf die Hunde ein, und die Pferde zogen im Galopp an den vorüberflimmernden Espenstämmen davon.

Hinter dem Wald wurde bereits Chwoschtschinskoje sichtbar. Die Hunde ließen ab, waren auf einmal still und liefen ernüchtert zurück zum Hause, der Wald trat auseinander, und vorn erstreckten sich wieder Felder. Es dämmerte, die Wolken verzogen sich, oder sie zogen jetzt von drei Seiten herauf: von links eine beinahe schwarze, die hellblaue Durchblicke offenließ, von rechts eine graue, in der ununterbrochen der Donner grollte, vom Westen aber, hinter dem Chwoschtschinskijschen Gutshof und hinter den Hügelhängen über dem Flußtal hervor eine trübblaue, von staubgrauen Regenstreifen durchschnittene, durch die die rosigen Gipfel weiter entfernter Wolkengebirge hindurchschimmerten. Über der Reisekutsche ließ der Regen indessen nach, und Iwlew, der völlig mit Schlamm bespritzt war, erhob sich ein wenig von seinem Sitz, schlug mit Vergnügen das schwer gewordene Verdeck zurück und atmete befreit die duftende Feuchtigkeit der Felder.

Er blickte auf den näher kommenden Gutshof, sah endlich vor sich, wovon er soviel gehört hatte, aber wie früher erschien ihm, daß Luschka nicht vor zwanzig Jahren, sondern vor beinah undenklichen Zeiten gestorben sei. Unten im Tal verlor sich die Spur eines seichten Flüßchens zwischen den Binsen; eine Möwe flog über ihm hin und her. Weiter fort, auf der halben Höhe des Berges, lagen dunkelgeregnete Reihen von Heu; in weiten Abständen zogen sich zwischen ihnen alte Silberpappeln dahin. Das Herrenhaus, ziemlich groß und einstmals geweißt, stand unter dem nassen, glänzenden Dach auf einer vollkommen kahlen Stelle. Weder ein Garten noch irgendwelche Nebengebäude waren ringsum zu sehen: nichts als zwei Ziegelpfeiler statt eines Tors und Kletten, die längs der Gräben wuchsen. Während die Pferde das Flüßchen durchwateten und wieder bergan stiegen, trieb ein Weib, das einen leichten Herrenmantel mit ausgeweiteten Taschen anhatte, Puten an diesen Kletten entlang. Die Front des Hauses wirkte außerordentlich grämlich: es gab nur wenige Fenster in ihr, und alle waren klein und steckten in dicken Wänden. Riesig waren dafür die finsteren Freitreppen. Von einer dieser Treppen blickte den Ankömmlingen ein junger Mann in einer grauen, mit einem breiten Riemen gegürteten Gymnasiastenbluse entgegen, schwarzhaarig, mit hübschen Augen und überhaupt sehr angenehm anzusehen, obwohl sein Gesicht blaß und vor lauter Sommersprossen scheckig wie ein Vogelei war.

Man mußte seinen Besuch irgendwie erklären. Iwlew stieg die Stufen hinauf, nannte seinen Namen und sagte, daß er die Bibliothek, die, wie er von der Gräfin wisse, der Verstorbene hinterlassen habe, besichtigen und möglicherweise kaufen wolle, und der junge Mann, der tief errötete, führte ihn sogleich ins Haus. Das also ist der Sohn der berühmten Luschka, sagte sich Iwlew, während er mit dem Blick über alles hinglitt, woran man vorbeikam, sich häufig umsah und redete, was ihm gerade in den Sinn kam, nur um den Hausherrn, der für seine Jahre zu jung erschien, ein übriges Mal anzusehen. Seine Antworten waren hastig, aber einsilbig, und manchmal verwirrte er sich, augenscheinlich sowohl aus Schüchternheit wie aus Habgier. Daß er sich schrecklich darüber freute, die Bücher möglicherweise verkaufen zu können, und sich auch vornahm, sie nicht zu billig loszuschlagen, äußerte sich gleich in seinen ersten Worten, zeigte sich in der peinlichen Eile, mit der er erklärte, Bücher wie die, die er besitze, seien um keinen Preis zu haben. Durch den halbdunklen, mit Stroh ausgelegten Flur – das Stroh war vor lauter Feuchtigkeit rot – führte er Iwlew in einen großen Vorraum.

»Hier hat also Ihr Vater gelebt?« fragte Iwlew und nahm, während man eintrat, die Mütze ab.

»Ja, ja, hier«, beeilte sich der junge Mann zu bestätigen. »Das heißt selbstverständlich nicht hier. Er hielt sich meistenteils im Schlafzimmer auf. Aber manchmal ist er natürlich auch hier gewesen.«

»Ja, ich weiß, er war ja krank«, sagte Iwlew.

Der junge Mann errötete. »Das heißt, wieso krank?« fragte er, und männlichere Töne klangen in seiner Stimme an. »Das ist alles nur Klatsch, er war geistig keineswegs krank. Er hat nur immerfort gelesen und ist nirgends hingegangen, das ist alles. Aber nein, bitte behalten Sie Ihre Mütze doch auf, es ist kalt hier, diese Räume werden von uns nicht bewohnt.«

In der Tat, es war im Hause viel kälter als draußen an der Luft. Im unfreundlichen, mit Zeitungspapier tapezierten Vorzimmer stand ein Wachtelkäfig aus Bast auf dem Fensterbrett; die Wolken ließen das Fenster traurig erscheinen. Auf dem Fußboden hüpfte ein graues Säckchen umher, scheinbar aus eigener

Kraft. Der junge Mann bückte sich, fing es ein und legte es auf eine Bank; und Iwlew verstand, daß in dem Säckchen eine Wachtel saß; darauf betrat man den Saal. Dieser Raum, dessen Fenster nach Westen und Norden gingen, nahm fast die Hälfte des ganzen Hauses ein. Durch eines der Fenster war eine hundertjährige, völlig schwarze Trauerbirke zu sehen, die sich vom goldenen Abendhimmel zwischen den auseinandertretenden Wolken abhob. Die ganze vordere Ecke nahm ein Bilderschrein ein: ohne Scheiben, aber mit Heiligenbildern vollgestellt oder vollgehängt; unter ihnen fiel durch Größe wie durch Alter eine Ikone mit Silberverkleidung auf, auf der, gelb und wächsern wie der Körper eines Toten, zwei Traukerzen mit blaßgrünen Schleifen lagen.

»Entschuldigen Sie«, begann Iwlew, der seine Scham überwinden mußte, »war denn Ihr Vater ...«

»Nein, nein, das ist nur so«, murmelte der junge Mann, der augenblicklich verstanden hatte. »Er hat diese Kerzen erst nach ihrem Tode gekauft . . . Auch einen Trauring hat er immer getragen.«

Die Möbel im Saal waren plump. Dafür standen zwischen den Fenstern wunderbare Vitrinen mit Teegeschirr und schlanken, goldgerandeten Gläsern auf hohen Stielen. Der Fußboden war mit vertrockneten Bienen, die unter den Füßen knackten, übersät. Mit Bienen übersät war auch das völlig leere Wohnzimmer. Nachdem man dieses und noch ein weiteres düsteres Zimmer, in dem eine Ofenbank stand, durchschritten hatte, blieb der junge Mann vor einer niedrigen Tür stehen und zog einen großen Schlüssel aus seiner Hosentasche. Er drehte ihn mit Mühe in dem rostigen Schlüsselloch um, stieß die Tür auf, murmelte etwas, und Iwlew erblickte eine zweifenstrige Kammer; an der einen Wand stand ein kahles eisernes Bettgestell, an der anderen sah man zwei kleine, aus karelischer Birke gefertigte Bücherschränke.

»Das wäre also die Bibliothek?« fragte Iwlew und trat auf einen der Schränke zu.

Der junge Mann, der sich beeilte, seine Frage zu bejahen, half ihm, das Schränkchen zu öffnen, und folgte habgierig seinen Händen.

Höchst seltsame Bücher enthielt diese Bibliothek! Iwlew öffnete die dicken Buchdeckel, schlug das gerauhte graue Vorsatzpapier um und las: »Die mit dem Bannfluch belegte Grenze«, »Der Morgenstern und die nächtlichen Dämonen«, »Betrachtungen über die Geheimnisse der Erschaffung der Welt«, »Wunderbare Reise ins Zauberland«, »Das neueste Traumbuch«. Immerhin zitterten ihm ein wenig die Hände. Das also war die Nahrung der einsamen Seele gewesen, die sich in diesem Kämmerchen für immer vor der Welt verschlossen und es erst vor so kurzer Zeit verlassen hatte. Aber vielleicht war diese Seele tatsächlich des Verstandes nicht völlig beraubt gewesen?

»Es ist ein Sein«, diese Verse von Baratynskij fielen Iwlew ein, »es ist ein Sein, jedoch wie nenn ich es? Nicht Traum ist es, nicht Wachen, denn es ist verwandt dem einen wie dem andern, und es grenzt im Menschen aneinander Wahnsinn und Verstand ...«

Im Westen war der Himmel reingefegt, Gold lugte aus dieser Richtung hinter schönen, ins Violett spielenden Wolken hervor und überglänzte seltsam das ärmliche Liebesasyl, dieses Asyl einer unbegreiflichen Liebe, die ein ganzes menschliches Leben in ein ekstatisches Einsiedlerdasein verwandelt hatte, ein Leben, das möglicherweise völlig alltäglich hätte verlaufen sollen, wäre nicht diese in ihrem Zauber so rätselhafte Luschka aufgetaucht.

Iwlew zog ein Bänkchen unter dem Bett hervor, ließ sich vor dem Schrank auf ihm nieder und holte seine Zigaretten heraus, wobei er sich unbemerkt im Zimmer umsah, um alles im Gedächtnis zu behalten.

»Rauchen Sie?« fragte er den jungen Mann, der neben ihm stand.

Der wurde wieder rot.

»Ja, ich rauche«, murmelte er und versuchte zu lächeln. »Das heißt, ich rauche nicht wirklich, so mehr zum Spaß. Im übrigen, wenn Sie gestatten, sehr verbunden ...«

Und er nahm ungeschickt eine Zigarette, steckte sie mit zitternden Händen an, ging zum Fenster und setzte sich auf das Fensterbrett; sein Körper verdeckte das gelbe Abendlicht.

»Und was ist das?« fragte Iwlew und beugte sich zum Mittelfach vor, in dem sich weiter nichts befand als ein sehr kleines Bändchen, das aussah wie ein Gebetbuch, und eine Schatulle, die an den Ecken mit nachgedunkeltem Silber beschlagen war.

»Das ist nur so... In dieser Schatulle liegt eine Halskette meiner verstorbenen Mutter«, sagte der junge Mann, ein wenig stockend, aber bemüht, lässig zu sprechen.

»Darf man sie ansehen?«

»Bitte sehr. Sie ist allerdings sehr einfach, sie wird wohl kaum von Interesse für Sie sein.«

Iwlew öffnete die Schatulle und erblickte eine abgetragene Schnur, auf der billige hellblaue Kügelchen aufgereiht waren; sie sahen aus wie aus Stein. Und beim Anblick dieser Kügelchen, die einst um den Hals jener gelegen hatten, der beschieden gewesen war, so sehr geliebt zu werden, und deren nebelhafte Gestalt nun nicht mehr anders als schön erscheinen konnte, ergriff eine solche Erregung von ihm Besitz, daß ihm vor Herzklopfen vor den Augen flimmerte. Nachdem er sich satt gesehen hatte, stellte er die Schatulle behutsam an ihren Platz; dann nahm er sich das Büchlein vor. Es war ein winziges, vor beinah hundert Jahren erschienenes und reizend ausgestattetes Bändchen: *»Die Grammatik der Liebe oder Die Kunst, zu lieben und wiedergeliebt zu werden.«*

»Dieses Büchlein kann ich leider nicht verkaufen«, brachte der junge Mann mit Mühe heraus. »Es wäre zu teuer... Vater verwahrte es sogar unter seinem Kopfkissen.«

»Aber vielleicht erlauben Sie, daß ich es mir wenigstens ansehe?« fragte Iwlew.

»Bitte«, flüsterte der junge Mann.

Und Iwlew, der eine Verlegenheit zu überwinden hatte und unter dem unverwandten Blick des anderen irgendwie litt, begann langsam in der »Grammatik der Liebe« zu blättern. Sie war in lauter kleine Kapitel unterteilt: Von der Schönheit, Vom Herzen, Vom Verstand, Von den Liebeszeichen, Von Angriff und Verteidigung, Von Zerwürfnis und Versöhnung, Von der platonischen Liebe... Jedes Kapitel bestand aus kurzen, eleganten, gelegentlich auch sehr feinen Sentenzen, und manche von ihnen waren diskret mit Feder und roter Tinte angestrichen.

»Die Liebe ist in unserem Leben keine bloße Episode«, las Iwlew. – »Unsere Vernunft widerspricht dem Herzen und überzeugt es nicht.« – »Die Frauen sind nie so stark, wie wenn sie sich mit Schwäche wappnen.« – »Wir vergöttern die Frau, weil sie die Herrscherin unserer Träume vom Ideal ist.« – »Die Eitelkeit wählt aus, die wahre Liebe nicht.« – »Die schöne Frau muß die zweite Stufe einnehmen; die erste gebührt der Frau, die man liebt. Ebendiese wird zur Herrscherin unseres Herzens: bevor wir uns Rechenschaft davon geben, ist unser Herz auf ewig von der Liebe versklavt.« Es folgte eine »Erläuterung der Sprache der Blumen«, und wieder war dies und das angemerkt: »Roter Mohn: Gram.« – »Blüte des Spindelbaums: dein Liebreiz ist meinem Herzen eingeprägt.« – »Immergrün: süße Erinnerungen.« – »Trauergeranie: Melancholie.« – »Wermut: ewiges Herzeleid.« Auf einer freien Seite aber, ganz am Ende des Buchs, war in kleiner, perlfeiner Schrift mit immer der gleichen roten Tinte ein Vierzeiler aufgezeichnet.

Der junge Mann reckte den Hals, sah mit hinein in die »Grammatik der Liebe« und sagte mit geheucheltem Spott: »Das hat er selber erfunden.«

Eine halbe Stunde später verabschiedete sich Iwlew mit Erleichterung von ihm. Von allen Büchern hatte er nur dieses eine Bändchen um einen hohen Preis erworben. Das trübgoldene Abendrot verglomm in den Wolken hinter den Feldern, die Pfützen spiegelten es wider, und auf den Fluren war es naß und grün. Der Bursche hatte es nicht eilig, aber Iwlew trieb ihn auch nicht zur Eile an. Der Bursche erzählte, daß jene Frau, die vorhin die Puten an den Kletten entlanggetrieben habe, die Frau des Diakons sei und daß der junge Chwoschtschinskij mit ihr lebe. Iwlew hörte nicht zu. Er dachte in einem fort an Luschka, dachte an ihre Halskette zurück, die ein kompliziertes Gefühl in ihm hinterlassen hatte – dem ähnlich, das er vor langer Zeit in einem italienischen Städtchen empfunden hatte, als er die Reliquien einer Heiligen sah. Jetzt ist sie für immer in mein Leben eingegangen, dachte er. Und er zog die »Grammatik der Liebe« aus der Tasche und überlas beim Schein des Abendrots langsam die Verse, die auf der letzten Seite geschrieben standen.

Die Herzen, die geliebt, sie sagen:
»Gib dich den Wonnen der Erinn'rung hin!«
So sei dies Buch in künft'gen Tagen
Auch deinen Enkeln ein Gewinn!

(1915)

Der Herr aus San Francisco

Weh, weh, die große Stadt Babylon, die starke Stadt!

Offenb. Joh. 18, 10

Der Herr aus San Francisco – seinen Namen hat weder in Neapel noch auf Capri irgend jemand behalten – fuhr mit Frau und Tochter für volle zwei Jahre in die Alte Welt, einzig und allein, um sich zu zerstreuen.

Er war fest davon überzeugt, ein gutes Recht auf Erholung, auf Genuß, auf eine ausgedehnte und komfortable Reise und manches andere mehr zu besitzen. Diese Überzeugung begründete er damit, daß er erstens ein reicher Mann war und sich zweitens trotz seiner achtundfünfzig Jahre gerade erst zu leben anschickte. Bis dahin hatte er nicht gelebt, sondern im besten Falle existiert, keineswegs übel zwar, aber immerhin so, daß alle Hoffnungen auf die Zukunft gesetzt blieben. Er hatte geschuftet, ohne die Hände in den Schoß zu legen, die Chinesen, die er zu Tausenden bei sich arbeiten ließ, wußten sehr wohl, was das bedeutete. Und schließlich sah er, daß schon viel geschafft war und er fast auf der gleichen Stufe mit denen stand, die er sich einst zum Vorbild genommen hatte, so daß er beschloß, sich eine Atempause zu gönnen. Die Leute, zu denen er nun gehörte, pflegten den Lebensgenuß mit einer Reise nach Europa, nach Indien, nach Ägypten zu beginnen. Genauso entschied sich auch er. Natürlich wollte er dabei vor allem sich selbst für die Jahre der Arbeit entschädigen; aber er freute sich auch für Frau und Tochter. Seine Frau hatte sich nie durch Empfänglichkeit für neue Eindrücke ausgezeichnet, doch reisten schließlich alle älteren Amerikanerinnen leidenschaftlich gern. Was aber seine Tochter anging, ein schon herangewachsenes, ein wenig kränkliches junges Mädchen, so war die Reise für sie schlechthin eine Notwendigkeit: stellten sich denn, gar nicht zu reden vom gesundheitlichen Nutzen, auf Reisen nicht äußerst glückliche Begegnungen ein? Saß man da manchmal bei Tisch nicht neben einem Milliardär oder besah zusammen mit ihm Fresken?

Der Herr aus San Francisco hatte sich eine umfangreiche Reiseroute zurechtgelegt. Im Dezember und Januar hoffte er, sich der Sonne Süditaliens, der Denkmäler der Antike, der Tarantella, der Serenaden fahrender Sänger und dessen zu erfreuen, was Menschen in seinen Jahren besonders fein empfinden: der wenn auch nicht ganz uneigennützigen Liebe junger Neapolitanerinnen. Den Karneval gedachte er in Nizza oder Monte Carlo zu verbringen, wo um diese Zeit die erlesenste Gesellschaft zusammenströmt – genau jene, von der alle Wohltaten der Zivilisation abhängen: der Schnitt der Smokings wie die Sicherheit der Throne, Kriegserklärungen wie das Florieren der Hotels – und wo sich die einen mit Eifer Autorennen und Segelregatten hingeben, andere dem Roulettespiel, dem, was hergebrachterweise als Flirt bezeichnet wird, oder dem Abschießen von Tauben, die sich so wunderhübsch über dem smaragdgrünen Rasen der Gärtchen, vor dem Hintergrunde des vergißmeinnichtfarbenen Meeres in die Lüfte schwingen und gleich darauf als weiße Klümpchen zur Erde fallen. Den Anfang des März wollte er Florenz widmen und zur Passionszeit in Rom sein, um ein Miserere zu hören. Ferner waren in seine Pläne sowohl Venedig als auch Paris einbezogen, ein Stierkampf in Sevilla, ein Badeaufenthalt auf den Britischen Inseln, Athen und Konstantinopel, Palästina und Ägypten und sogar Japan – dieses selbstverständlich erst auf der Heimreise.

Und zunächst machte sich alles ganz vortrefflich.

Es war Ende November, und fast bis unmittelbar vor Gibraltar fuhr man durch eisigen Nebel oder durch nassen Schneesturm, aber man blieb wohlbehalten. Es waren viele Passagiere an Bord, das Schiff, die berühmte »Atlantis«, glich einem riesigen Hotel mit allen Bequemlichkeiten, einer Nachtbar, orientalischen Bädern, einer eigenen Zeitung, und das Leben floß äußerst gleichmäßig auf ihm dahin. Man stand früh auf, unter Trompetenklängen, die schon zu dämmriger Stunde grell durch die Gänge hallten, da über der graugrünen Wasserwüste der schweren, im Nebel wogenden See langsam und unwirtlich der Morgen heraufzog; man streifte sich flanellene Pyjamas über und trank Kaffee, Schokolade oder Kakao; dann setzte man sich in Marmorwannen, trieb ein wenig Gymnastik, um den Appetit anzuregen und das Allgemeinbefinden zu heben, unterzog sich der Toilette für den Tag und schritt zum ersten Frühstück; bis elf Uhr war man gehalten, munter über die Decks zu promenieren, die kühle Frische des Ozeans einzuatmen oder zur neuerlichen Anregung des Appetits Shuffleboard und andere Spiele zu spielen, worauf man sich um elf mit belegten Broten und Bouillon stärkte; gestärkt las man dann mit Vergnügen die Zeitung und sah mit Zuversicht dem zweiten Frühstück entgegen, das nur noch nahrhafter und abwechslungsreicher als das erste war. Die folgenden zwei Stunden waren der Ruhe gewidmet; alle Decks standen um diese Zeit voller Liegestühle, auf denen in Wolldecken gehüllte Reisende lagen und zum bewölkten Himmel und den außenbords vorübergleitenden schaumbedeckten Wellenkämmen blickten oder süß entschlummerten. Um fünf Uhr wurden die nun Erheiterten und Erfrischten mit starkem, duftendem Tee und Gebäck gelabt; um sieben kündeten Trompetensignale von dem, was das Ziel dieses ganzen Daseins und seine eigentliche Krönung war. Und der Herr aus San Francisco rieb sich vor andrängender Lebenslust die Hände und eilte in seine üppige Luxuskabine, um sich umzukleiden.

Abends starrten die Decks der »Atlantis« wie mit zahllosen feurigen Augen in die Finsternis hinaus, während eine große Menge von Bedienten in den Küchen, Geschirrwäschereien und Weinkellern arbeitete. Der Ozean, der hinter den Bordwänden wogte, war furchterregend, aber man dachte nicht an ihn, sondern vertraute fest auf die Macht, die der Kapitän über ihn besaß, ein rothaariger Mann, ungeheuer groß und massig, der immer ein wenig schläfrig schien, in seiner Uniform mit den breiten goldenen Ärmelstreifen einem riesigen Götzen glich und nur sehr selten seine geheimnisvollen Gemächer verließ, um sich unter den Leuten zu zeigen; auf dem Vorschiff heulte mit höllischer Düsterkeit oder kreischte mit wildem Grimm alle Augenblicke eine Sirene auf, aber nur wenige von den Dinierenden hörten sie: sie wurde von einem ausgezeichneten Streichorchester übertönt, das im marmorgetäfelten, mit Fenstern nach beiden Seiten versehenen Saal unermüdlich und auf erlesene Art musizierte; der Saal war mit samtigen Teppichen ausgelegt und in festliches Licht getaucht, von dekolletierten Damen, Herren im Frack oder Smoking, gutgewachsenen Stewards und ehrerbietigen Maîtres d'hôtel übervölkert, von denen einer – der, der die Weinbestellungen entgegennahm – sogar eine Halskette trug wie der Lord-Mayor irgendeiner großen englischen Stadt. Der Smoking und die gestärkte Wäsche ließen den Herrn aus San Francisco bedeutend jünger erscheinen. Hager, nicht allzu groß, unharmonisch geschnitten, aber solide zusammengenäht, auf Hochglanz poliert und in Maßen angeregt, saß er inmitten des gold- und perlengleichen Glanzes der Halle, eine Flasche bernsteinfarbenen Johannisberger, Gläser und Gläschen aus feinstem Kristall und einen krausen Strauß Hyazinthen vor sich. Sein gelbliches Gesicht mit dem gestutzten silbergrauen Schnurrbart hatte etwas Mongolisches, zwischen den großen Zähnen blitzten Goldplomben, der starke, kahle Schädel schimmerte wie altes Elfenbein. Seine Frau, groß, breit und ruhig, war prächtig, aber ihrem Alter gemäß gekleidet; kompliziert, doch leicht und duftig, mit unschuldsvoller Offenherzigkeit – die Tochter, hochgewachsen und schlank, mit wundervollem, reizend geordnetem Haar, nach Veilchentabletten duftendem Atem und hauchzarten rosigen Pickelchen um die Lippen und zwischen den leicht überpuderten Schultern.

Das Diner dauerte über eine Stunde, und nach dem Diner wurde getanzt, während die Männer – darunter selbstverständlich auch der Herr aus San Francisco – die Beine hochnahmen, auf Grund der letzten Börsenberichte über die Schicksale der Völker entschieden, Havannazigarren rauchten, bis sie himbeerrote Gesichter bekamen, und sich an der Bar mit Likören betranken, wo Neger in roten Jacken bedienten, deren Augenweiß an hartgekochte, geschälte Eier erinnerte. Der Ozean türmte sich hinter der Bordwand zu schwarzen Bergen, der Schneesturm pfiff steif durch das schwerer gewordene Takelwerk, das ganze Schiff bebte, während es den Sturm und die Wellenberge bezwang und wie ein Pflug in die schwankenden, immer wieder sich aufbäumenden, schaumgeschweiften Kolosse einschnitt; die durch den Nebel halberstickte Sirene heulte in Todesängsten, die Wachhabenden auf ihrem Auslug erstarrten vor Kälte und waren von ihrer übermäßigen Aufmerksamkeit wie benebelt. Der unterseeische Bauch des Schiffes glich dem finsteren, heißen Schoß des Infernos, seinem letzten und neunten Kreis: Da fraßen die glühenden Mäuler riesiger Feuerstellen mit dumpfem Gelächter Berge von Steinkohle in sich hinein, die halbnackte Männer unter Gepolter schaufelten, glutrot vom Feuer und triefend von beißendem, schmutzigem Schweiß. Hier oben aber, in der Bar, warf man sorglos die Beine über die Sessellehnen, schlürfte Kognak und Liköre und versank im Gewoge des würzigen Rauchs, während im Tanzsaal alles strahlte, Licht, Wärme und Heiterkeit ausströmte, die Paare sich im Walzertakt drehten oder im Tango wiegten und die Musik in wollüstig-schamloser Schwermut immer nur um das eine, immer nur um dasselbe flehte. Es gab da in der glänzenden Menge einen gewissen großen Nabob, rasiert und hager, an einen Prälaten erinnernd, in einem altmodischen Frack, dann einen berühmten spanischen Schriftsteller, eine in aller Welt bekannte Schönheit und ein elegantes, verliebtes Paar, das sein Glück nicht verbarg und von allen mit Neugier beobachtet wurde. Er tanzte nur mit ihr, und alles, was sie taten, wirkte bei ihnen so bezaubernd, so fein, daß nur der Kapitän allein wußte: dieses Paar war vom Lloyd für Geld angestellt, Liebe zu spielen, und fuhr zu diesem Zweck seit geraumer Zeit bald mit dem, bald mit jenem Schiff mit.

In Gibraltar freuten sich alle über die Sonne; es war wie zu Beginn des Frühlings. An Bord der »Atlantis« erschien ein neuer Passagier, der die allgemeine Aufmerksamkeit fesselte: der inkognito reisende Erbprinz eines asiatischen Reichs, klein, völlig hölzern, eine goldene Brille auf der Nase, schmaläugig und mit breitem Gesicht, ein wenig unangenehm dadurch, daß sein großer schwarzer Schnurrbart dünn und durchscheinend wirkte wie der eines Toten; sonst aber war der Erbprinz einfach, bescheiden und nett. Auf dem Mittelmeer wurde es wieder recht winterlich; grobe, pfauenschweifbunte Wellen, bei hellstem Glanz und völlig klarem Himmel aufgewühlt von den lustig und ungestüm daherwehenden Nordwinden, bewegten die See. Am Tage darauf verblaßte der Himmel, und der Horizont umnebelte sich. Man näherte sich dem Land, Ischia und Capri tauchten auf, und auch Neapel wurde durchs Fernglas sichtbar; es breitete sich, wie aus Zuckerstücken gefügt, am Fuß eines blaugrauen Hanges aus.

Viele Ladys und Gentlemen hatten bereits leichte, mit dem Fell nach außen gekehrte Pelzjacken angelegt; demütige, immer nur flüsternde halbwüchsige chinesische Boys, krummbeinig, mit pechschwarzen, bis an die Fersen reichenden Zöpfen und mädchenhaft dichten Wimpern, arbeiteten sich nach und nach mit Plaids und Spazierstöcken, Koffern und Necessaires zu den Treppen vor. Die Tochter des Herrn aus San Francisco stand auf Deck neben dem Prinzen, der ihr am Vorabend dank einem glücklichen Zufall vorgestellt worden war, und tat, als blicke sie aufmerksam in die Ferne, in die er wies, wobei er ihr irgend etwas erklärte und hastig und mit gedämpfter Stimme auf sie einsprach. Seinem Wuchs nach erschien er neben den anderen wie ein Knabe, er wirkte unschön und seltsam mit seiner Brille, dem steifen Hut, dem englischen Mantel, dem roßhaarähnlichen schütteren Schnurrbart und der dünnen dunklen Haut, die über dem flachen Gesicht gespannt und ein wenig lackiert erschien. Und doch hörte das Mädchen ihm zu und verstand vor Aufregung nicht, was er sagte; ihr Herz hämmerte in unbegreiflichem Entzücken; alles, aber auch alles an ihm war nicht so wie bei den anderen: seine mageren Hände, die reine Haut, unter der das alte kaiserliche Blut pulsierte, selbst seine europäische, sehr schlichte, aber irgendwie ganz besonders saubere Kleidung bargen einen unerklärlichen Zauber. Der Herr aus San Francisco seinerseits, mit grauen Gamaschen über den Lackschuhen, blickte in einem fort zu der berühmten Schönheit, die neben ihm stand, einer großen, wunderbar gewachsenen Blondine mit Augen, die nach der letzten Pariser Mode getuscht waren; sie hielt ein winziges, krummes, räudiges Hündchen an einer silbernen Kette und unterhielt sich immerzu mit dem Tier. Und die Tochter, die sich leicht unbehaglich und geniert fühlte, war bemüht, den Vater zu übersehen.

Er war auf der Reise ziemlich freigebig und vertraute fest auf die Sorgsamkeit aller derer, die sich um sein Essen und Trinken kümmerten, ihn von morgens bis abends, jedem seiner Wünsche zuvorkommend, bedienten, seine Sauberkeit und seine Ruhe überwachten, seine Sachen schleppten, Gepäckträger für ihn herbeiriefen und seine Koffer in die Hotels schafften. So war es überall, so war es auf der Überfahrt gewesen, so würde es auch in Neapel sein.

Neapel wuchs und kam näher; die Musiker waren bereits, mit ihren Blasinstrumenten blitzend, auf Deck versammelt und betäubten plötzlich alle mit den triumphierenden Klängen eines Marsches; der hünenhafte Kapitän erschien in Paradeuniform auf der Kommandobrücke und winkte wie ein gütiger heidnischer Gott den Passagieren grüßend mit der Hand, und dem Herrn aus San Francisco schien wie allen anderen, der Marsch des stolzen Amerika dröhne für ihn allein, und der Glückwunsch des Kapitäns zu der glücklichen Ankunft gelte persönlich ihm. Und als die »Atlantis« endlich im Hafen war, als der vielstökkige, mit Menschen übersäte Koloß am Kai festmachte und die Landungsstege hinüberpolterten, wie viele Portiers und Portiergehilfen mit goldbetreßten Mützen, wie viele Kommissionäre aller Art, wie viele pfeifende Jungen und abgerissene Riesenkerle mit Päckchen bunter Ansichtskarten in der Hand stürzten da auf ihn zu, um ihre Dienste anzubieten! Und er lächelte über die Hungerleider, während er auf das Auto eben jenes Hotels zuschritt, in dem auch der Prinz vielleicht wohnen mochte, und brachte gelassen, bald englisch, bald italienisch zwischen den Zähnen hervor: »Go away! Via!«

Das Leben kam in Neapel sogleich ins gewohnte Gleis: Morgens das Frühstück im düsteren Speisesaal, ein bewölkter, nicht grade vielversprechender Himmel, die Schar der Fremdenführer am Eingang der Halle; dann einige Lächelblicke der rosigen, warmen Sonne, die Aussicht vom hoch in der Luft hängenden Balkon auf den Vesuv, der bis an den Fuß herunter in leuchtenden Morgendämpfen verschwimmt, auf den gleich Silber und Perlen flimmernden Golf und auf den feinen Umriß von Capri am Horizont, auf winzige Eselchen, die über die klebrige Uferstraße vor ihren zweirädrigen Karren dahineilen, und auf die Trupps der mit herausfordernder, flotter Musik irgendwohin marschierenden kleinen Soldaten; danach das Platznehmen im Wagen, die langsame Fahrt durch die von Menschen wimmelnden, engen und grauen Korridore der Straßen, an hohen, vielfenstrigen Häusern vorbei, und die Besichtigung leblos-sauberer, gleichmäßig und angenehm, aber trübselig wie durch Schnee erhellter Museen oder kalter, nach Wachs duftender Kirchen, in denen überall dasselbe ist: ein majestätischer, durch einen schweren Ledervorhang geschlossener Eingang und innen eine ungeheure Leere, Schweigen, auf spitzenumhülltem Altar in der Tiefe die rötlichen, stillen Lichter eines siebenarmigen Leuchters, eine einsame alte Frau inmitten des hölzernen dunklen Gestühls, glatte Grabplatten unter den Füßen und, von irgend jemand gemalt und gewiß hochberühmt, eine »Kreuzesabnahme«; um eins das zweite Frühstück auf dem Monte San Martino, wo sich zur Mittagsstunde nicht wenig Leute allererster Klasse treffen und wo der Tochter des Herrn aus San Francisco eines Tages beinahe unwohl wurde: es kam ihr vor, als säße im Saal der Prinz, obwohl sie aus den Zeitungen schon wußte, er befinde sich in Rom; um fünf Uhr der Tee im eleganten Hotelsalon, wo Teppiche und flammende Kamine eine angenehme Wärme verbreiten; und schließlich aufs neue die Vorbereitungen zum Diner, aufs neue der mächtige, herrische Ruf des Gongs durch alle Stockwerke, aufs neue die lange Kette der seidenrauschenden, von Spiegeln zurückgestrahlten dekolletierten Damen auf den Treppen, aufs neue der weit und gastlich sich öffnende Prunkraum des Speisesaals, die roten Jacken der Musikanten auf dem Podium und die schwarze Kellnerschar um den Maître d'hôtel herum, der eine dicke rosige Suppe mit ungewöhnlicher Meisterschaft in die Teller füllt. Und wieder waren beim Diner sowohl das Essen als auch die Weine, die Mineralwasser, Süßigkeiten und Früchte so üppig, daß gegen elf Uhr abends Stubenmädchen von Zimmer zu Zimmer eilten und Gummibeutel mit heißem Wasser zum Wärmen der Mägen austrugen.

Doch der Dezember fiel in diesem Jahre nicht allzu glücklich aus; sprach man mit dem Portier vom Wetter, so zuckte er nur schuldbewußt die Achseln und brummte, daß man sich auf ein solches Jahr einfach nicht mehr besinnen könne, obwohl es nicht das erste war, in dem er das brummte und sich darauf berufen mußte, es gingen überall schreckliche Dinge vor sich: An der Riviera gieße und stürme es wie nie zuvor, in Athen liege Schnee, auch der Ätna sei völlig von Schnee verweht, so daß er in den Nächten leuchte, und aus Palermo flüchteten vor lauter Kälte die Fremden. Die Morgensonne täuschte Tag für Tag; von Mittag an trübte es sich ein und begann zu regnen, immer dichter und kälter; die Palmen vor dem Eingang des Hotels bekamen einen blechernen Glanz, die Stadt erschien besonders eng und schmutzig, die Museen überaus eintönig, die Zigarrenstummel der dicken Droschkenkutscher, deren Gummiumhänge im Winde flatterten wie Flügel, unerträglich übelriechend, das energische Peitschengeknalle über den dünnen Hälsen der Mähren offensichtlich geheuchelt, das Schuhwerk der Signori, die die Straßenbahngleise fegten, schauderhaft und die Frauen, die im Regen mit schwarzen, unbedeckten Köpfen durch den Schlamm patschten, abscheulich kurzbeinig, gar nicht erst zu reden von der Feuchtigkeit und dem Gestank faulen Fisches, die über dem schäumenden Meer am Kai aufstiegen.

Der Herr und die Frau aus San Francisco begannen sich morgens zu zanken; ihre Tochter ging bleich und mit Kopfweh umher, oder sie wurde lebhaft, begeisterte sich für alles und war dann sowohl reizend wie wunderschön; wunderbar waren auch die zarten, komplizierten Gefühle, hervorgerufen durch die Begegnung mit jenem unschönen Menschen, in dessen Adern so ungewöhnliches Blut floß; denn zu guter Letzt ist es vielleicht ja auch gar nicht wichtig, was das Herz eines Mädchens erweckt: ob nun Geld, Ruhm oder Adel der Herkunft. Von allen Seiten wurde versichert, daß in Sorrent und auf Capri die Dinge ganz anders lägen. Dort sei es sowohl wärmer als auch sonniger, die Zitronenbäume blühten, es herrschten ehrlichere Sitten, und die Weine seien weniger verfälscht. Und die Familie aus San Francisco beschloß, mit allen ihren Koffern nach Capri aufzubrechen; nachdem man die Insel besichtigt, an der Stelle der

Paläste des Tiberius auf den Steinen herumgegangen, die märchenhaften Gewölbe der Blauen Grotte besucht und den Dudelsackpfeifern aus den Abruzzen gelauscht haben würde, die vor dem Weihnachtsfest einen ganzen Monat lang die Insel durchstreifen und Hymnen zum Preise der Jungfrau Maria singen, wollte man nach Sorrent übersiedeln.

Am Tage der Abreise – einem für die Familie aus San Francisco sehr denkwürdigen Tage! – kam die Sonne nicht einmal morgens zum Vorschein. Ein schwerer Nebel verbarg den Vesuv bis herunter zum Fuß und hing grau und tief über dem bleiernen Meeresgewoge. Capri war überhaupt nicht zu sehen, als wenn es die Insel gar nicht gäbe. Der kleine Dampfer, der auf sie zustrebte, wurde dermaßen von einer Seite auf die andere gerollt, daß die Familie aus San Francisco auf den Sofas der armseligen Gemeinschaftskajüte daniederlag, die Beine in Reiseplaids gewickelt, die Augen vor lauter Übelkeit fest geschlossen. Madame litt, wie sie meinte, schlimmer als alle anderen; es überwältigte sie wiederholt, ihr war, als ob sie stürbe, während die Stewardeß, die schon seit vielen Jahren tagaus, tagein, bei Hitze und bei Kälte auf diesen Wellen schaukelte und dennoch unermüdlich blieb, immer nur lachte, wenn sie mit einem Becken gelaufen kam. Das Fräulein war schrecklich bleich und hielt ein Scheibchen Zitrone zwischen den Zähnen. Der Herr lag, mit einem weiten Mantel und einer großen Mütze bekleidet, auf dem Rücken und brachte während der ganzen Überfahrt die Kiefer nicht auseinander; sein Gesicht war dunkel, der Schnurrbart weiß, und der Kopf schmerzte ihm ganz entsetzlich: er hatte infolge des schlechten Wetters in letzter Zeit abends zuviel getrunken und sich zu ausgiebig an den »lebenden Bildern« in gewissen obskuren Lokalen ergötzt. Und der Regen peitschte gegen die klirrenden Scheiben, er rann auf die Sofas herab, während der Wind heulend an den Masten rüttelte und im Verein mit der herandrängenden See das Schiffchen völlig auf die Seite legte, wobei dann jedesmal irgend etwas polternd zu Boden fiel. An den Anlegestellen in Castellamare und Sorrent wurde es ein wenig besser; aber auch hier wogte es noch gewaltig, die Küste mit ihren Felsklippen und Gärten, den Pinien, den rosa und weißen Hotels, den dunstigen, kraus umgrünten Bergen flog vor dem Fenster auf und nieder, als ob man sich auf einer Schaukel befände; an der Bordwand stießen sich Boote, die Passagiere der dritten Klasse brüllten aus Leibeskräften, irgendwo würgte ein Kind einen Schrei heraus, als würde es erdrückt, der feuchte Wind pfiff durch die Türen, und ohne einen Augenblick zu verstummen, lockte ein Bengel auf einer schaukelnden Barke unter der Flagge des Hotels »Royal« reißerisch und durchdringend, aber mit fehlerhafter Aussprache, die Passagiere: »Kgoya-al! Hotel Kgoyal-al ...« Und der Herr aus San Francisco, der sich fühlte, wie es ihm zukam – als ganz und gar alter Mann -, dachte schon ärgerlich und voller Mißmut an alle diese »Royals«, »Splendids« und »Excelsiors«, an diese habgierigen, nach Knoblauch riechenden Menschlein, die sich Italiener nannten. Als er an einer Anlegestelle die Augen öffnete und sich auf seinem Sofa emporrichtete, sah er eine felsige Steilwand vor sich, an der unmittelbar am Wasser, neben Booten, irgendwelchen Lumpen, Blechkanistern und braunen Netzen ein Haufen so jämmerlicher, durch und durch verschimmelter Steinhäuschen aufeinanderklebte, daß Verzweiflung in ihm aufkam, während er sich sagte, gerade das sei ja das eigentliche Italien, das zu genießen er hergereist war. Endlich, als es schon dämmerte, schob sich, am Fuß gleichsam von roten Lichtern durchbohrt, die Insel in ihrer Schwärze heran, der Wind wurde weicher, wärmer, wohlriechender, und über die beruhigten, wie dunkles Öl schimmernden Wellen glitten goldene Riesenschlangen von den Hafenlaternen auf das Schiff zu. Dann polterte plötzlich der Anker und tauchte klatschend ins Wasser ein, von allen Seiten erhoben sich, einander überbietend, die wilden Rufe der Barkenführer, und sogleich fühlte man sich erleichtert, die Gemeinschaftskajüte erstrahlte, man empfand das Bedürfnis, zu essen, zu trinken, zu rauchen, sich zu bewegen ... Zehn Minuten später stieg die Familie aus San Francisco in eine große Barke, betrat fünf Minuten danach die Steine der Uferstraße, nahm in einem hell erleuchteten Wägelchen Platz und strebte unter Surren den Steilhang hinauf, zwischen Weinbergen, die voller Pfähle steckten, zwischen halbverfallenen Steinmauern, zwischen nassen, knorrigen, hier und da durch Strohdächer geschützten Apfelsinenbäumen hindurch, die mit den schimmernden orangefarbenen Früchten und ihrem dicken, gleichsam lackierten Laub bergab vorüberglitten, an den geöffneten Fenstern des Wägelchens vorbei ... Lieblich riecht in Italien die Erde nach einem Regen, und jede seiner Inseln hat einen eigenen, besonderen Geruch!

Die Insel Capri war an diesem Abend feucht und dunkel. Im Augenblick jedoch wurde sie kurze Zeit lebendig und erhellte sich da und dort. Oben auf dem Berge stand vor der Zahnradbahn wieder die Schar derer bereit, deren Pflicht es war, den Herrn aus San Francisco würdig zu empfangen. Es kamen auch andere Fremde an, die aber keine Beachtung verdienten: einige Russen, die auf Capri lebten, nachlässig und zerstreut, bebrillt und bärtig, die Kragen ihrer altersgrauen Mäntel hochgeschlagen, und eine Gruppe langbeiniger deutscher Jünglinge, rundköpfig, im Tiroler Kostüm und mit leinenen Rucksäcken auf den Schultern, die niemandes Dienste beanspruchten, sich überall wie zu Hause fühlten und keineswegs freigebig waren. Der Herr aus San Francisco freilich, der gelassen sowohl die einen wie die anderen mied, wurde sofort bemerkt. Man beeilte sich, ihm und seinen Damen beim Aussteigen behilflich zu sein, und lief voraus, um ihm den Weg zu zeigen; aufs neue umringten ihn Jungen und jene kräftigen Capreser Weiber, die Koffer und Kisten ehrbarer Touristen auf ihren Köpfen befördern. Ihre Holzsandalen, die an Fußbänkchen erinnerten, klapperten über den opernhaften kleinen Platz, über dem eine Lichtkugel im feuchten Winde schaukelte, die Bande der Jungen pfiff wie ein Vogelschwarm und schlug Purzelbäume, und wie auf einer Bühne schritt zwischen ihnen der Herr aus San Francisco auf einen mittelalterlichen Bogen zu, unter dem die hallende Gasse hindurchführte, vorbei an scheinbar zusammengewachsenen Häusern, steil abfallend auf den strahlenden Eingang eines Hotels zu, mit einem Palmenwedel über den flachen Dächern zur Linken und blauen Sternen am schwarzen Himmel oben und vorn. Und wieder war es, als sei das feuchte steinerne Städtchen auf dieser Felseninsel im Mittelmeer zu Ehren der Gäste aus San Francisco erwacht, als hätten nur sie allein den Wirt des Hotels so glücklich und gastfroh gestimmt, als habe gerade auf sie der chinesische Gong gewartet, der durch die Stockwerke heulte und zum Essen rief, kaum daß sie die Halle betreten hatten.

Der Wirt, ein äußerst eleganter junger Mann, der sie mit einer ausgesucht höflichen Verbeugung empfing, machte den Herrn aus San Francisco für einen Augenblick stutzig. Als er ihn ansah, fiel ihm plötzlich ein, daß er in den wirren Träumen, die ihm in der letzten Nacht zusetzten, eben diesen Gentleman erblickt hatte, genauso einen wie ihn, in demselben Besuchsrock mit abgerundeten Schößen und mit der gleichen, spiegelnden, glatten Frisur. Fast wäre er erstaunt stehengeblieben. Da aber in seiner Seele schon seit sehr langer Zeit auch nicht ein Senfkorn von irgendwelchen sogenannten mystischen Gefühlen übriggeblieben war, schwand sein Erstaunen sogleich dahin. Scherzend erzählte er Frau und Tochter, während man durch den Hotelkorridor ging, von dem seltsamen Zusammentreffen von Wirklichkeit und Traum. Allerdings sah ihn die Tochter in diesem Augenblick besorgt an: Kummer preßte ihr plötzlich das Herz zusammen, das Gefühl einer schrecklichen Einsamkeit auf dieser fremden und dunklen Insel.

Gerade erst war eine Allerhöchste Persönlichkeit, die auf Capri geweilt hatte, abgereist: ein Reuß XVII. Und man wies den Gästen aus San Francisco die Appartements an, die er bewohnt hatte. Zu ihrer Bedienung bestimmte man das hübscheste und geschickteste Stubenmädchen, eine Belgierin mit schlanker, fester, geschnürter Taille und einem gestärkten Häubchen, das einer kleinen vielzackigen Krone glich, den stattlichsten Zimmerkellner, einen kohlrabenschwarzen, glutäugigen Sizilianer, und den anstelligsten Hausdiener, den fülligen, kleinen Luigi, der schon manchen derartigen Posten in seinem Leben bekleidet hatte. Und eine Minute später klopfte beim Herrn aus San Francisco behutsam der Maître d'hôtel, ein Franzose; er kam, um sich zu erkundigen, ob die zugereisten Herrschaften zu speisen wünschten, und für den Fall einer bejahenden Antwort, an der im übrigen wohl nicht zu zweifeln war, zu melden, daß man heute Langusten, Rostbeaf, Spargel, Fasanen und anderes mehr zu bieten habe. Unter dem Herrn aus San Francisco schwankte noch der Fußboden, so schwindlig hatte ihn dieses schäbige italienische Dampferchen gemacht, aber er schloß eigenhändig und ohne sich zu beeilen, wenn mangels Übung auch nicht so ganz geschickt, das Fenster, das sich beim Eintritt des Maître d'hôtel geöffnet hatte und aus dem Garten neben dem Duft nasser Blumen entfernte Küchengerüche einströmen ließ; er entgegnete deutlich und wiederum ohne Eile, daß man zwar speisen werde, aber an einem Tischchen, das weiter weg von der Tür, in die Tiefe des Saales gerückt werden müsse, und daß man den Wein des Landes zu trinken wünsche; und jedem seiner Worte pflichtete der Maître d'hôtel in den verschiedensten Tonarten bei, die aber alle nur besagten, daß die Berechtigung der Wünsche des Herrn aus San Francisco in keiner Weise zweifelhaft sei noch sein könne und alles wunschgemäß erfüllt werden würde. Zuletzt neigte er den Kopf und fragte diskret: »Wäre das alles, Sir?«

Und er fügte, nachdem er ein zögerndes »Yes« zur Antwort erhalten hatte, hinzu, es gäbe heute abend in der Halle eine Tarantella zu sehen, getanzt von Caramella und Giuseppe, einem in ganz Italien und in der »gesamten Touristenwelt« bekannten Paar.

»Ich habe Caramella auf Ansichtskarten gesehen«, sagte der Herr aus San Francisco mit einer Stimme, die nichts Bestimmtes zum Ausdruck brachte. »Und ist dieser Giuseppe ihr Mann?«

»Ihr Vetter, Sir«, erwiderte der Maître d'hôtel.

Und der Herr aus San Francisco zögerte noch ein wenig, dachte über irgend etwas nach, sagte aber nichts weiter und entließ den Maître d'hôtel mit einem Kopfnicken.

Dann machte er sich aufs neue daran, sich wie zur Trauung instand zu setzen. Er schaltete sämtliche Lichtquellen ein, so daß in allen Spiegeln ein Widerschein von Glanz und Helligkeit, von Möbeln und geöffneten Koffern war, rasierte sich, wusch sich und klingelte alle Augenblicke, während draußen auf dem Gang andere ungeduldige Klingelzeichen hallten und die seinen unterbrachen: sie kamen aus den Zimmern seiner Tochter und seiner Frau. Und Luigi mit seiner roten Schürze stürzte mit so entsetzter Miene, daß die Zimmermädchen Tränen lachten, wenn sie mit Steinguteimern an ihm vorübereilten, und mit einer Leichtigkeit, wie sie vielen Dicken eigen ist, auf jedes Klingelzeichen zur Tür, klopfte mit den Fingerknöcheln und erkundigte sich gespielt schüchtern, mit einer Ehrerbietung, die an Idiotie grenzte: »Ha sonato, signore?«

Und hinter der Tür hörte man eine gelassene, knarrende, beleidigend höfliche Stimme: »Yes, come in!«

Was fühlte, was dachte der Herr aus San Francisco an diesem für ihn so bedeutsamen Abend? Wie jedermann, der eine bewegte Seefahrt hinter sich hat, verspürte er nur das dringende Bedürfnis, zu essen, dachte mit Vergnügen an den ersten Löffel Suppe und an den ersten Schluck Wein und vollzog das gewohnte Werk des Toilettemachens sogar mit einer gewissen Ungeduld, die für Gefühle und Überlegungen keine Zeit ließ.

Nachdem er gewaschen und rasiert war und geschickt einige falsche Zähne eingesetzt hatte, feuchtete er vor einem Spiegel die Reste seiner perlgrauen Haare an und strich sie mit silbergefaßten Bürsten um den braungelben Schädel herum; über den kräftigen alten Körper mit der vom guten Essen geweiteten Taille streifte er ein cremefarbenes Seidentrikot, über die mageren Beine schwarze Seidensocken, über die Plattfüße Pumps; er ging ein wenig in die Knie, während er die schwarzen, durch seidene Träger gehaltenen Hosen und das schneeweiße, über der Brust sich wölbende Hemd in Ordnung brachte, legte die blitzenden Manschettenknöpfe an und mühte sich redlich damit ab, den Kragenknopf in den steifen Kragen zu praktizieren. Der Boden schwankte noch unter seinen Füßen, die Fingerspitzen taten ihm heftig weh, der Kragenknopf kniff immer wieder schmerzhaft in die schlaffe Haut unter dem Adamsapfel, aber er ließ nicht nach und schaffte es schließlich doch. Seine Augen blitzten vor Energie, und der übermäßig knappe Kragen preßte ihm den Hals zusammen, so daß sein Gesicht blau anlief; er setzte sich für einen Augenblick vor den Trumeau, der ihn in ganzer Größe spiegelte und auch sein Bild in anderen Spiegeln wiedergab.

»Das ist ja schauderhaft!« stöhnte er, wobei er den energischen Kopf senkte und sich nicht fragte, nicht zu verstehen suchte, was denn so schauderhaft war; dann ging er mit aufmerksamem, geübtem Blick über die kurzen Finger mit den Gichtknoten an den Gelenken, über die großen, gewölbten, mandelfarbenen Nägel hin und wiederholte überzeugt: »Einfach schauderhaft.«

In diesem Augenblick erdröhnte, das Haus wie einen heidnischen Tempel durchhallend, zum zweiten Male der Gong. Der Herr aus San Francisco stand eilig auf, zog die Krawatte an, wodurch der Kragen noch enger wurde, zwängte den Bauch in die tief ausgeschnittene Weste, schlüpfte in die Smokingjacke, zupfte die Manschetten heraus und besah sich noch einmal im Spiegel. Diese dunkelhäutige Caramella, mit funkelnden Augen und einer Mulattin ähnlich, in ihrem bunten, vorwiegend orangefarbenen Kleid muß wohl ganz außerordentlich tanzen, dachte er. Und er trat munter auf den Korridor hinaus, ging über den Läufer zum Nachbarzimmer, dem seiner Frau, und fragte laut an, wie weit man wäre.

»In fünf Minuten!« antwortete hinter der Tür hell und schon wieder vergnügt eine Mädchenstimme.

»Ausgezeichnet«, sagte der Herr aus San Francisco.

Und er schritt ruhig über Gänge und Treppen, die mit roten Läufern belegt waren, um sich im Leseraum umzusehen. Die Bedienten, die ihm begegneten, drückten sich voller Respekt an die Wand, während er an ihnen vorüberging, als ob er sie nicht bemerke. Eine alte Dame, die sich zum Essen verspätet hatte, eilte, obschon gebeugt und mit milchweißem Haar, in einem ausgeschnittenen, hellgrauen Seidenkleid, vor ihm her, so rasch sie konnte, aber doch komisch und mehr wie ein Huhn, so daß er sie mühelos überholte. Vor der Glastür zum Speisesaal, in dem bereits alles versammelt und schon beim Essen war, blieb er vor einem Tischchen stehen, das mit Zigarrenkisten und Schachteln mit ägyptischen Zigaretten vollgestellt war, nahm sich eine große Manila und warf drei Lire auf den Tisch; auf der Winterveranda glitt sein flüchtiger Blick durch ein offenes Fenster ins Freie: aus der Dunkelheit wehte ihm zarte Luft entgegen, er ahnte den Wipfel einer alten Palme, die ihre riesig erscheinenden Zweige vor dem gestirnten Himmel ausbreitete, das ferne, gleichmäßige Rauschen des Meeres drang an sein Ohr. Im stillen, behaglichen, nur über den Tischen erhellten Lesezimmer raschelte irgendein grauhaariger Deutscher, der an Ibsen erinnerte, eine runde, silberne Brille trug und irre, erstaunte Augen hatte, im Stehen mit einer Zeitung. Der Herr aus San Francisco musterte ihn kalt, ließ sich in einem tiefen Ledersessel nieder, der neben einer grün beschirmten Lampe in der Ecke stand, setzte den Kneifer auf, zuckte mit dem Kopf, weil ihn der Kragen würgte, und verbarg sich hinter einem Zeitungsblatt. Er überflog die Überschriften einiger Artikel, las wenige Zeilen über den nie zum Ende kommenden Balkankrieg und wandte mit gewohnter Bewegung das Blatt um, als die Zeilen plötzlich mit einem gläsernen Funkeln vor ihm aufflammten, sein Hals sich anspannte, die Augen aus den Höhlen traten, der Kneifer von der Nase glitt. Es riß ihn vornüber, er schnappte nach Luft und begann krampfhaft zu röcheln; der Unterkiefer klappte herunter und ließ überall im Munde die Goldplomben aufblitzen, der Kopf fiel auf die Schulter herab und zuckte, die Hemdbrust wölbte sich wie ein Segel, während der Körper selbst zu Boden glitt, sich wand, verzweifelt gegen irgend jemand kämpfte und mit den Absätzen den Teppich zusammenschob.

Wäre im Leseraum nicht der Deutsche gewesen, man hätte das schreckliche Ereignis im Hotel rasch und geschickt zu vertuschen gewußt, hätte den Herrn aus San Francisco am Kopf und bei den Füßen ergriffen und ihn im Nu über Hintertreppen möglichst weit weggeschafft; keine Menschenseele unter den Gästen hätte von dem, was er angestellt hatte, irgend etwas gemerkt. Doch der Deutsche kam mit Geschrei aus dem Lesezimmer gelaufen und alarmierte den Speisesaal und das ganze Haus. Viele sprangen mitten im Essen auf und warfen die Stühle um, viele liefen erblassend zum Leseraum, und in allen Sprachen wurde gefragt: »Was ist denn, was ist geschehen?«, aber niemand wußte vernünftig zu antworten, niemand war da, der etwas verstand, da sich die Menschen auch heute noch am meisten über den Tod wundern und um nichts auf der Welt an ihn glauben wollen. Der Wirt eilte von einem Gast zum anderen, versuchte die Flüchtenden aufzuhalten und durch die hastige Versicherung zu beruhigen, es sei nichts weiter geschehen: eine Lappalie, ein kleiner Ohnmachtsanfall von einem Herrn aus San Francisco ... Aber niemand hörte ihm zu, und viele sahen, wie Kellner und Hausdiener dem Herrn die Krawatte, die Weste, die zerknitterte Smokingjacke, aus irgendeinem Grunde sogar die Pumps von seinen schwarzseidenbestrumpften Plattfüßen rissen. Er aber wehrte sich noch. Er rang hartnäckig mit dem Tod, wollte sich ihm auf keinen Fall ergeben, ihm, der so unerwartet und roh über ihn hergefallen war. Er schlenkerte mit dem Kopf, röchelte wie ein Gemeuchelter und verdrehte die Augen wie ein Betrunkener. Als man ihn eilig auf Zimmer 43 trug und auf das Bett legte – es war das kleinste, schlechteste, feuchteste und kälteste Zimmer im unteren Stock am Ende des Gangs –, kam seine Tochter gelaufen, mit aufgelöstem Haar, den Morgenrock auseinandergeschlagen, mit hochgeschnürter, entblößter Brust, dann, groß und schwer, schon fertig angezogen zum Essen, seine Frau, deren Mund vor Schrecken ganz rund war. Doch hier bewegte er nicht einmal mehr den Kopf.

Eine Viertelstunde später kam im Hotel alles einigermaßen in Ordnung. Aber der Abend war unwiderruflich dahin. Manche kehrten in den Speisesaal zurück und beendeten das unterbrochene Essen, allerdings schweigend und mit gekränkten Gesichtern, während der Wirt bald zu dem, bald zu jenem trat, im Bewußtsein seiner tragischen Schuld mit ohnmächtiger, aber begreiflicher Gereiztheit die Achseln zuckte, jedem versicherte, daß er sehr wohl verstehe, »wie unangenehm« das alles sei, und sich mit seinem Wort dafür verbürgte, er werde »alles in seiner Macht Stehende tun«, um die Unannehmlichkeit zu beseitigen; die Tarantella mußte abgesagt werden, überflüssiges Licht wurde ausgedreht, und die meisten Gäste gingen in eine Bierstube; es wurde so still, daß man deutlich die Uhr in der Halle ticken hörte, wo nur noch ein Papagei hölzern vor sich hin quarrte, während er in seinem Käfig Anstalten für die Nachtruhe traf: er brachte es fertig, in unmöglicher Stellung einzuschlafen – die eine Pfote um eine höher befestigte Stange gekrallt ... Der Herr aus San Francisco lag auf dem billigen Eisenbett, unter groben Wolldecken, auf die von oben das trübe Licht eines einzigen Lämpchens fiel. Auf seine nasse und kalte Stirn hing ein Eisbeutel herab. Das bläuliche, bereits leblose Gesicht war am Erkalten, das röchelnde Gluckern, das sich dem offenen, goldüberblitzten Munde entrang, wurde schwächer. Es war nicht mehr der Herr aus San Francisco, der röchelte, ihn gab es nicht mehr, es war irgendein anderer. Die Frau, die Tochter, der Arzt und die Dienerschaft standen dabei und blickten ihn an. Plötzlich geschah, was sie erwartet und was sie befürchtet hatten: das Röcheln riß ab. Und langsam, sehr langsam ergoß sich Blässe über das Gesicht des Gestorbenen, und seine Züge verfeinerten und verklärten sich zu einer Schönheit, die ihm schon lange zukam.

Der Wirt trat ein. »Già é morto«, flüsterte ihm der Arzt zu. Der Wirt zuckte mit leidenschaftslosem Gesicht die Achseln. Die Frau des Toten, der die Tränen still über die Wangen rollten, kam auf ihn zu und sagte mit schüchterner Stimme, man müsse den Toten jetzt auf sein Zimmer bringen.

»O nein, Madame«, entgegnete rasch und korrekt, aber keineswegs liebenswürdig, und zwar nicht englisch mehr, sondern französisch der Wirt, für den die Kleinigkeiten, die von den Zugereisten aus San Francisco nun noch in seine Kasse wandern konnten, in keiner Weise mehr interessant waren. »Das ist völlig unmöglich, Madame«, sagte er, wobei er zur Erläuterung hinzusetzte, daß die Appartements sehr wertvoll für ihn wären und, wenn er ihren Wunsch erfüllte, ganz Capri davon erfahren und die Reisenden die Räume meiden würden.

Das Fräulein, das ihn die ganze Zeit sonderbar angesehen hatte, setzte sich auf einen Stuhl, preßte ihr Taschentuch vor den Mund und brach in Schluchzen aus. Madame versiegten auf einmal die Tränen, und ihr Gesicht flammte auf. Sie bestand mit erhobener Stimme auf ihrer Forderung, wobei sie bei ihrer Muttersprache blieb und immer noch nicht glauben wollte, daß der Respekt vor ihnen endgültig verloren sei. Der Wirt wies sie mit höflicher Würde in die Schranken: Wenn die Hausordnung Madame nicht zusage, würde er es nicht wagen, sie zurückzuhalten; und er erklärte mit aller Festigkeit, daß der Leichnam noch heute beim Morgengrauen fortgeschafft werden müsse, daß die Polizei schon benachrichtigt sei, daß ein Vertreter von ihr sogleich erscheinen und die erforderlichen Formalitäten vollziehen werde.

Ob man auf Capri denn einen fertigen Sarg, und wenn auch einen einfachen, bekommen könne, fragte Madame. Leider nein, auf keinen Fall, und die Anfertigung würde zu lange dauern. Man werde sich behelfen müssen. Das englische Sodawasser zum Beispiel komme in großen länglichen Kisten an. Die Zwischenwände ließen sich ja entfernen.

Nachts lag das ganze Hotel im Schlaf. In Zimmer 43 öffnete man das Fenster – es ging auf eine Gartenecke hinaus, wo vor der hohen, oben mit Glasscherben besteckten Steinmauer eine verkümmerte Banane wuchs –, man löschte das Licht, verschloß die Tür und entfernte sich. Der Tote blieb im Dunkeln, die blauen Sterne sahen vom Himmel auf ihn herab, in der Wand stimmte ein Heimchen sein wehmütig-unbekümmertes Lied an. Im spärlich erleuchteten Gang saßen auf einem Fensterbrett zwei Zimmermädchen mit einer Stopfarbeit in der Hand. Luigi kam dazu, in Pantoffeln, einen Packen Kleidungsstücke über dem Arm.

»Pronto?« fragte er besorgt, mit hellem Flüstern, während sein Auge zur Schreckenstür ging, hinten, am Ende des Korridors. Und er schlenkerte in der gleichen Richtung leicht mit der freien Hand. »Partenza!« rief er im Flüsterton, wie man bei Abfertigung eines Zuges auf einem italienischen Bahnhof zu rufen pflegt, und die Zimmermädchen sanken sich an die Schulter und wären vor lautlosem Lachen beinahe erstickt.

Luigi lief federnd bis unmittelbar vor die Tür, klopfte leicht an und fragte, den Kopf zur Seite geneigt, ehrerbietigst und mit gedämpfter Stimme: »Ha sonato, signore?«

Und mit gepreßter Kehle, den Unterkiefer vorgeschoben, gab er – gleichsam hinter der Tür hervor – knarrend, zögernd und traurig sich selbst zur Antwort: »Yes, come in!«

In aller Frühe aber, als vor dem Fenster des Zimmers 43 der Morgen graute und im zerfetzten Laub der Bananenstaude ein feuchter Wind zu rascheln begann, als der blaue Morgenhimmel die Insel Capri überwölbte und sich der Gipfel des Monte Solaro, rein und klar, gegen die Sonne zu vergoldete, die über den fernen, blauen Bergen Italiens heraufkam, als die Steinhauer, die die Touristenwege auf der Insel instand zu setzen hatten, zur Arbeit gingen, brachte man eine längliche Kiste, wie sie beim Sodawassertransport verwendet wird, auf Zimmer 43. Sie wurde bald darauf sehr schwer und drückte dem Portiergehilfen schmerzhaft gegen die Knie, als er in einem gemieteten Einspänner eilig mit ihr die weiße Chaussee im Zickzack über die Hänge Capris hinunterfuhr, zwischen Steinmauern und Weinbergen hindurch, immer weiter abwärts, bis unmittelbar ans Meer. Der Fuhrmann, schwächlich und mit geröteten Augen, in einem alten, kurzärmeligen Jäckchen und abgetragenen Schuhen, war verkatert – er hatte die Nacht hindurch in einer Kneipe gewürfelt – und peitschte in einem fort auf sein kräftiges, nach sizilianischer Art herausgeputztes Pferdchen ein, das eifrig mit den vielen Schellen an seinem mit bunten Wollfransen verzierten Zaum und an den Bügelspitzen des hohen, kupferverzierten Kumtsattels klingelte, während über seiner gestutzten Stirnmähne eine halbmeterlange, zitternde Vogelfeder hochstand. Der Fuhrmann schwieg, er war bedrückt von seiner Liederlichkeit, von seinen Lastern, bedrückt, weil er die Kupfermünzen in seinen Taschen während der Nacht bis auf die letzte verspielt hatte. Doch der Morgen war frisch, und in solcher Luft über dem Meer und unter dem Morgenhimmel ist ein Rausch bald verflogen, und die Sorglosigkeit kehrt zum Menschen zurück; auch tröstete den Fuhrmann der unverhoffte Verdienst, den irgendein Herr aus San Francisco ihm verschafft hatte, der jetzt in der Kiste hinter seinem Rücken lag und mit dem leblosen Kopf schlenkerte. Der kleine Dampfer, der, platt wie ein Käfer, tief unten lag, im zarten und starken Blau, das den Golf von Neapel mit solcher Dichte und Sattheit erfüllt, gab schon die letzten Sirenentöne von sich. Sie hallten munter auf der ganzen Insel wider, von der jede Uferkrümmung, jeder Höhenkamm, jeder Felsen von überallher so deutlich zu sehen war, als ob die Luft gar nicht vorhanden wäre. In der Nähe der Anlegestelle wurde der Portiergehilfe von einem Auto eingeholt, in dem der Portier mit den Damen heranbrauste; beide waren bleich und hatten eingefallene, übernächtige und verweinte Augen. Zehn Minuten später rauschte der Dampfer wieder durchs Wasser und strebte auf Sorrent, auf Castellamare zu, die Familie aus San Francisco für immer von Capri entführend. Und auf der Insel kehrten aufs neue Ruhe und Frieden ein.

Auf dieser Insel hatte vor zweitausend Jahren ein Mann gelebt, der, völlig in seine grausamen, üblen Taten verstrickt, aus irgendeinem Grunde die Macht über Millionen Menschen besaß und, kopflos geworden, von der Sinnwidrigkeit dieser Macht und vor Angst, es könne ihn jemand meucheln, maßlose Grausamkeiten beging, so daß ihn die Menschheit für immer in ihrem Gedächtnis behielt und die, die in ihrer Gesamtheit ebenso unerklärlicherweise und im Grunde auch ebenso grausam wie er heute die Welt beherrschen, von überallher zusammenströmen, um die Reste des Steinhauses zu besichtigen, in dem er über einer der steilsten Schroffen auf dieser Insel gelebt hat. An diesem wunderbaren Morgen schliefen alle, die eben zu diesem Zweck nach Capri gekommen waren, noch in ihren Hotels, obwohl zu den Hoteleingängen schon rotgesattelte mausgraue Eselchen geführt wurden, auf die auch heute wieder, ausgeschlafen und gesättigt, junge und alte Amerikaner und Amerikanerinnen, deutsche Herren und Damen klettern, hinter denen auch heute wieder über die steinigen Pfade und immer bergauf bis unmittelbar zum Gipfel des Monte Tiberio die bettelarmen alten capresischen Weiber mitlaufen würden, einen Stock in der sehnigen Hand. Die Reisenden schliefen tief und fest, nachdem sie darüber beruhigt waren, daß sich der Tote aus San Francisco bereits auf dem Weg nach Neapel befand. Er hatte ursprünglich mitreiten wollen, sie aber stattdessen nur erschreckt, indem er sie an den Tod erinnerte; so war es auf der Insel still, und die Läden in der Stadt blieben noch geschlossen. Gehandelt wurde allein auf dem kleinen Marktplatz mit Fisch und Gemüse, so daß nur einfaches Volk da war, unter dem wie immer ohne jede Beschäftigung Lorenzo herumstand, ein hochgewachsener alter Barkenführer, ein sorgloser Tagedieb und eine Pracht von Mann, der in ganz Italien berühmt war und schon vielen Malern als Modell gedient hatte; er hatte zwei in der Nacht gefangene Hummer mitgebracht und für ein Butterbrot verkauft, so daß sie bereits in der Schürze des Kochs von eben demselben Hotel raschelten, in dem die Familie aus San Francisco übernachtet hatte, und konnte nun ruhig, und sei's bis zum Abend, dastehen, mit königlicher Würde um sich blicken und seine Lumpen, seine Tonpfeife und das rote, auf das eine Ohr herabgezogene Wollbarett zur Schau stellen. Über die Abhänge des Monte Solaro aber, auf der antiken phönikischen Straße, stiegen von Anacapri aus zwei Bergbewohner aus den Abruzzen die steinernen, in den Fels gehauenen Stufen hinab. Der eine trug einen Dudelsack, ein großes Ziegenfell mit zwei Pfeifen, unter seinem Lederumhang, der andere eine Art hölzerne Hirtenflöte. So wanderten sie, und das ganze Land, heiter, sonnig und schön, breitete sich vor ihnen aus: die felsigen Hökker der Insel, die sich fast vollständig zu ihren Füßen erstreckte, das märchenhafte Blau, in dem sie schwamm, die leuchtenden Morgendämpfe über dem Meer im Osten, unter der blendend hellen Sonne, die, höher und höher steigend, schon kräftig wärmte, und die dunstig-azurblauen, noch morgendlich unbestimmten Massive Italiens, seiner nahen und fernen Berge, deren Schönheit das menschliche Wort nicht zu beschreiben vermag. Auf halbem Wege verlangsamten sie ihren Schritt; über der Straße, in einer Grotte der felsigen Wand des Monte Solaro, stand, ganz von Sonne umgossen, von ihrer Wärme, von ihrem Glanz, in gipsernem, schneeweißem Gewande, eine rostig-goldene, verwitterte Herrscherkrone auf dem Haupt, die Muttergottes, sanft und gütig, die Augen zum Himmel, zur ewigen, seligen Wohnstatt des dreifach gesegneten Sohnes, erhoben. Die beiden entblößten die Köpfe, legten die Instrumente an die Lippen, und einfältige, demütig-freudige Hymnen flossen dahin: Hymnen an die Sonne, an den Morgen, an sie, die unbefleckte Fürbitterin der Leidenden auf dieser bösen und schönen Welt, an den, der in der Höhle von Bethlehem aus ihrem Schoße geboren ward, in der ärmlichen Hirtenherberge, drüben im fernen Lande Juda.

Der tote Körper des alten Mannes aus San Francisco aber kehrte zu den Küsten der Neuen Welt zurück, ins Grab. Nachdem er viele Erniedrigungen, viel menschliche Mißachtung erduldet hatte und eine runde Woche aus einem Hafenspeicher in den anderen gewandert war, fand er schließlich auf jenes berühmte Schiff zurück, mit dem er erst vor so kurzer Zeit und unter so vielen Ehren in die Alte Welt gereist war. Aber jetzt verbarg man ihn vor den Lebenden; man ließ ihn in seinem geteerten Sarg tief in den schwarzen Laderaum hinunter. Und wieder begab sich das Schiff auf seine weite Reise. Es fuhr nachts an der Insel Capri vorbei, und seine Lichter, die langsam im dunklen Meere versanken, erschienen, wenn man sie von der Insel aus sah, traurig und trüb. Doch dort, auf dem Schiff, in den hellen, im Glanze der Kronleuchter und des Marmors strahlenden Sälen, fand diese Nacht wie gewöhnlich ein üppiger Ball statt.

Ein Ball fand auch in der zweiten und dritten Nacht statt – wieder mitten in einem tobenden Schneesturm; der Ozean heulte gleich einem Begräbnischor und bäumte sich zu Bergen, die Trauerflor aus silbernem Schaum trugen. Der Teufel, der von Gibraltar, vom steinernen Tor zweier Welten, herab, das Schiff verfolgte, während es in Nacht und Sturm hinausfuhr, vermochte vor lauter Schnee seine zahllosen feurigen Augen kaum zu erkennen. Der Teufel war riesenhaft wie ein Felsen, noch riesenhafter als er aber war das Schiff mit den vielen Decks, mit den vielen Schornsteinen, das stolze Werk des Neuen Menschen mit seinem alten Herzen. Der Sturm rüttelte an seinen Masten, an seinen breitmündigen, vom Schnee weißen Schornsteinen, aber das Schiff widerstand, war fest, ehrfurchtgebietend und unheimlich. Auf seinem obersten Deck ragten einsam im wirbelnden Schnee jene behaglichen, schwach erleuchteten Räume, wo, in einen hellhörigen, nervösen Schlummer versunken, der massige Führer thronte gleich einem heidnischen Gott über dem Schiff. Er hörte das schwere Heulen der Sirenen, ihr wütendes, vom Sturm halb ersticktes Aufkreischen, aber er beruhigte sich mit der Nähe dessen, was, letztlich unerklärlich für ihn selbst, nebenan hinter der Kabinenwand war: der Nähe jener großen, gleichsam gepanzerten Kammer, die sich in einem fort mit geheimnisvollem Summen erfüllte, mit dem Flackern und trockenen Flüstern von blauen Blitzen, die aufflammten und um einen blassen, mit einem metallischen Halbreif über dem Kopf wachenden Funker herum zerbarsten. Ganz unten, im unterseeischen Bauch der »Atlantis«, schimmerten mit ihrem matten Stahl, dampfzischend und siedendes Wasser und Öl verlierend, die Hunderte von Zentnern schweren Kolosse der Kessel und vielerlei anderer

Maschinen, kurz jener Küche, die, aus der Tiefe herauf durch höllische Feuerschlünde zum Glühen gebracht, die Fortbewegung des Schiffes bewirkte, brodelten in ihrer Geballtheit furchterregende Kräfte, die sich bis unmittelbar in den Kiel, in einen unendlich langen, von schwachem elektrischem Licht erhellten Tunnel fortpflanzten, wo sich mit einer die menschliche Seele bedrückenden Gleichmäßigkeit die riesige Welle in ihrem öligen Lager drehte, gleich einem lebenden Ungeheuer, das sich in diesem Tunnel streckte wie in einem unterirdischen Schlund.

Der Mittelpunkt der »Atlantis« aber, die Ball- und Speisesäle, strahlten Licht und Heiterkeit aus, summten von den Gesprächen einer geputzten Menge, verströmten den Duft frischer Blumen, sangen und klangen von der Musik des Streichorchesters. Und wieder wand sich gequält, gelegentlich aneinandergerissen wie im Krampf, in dieser Menge, im Glanz der Lichter, Seiden und Brillanten, im Glanze nackter Frauenschultern das schmale und biegsame Paar der für Geld engagierten Verliebten: das sündhaft-bescheidene, hübsche Mädchen mit den gesenkten Wimpern und der unschuldsvollen Frisur und der junge Mann, wohlgewachsen, mit schwarzem, wie angeklebtem Haar, blaß von Puder, in hocheleganten Lackschuhen, in langschößigem, knappem Frack, ein Schöntuer, einem riesigen Blutegel ähnlich. Und niemand wußte, daß dieses Paar längst müde war, sich zu den Klängen der schamlos-schwermütigen Musik mit seiner vorgetäuschten seligen Qual zu quälen, und daß tief, sehr tief unten, auf dem Boden des dunklen Laderaums, ein Sarg stand, unweit des düsteren, glutheißen Schoßes des Schiffs, das sich mit Mühe durchzusetzen versuchte gegen die Nacht, gegen den Ozean, gegen den Sturm. (1915)

Nachwort

Thomas Mann hat ihn bewundert, André Gide bezeichnete ihn enthusiastisch als den »wohl größten russischen Schriftsteller dieses Jahrhunderts«, und Maxim Gorkij war es, der im Jahr 1912 neidlos bekannte: »Er schreibt heute eine derartige Prosa, daß es nicht übertrieben ist, wenn man von ihm sagt, er sei der beste Stilist unserer Zeit.« 1933 wurde er mit dem Nobelpreis geehrt – als erster Russe: Iwan Alexejewitsch Bunin.

Doch als er 83jährig in Paris starb, nach langen Jahren des Exils, wurde sein Tod von der literarischen Kritik fast mit Erstaunen registriert. Es war still geworden um ihn in den letzten Jahren, er war beinahe vergessen. Dennoch haben wohl alle, die einmal von seinen Novellen begeistert waren, von *Mitjas Liebe*, von *Suchodol* oder vom *Herrn aus San Francisco*, niemals daran gezweifelt, daß eines Tages eine neue Generation mit dem gleichen Entzücken und der gleichen Trauer Bunins Erzählungen verschlingen wird wie einst seine Zeitgenossen. Die Zeit ist da! Nach der Wiederentdeckung des Novellisten Tschechow, davon bin ich überzeugt, ist die Zeit reif für eine Wiederentdeckung des Erzählers Iwan Bunin.

Seine Gedichte sind heute vergessen, seine Romane verblaßt – aber lebendig und gegenwärtig sind seine Erzählungen, sie machen ihn zu einem bedeutenden Novellisten nicht allein der russischen, sondern der Weltliteratur. Man muß schon zu Tschechow, zu Turgenjew oder zu Maupassant greifen, um seinen Rang als Erzähler zu bestimmen. Es sind immer ungewöhnliche Geschichten, obwohl sie doch nichts weiter als den Alltag auf dem Lande in Rußland beschreiben; aber sie fangen immer die Augenblicke der Exaltation ein. Bei Tschechow das Verrinnen der Zeit, die Langeweile, die großen Pausen; die Explosionen der Seele finden unter der Oberfläche statt, und nur die Worte sind es, die das Beben seismographisch registrieren. Bei Bunin brechen diese Explosionen auf, nicht selten auf eine betont melodramatische Weise, und seine erzählerische Faszination besteht darin, das Syndrom aus Schuld und Verstrickung und Hörigkeit (und darum geht es bei ihm zumeist) in seinen psychologischen Verästelungen und – sieht man genauer hin – auch in seinen gesellschaftlichen Ursachen aufzuzeigen. Und es ist die Zeit, die er einbringt in seine Geschichten, die stärker ist als alle Menschenkraft, als alle Menschengewalt; die verändert und zerstört, die in Bunins pessimistischer Sicht zum Synonym des Verfalls wird.

Zeitlebens war er der Dichter des Dorfes, er beschrieb mit einer Genauigkeit und Anteilnahme (wie keiner vor ihm) das Leben der leibeigenen Bauern und der verarmten Gutsbesitzer, der kleinen Adligen und der Kleinbürger – das Unglück waren für ihn die Städte, das Geld, das Laster, die aufkommende Technik. Er wehrte sich dagegen. Er tauchte ein in die Vergangenheit, in die Erinnerung, ein russischer Proust: auch er auf der Suche nach der verlorenen Zeit. Seine Bücher lassen sich nur lesen als ein Werk der Erinnerung, das ist wahr, aber sie haben nichts gemein mit dem alten sentimentalen Rußland, wie es uns auch heute noch von manchen Memoirenschreibern aufgetischt wird, nichts von Popen und Zwiebeltürmen, von Offizieren und Hofbällen, von deutschen Administratoren und französischen Gouvernanten, keine Versatzstücke der zaristischen Welt – das ist vorbei. Auch für ihn. Er beschreibt die Zwanghaftigkeit eines Systems, in dem die Armen die noch Ärmeren ausbeuten, die Schwachen die noch Schwächeren unterdrücken. Ganz Rußland ist für ihn ein Dorf, in dem Angst und Tristesse, Armut und Unterdrückung zu Hause sind und in dem die Bewohner ausgeliefert sind ihren Leidenschaften und dem Leid, hauptsächlich aber dem Leid. »Ich sehe Menschen lieben, ich sehe Menschen sterben«, schrieb er damals, »und dies alles, um der Welt nur etwas Glück abzutrotzen.« Dieses Glücksverlangen beschrieb Bunin, unabhängig von den herrschenden Ideologien.

Bunin war in der Philosophie Solowjows und Rosanows aufgewachsen, man könnte sagen, in der Welt eines frühen christlichen Existentialismus, gar nicht weit entfernt von Kierkegaard: die Demut wie das Demütige, das Leid wie das Mit-Leiden, das Schuldig-Werden und das Schuldig-Sein, das waren Grundbefindlichkeiten seiner Figuren. Die Kraft zur Veränderung fanden sie nicht; doch durch die Intensität, mit der Bunin ihr Duldertum ausdrückte, sollte er den Leser erschüttern und damit auch aktivieren. Man denke nur an die Erzählung *Ein schönes Leben*, die als ein herausragendes Beispiel für den kritischen Realismus zwischen Tolstoj und Gorkij gelten kann. So konnte es geschehen, daß einige in Bunin einen »christlichen Nazarener« sahen; andere, vor allem marxistische Exegeten, entdeckten in der Beschreibung der armen Bauern und Leibeigenen seine Kritik am kapitalistischen System. Gorkij hat früh die Ambivalenz im Werk Bunins gesehen. Er bewunderte seinen Stil, die Ästhetik seiner Prosa, aber es schmerzte ihn, daß ein Mann von solchem Talent sich in der reinen Beschreibung von Zuständen erschöpfte. Er hatte Bunin einige Male nach Capri eingeladen, konnte ihn jedoch nicht zum kritischen Aufklärer – als der er sich selbst verstand – bekehren; er wußte wohl, daß Bunin sein Erbe, die Herkunft aus dem Adel, niemals würde verleugnen können. Er verglich Bunin ebenso treffend wie respektvoll mit »einem Popen, der angestrengt und voller Trauer seiner eigenen Klasse die Totenmesse liest«.

Bunin wurde zum Lieblingsautor der liberalen Intelligenzia der Vorrevolution. Die Narodniki zogen mit seinen Büchern aufs Land, sie führten ihn als Kronzeugen an für das Elend in den Dörfern. Aber in seinen Büchern war weniger Kritik an den gegenwärtigen Zuständen als die Sehnsucht nach einer unwiederbringlichen Vergangenheit. Bunin war viel im Ausland gereist, und seine scharfe soziale Kritik galt meist den Zuständen im Ausland, so etwa in *Tschangs Träume*, so in *Der Herr aus San Francisco*, so in *Brüder*. Mit 39 Jahren wurde er bereits zum Ehrenmitglied der Russischen Akademie der Wissenschaften gewählt, eine ungewöhnliche Auszeichnung für einen Schriftsteller. Die literarischen Monatshefte rissen sich um seine Erzählungen. In den Salons wurde er diskutiert wie Jahrzehnte vorher die lyrische Prosa von Turgenjew. Die Revolution im Jahre 1917 bedeutete für ihn weniger jene erwartete »große Veränderung« als den Einsturz aller Werte, die Herrschaft des Nihilismus (die er ebenso wie Dostojewskij fürchtete und bekämpfte), des Antichrist. Er ist vor ihr geflohen, zuerst nach Odessa auf eine Datscha, dort hielten sich die Weißen, unterstützt von englischen Interventionstruppen, bis 1920; Bunin ging ins Exil nach Paris.

Man hat das heute vergessen, aber damals waren einige der besten russischen Schriftsteller in den Westen gegangen, Wjatscheslaw Iwanow und Valerij Brjussow, Sinaida Hippius und Dimitrij Mereschkowskij, Andrej Belyj und Vladimir Nabokov, auch Ilja Ehrenburg und Maxim Gorkij. Einige kehrten später wieder zurück. Bunin wäre von dem neuen Regime mit offenen Armen empfangen worden; ein paar bittere Sätze gegen die Revolution hätte man ihm verziehen. (Auch der Graf Alexej Tolstoj wurde in Gnaden aufgenommen.) Aber Bunin blieb in Paris. Mit dem alten russischen Reich war auch seine literarische Welt zusammengebrochen. Das wußte er. Er hatte den Verfall geahnt und gespürt, er hatte ihn beschrieben, unnachahmlich, mit solcher Beschwörung, Kraft und Suggestion, als ob er damit die Zeit und den Verfall aufhalten wollte. Er lebte zurückgezogen in Passy, im 16. Arrondissement von Paris, er saß an einem grünbezogenen Schreibtisch, während der aufkommende Großstadtverkehr um sein Haus flutete, und beschwor noch einmal das stille Rußland, die Kindheit in einem Dorf bei Woronesch, die Reisen über Land, Petersburg, die vereiste Newa, die nebelverhangenen Straßen. Als er 1933 den Nobelpreis erhielt, wurde er für eine kurze Zeit in das Licht der Weltöffentlichkeit gerückt; Journalisten kamen in sein Haus, Fotografen, Kollegen, die ihn beglückwünschten. Aber das alles interessierte ihn nicht mehr. Für seinen autobiographischen Roman *Arssenjews Leben* (eine deutsche Übersetzung erschien 1934 unter dem Titel *Im Anbruch der Tage*) hatte er als Motto gewählt: »Ungeschriebene Dinge und Taten versinken ins Dunkel und fallen dem Vergessen anheim, geschriebene aber werden beseelt .... « In *Arssenjews Leben*, der Chronik seiner Kindheit, der Chronik seiner Einsamkeit, hatte er das noch einmal versucht. Nach dem ersten Buch brach er ab. Es gab keine Fortsetzung für ihn. Die Bilder der Gegenwart wurden mächtiger als jene der Vergangenheit. Einem Interviewer bekannte der 72jährige im Kriegsjahr 1942: »Wofür und für wen soll man schreiben? Die Welt geht zugrunde.«

Nach dem Tod Stalins, in der Tauwetter-Ära, wurde Bunin durch eine mehrbändige Werkausgabe in der Sowjetunion rehabilitiert; mehr, er wurde damit in den Rang eines »modernen Klassikers« gehoben. Kein Geringerer als Alexander Twardowskij, der Solschenizyn-Entdecker, hat die Einleitung dieser Ausgabe verfaßt. Östliche Kritiker sind aber auch heute noch sehr schnell mit dem Urteil bei der Hand, Bunin habe *nach* seiner Emigration nichts Wesentliches mehr geschrieben. Ein Urteil, das freilich einer genaueren Prüfung nicht standhält. Es sei nur an *Mitjas Liebe* (1924) erinnert, an den *Prozeß des Fähnrichs Jelagin* (1925), an *Natalie* (1941). In den Erzählungen der dreißiger und vierziger Jahre mag man vielleicht jene Sinnenhaftigkeit der frühen Arbeiten vermissen, den dunklen Rausch der Sprache, die Motive des Verfalls. Bunin verzichtet jetzt bewußt auf Psychologismus, auch auf die Beschreibung der Ursachen. Seine Sprache wird härter, bruchstückhafter; die Situationen werden schärfer konturiert. Wir fragen nicht mehr, warum das so geschieht; wir wissen: es geschieht. Die Psyche ist für den Autor nicht länger mehr überschaubar, die Motive nicht mehr allein rational erklärbar. Überhaupt liefern seine Geschichten keine Lösungen mehr, sie geben keine Antworten. Das ist es, was sie zunächst etwas spröde macht. Bis wir entdecken, daß dies gerade ihr ungewöhnlicher Reiz ist (auch ihre Modernität), dieses Immer-wieder-Abbrechen, dieses Vertropfen von Zeit, das Versickern der Gefühle, dieses Verstummen, das Fragmentarische, das voller Geheimnis bleibt und uns doch nicht ratlos zurückläßt, eher nachdenklich, meditativ ... Es ist die Sprache der Erinnerung, der evozierten Bilder, die Sprache der Nostalgie. Freilich, sie trinken mit Vorliebe Champagner, die *décadents* jener Zeit, sie bestellen Kaviar und Porter und ein Flakon Eau de Cologne, bevor sie sich eine Kugel in die Brust jagen; sie fahren im Samtpolster der ersten Klasse zu der Geliebten auf die Krim, und wenn sie dem Laster anheimfallen, dann werden aus ihnen gleich Wüstlinge ... Der späte Bunin erzählt davon und unterhöhlt es auch schon: »Immer ist es so? – Ist es wirklich so?« zweifelt er bereits an den Konventionen. Er erzählt Geschichten, ungewöhnliche Geschichten, ein vitaler, tiefgründiger Erzähler – mit einem Touch von Boulevard. So wie er es selbst zu Beginn der Novelle *Der Prozeß des Fähnrichs Jelagin* sagt: »Einerseits sieht die Sache sehr einfach aus, aber andererseits stellt sie sich recht kompliziert dar, erinnert sogar an einen Boulevardroman ... und gleichzeitig könnte sie den Stoff für ein tiefgründiges literarisches Kunstwerk liefern.« Das ist der ganze Bunin. Das müßte ihm auch und gerade heute eine neue Lesergemeinde zuführen.

München, im Januar 1973 Horst Bienek

Alexander Solschenizyn

Das Rote Rad
Zweiter Knoten

November sechzehn

Roman. Aus dem Russischen von Heddy Pross-Weerth.
1986. Ca. 1200 Seiten. Leinen

»Mit ›November sechzehn‹ schafft Solschenizyn eine wahrhaftige Enzyklopädie des russischen Lebens vor der Revolution, ein tiefgründiges Porträt, in dem sich Weltgeschichte und Liebesgeschichten begegnen. Er läßt vor unseren Augen das Rußland von 1916 wiedererstehen, eine Gesellschaft, die durch verantwortungslose Demagogie zerrüttet wird, ein Volk, schon halb verblutet durch einen Krieg, der um der schönen Augen der Allierten willen geführt wird, und dennnoch durch seine Arbeitsliebe noch tief mit der Wirklichkeit verwurzelt ...«

Georges Nivat, L'Express

»Ist das wirklich ein Roman? Ja, ein Werk, das gigantisch und stürmisch ist wie unsere Epoche. Es enthält eine wunderbare Liebesgeschichte, einen Roman im Roman. Vielleicht hat Solschenizyn sie geschrieben, um seinen Kritikern zu beweisen, daß er auch das kann, vielleicht weil er sie schon lange in sich trug, vielleicht um zu zeigen, daß Schönheit und Zärtlichkeit auch dann bestehen können, wenn die ganze Welt dem Irrsinn verfallen scheint.«

Georges Suffert, Le Point

Russische Literatur

Wassilij Aksjonow
Defizitposten Faßleergut

Novelle mit Übertreibungen und Traumgesichten.
Aus dem Russischen von Thomas Reschke.
2. Aufl., 7. Tsd. 1985. 98 Seiten. Serie Piper 115

Faßleergut soll per Lastwagen ins Depot der nächsten Kreisstadt befördert werden. Wie einst Gogols berühmte Troika rast der Wagen in wildem Zick-zack tage- und nächtelang über Land, während Fahrer und Fahrgäste gammeln und träumen – es ist eine Fahrt ins Unbekannte, ins Land der Verheißung, wo der »gute Mensch« ihrer Träume auf sie wartet.

»Dieses ebenso übermütige wie hintersinnige Prosastück ist eine rare Ausnahmeerscheinung innerhalb der zeitgenössischen Sowjetliteratur.«
Süddeutsche Zeitung

Jurij Trifonow
Der Tausch

Aus dem Russischen von Alexander Kaempfe und Helen von Ssachno.
1986. 87 Seiten. Serie Piper 79

Trifonows Erzählung liegt ein Nichts an Handlung zugrunde: der Tausch einer Wohnung, womit in psychologisch ungemein präziser Form die Analyse einer Ehe beginnt, die sich als Lebenslüge entpuppt. Der Prozeß dieser Entlarvung geht lautlos vor sich – es gibt keine dramatischen Höhepunkte, keine Scheidung, so daß auch die Katastrophe unsichtbar bleibt. Schicksal heißt hier: Alltag, Wiederholung, Zustand gegenseitiger Vortäuschungen – vor dem Wohnungstausch noch mit gnädig geschlossenen Augen, danach im vollen Besitz der inneren Sehkraft. Damit aber wird eine Allgemeingültigkeit erreicht, die Trifonows Erzählung den Rang des Meisterhaften verleiht. Selten ist die gegenseitige emotionale Abnutzung präziser geschildert worden.

Fjodor M. Dostojewski

Aufzeichnungen aus einem Totenhaus und drei Erzählungen

Übertragen von E. K. Rahsin. 4. Aufl., 12. Tsd. 1976.
863 Seiten. Leinen und Leder

Gesammelte Briefe 1833–1881

Übersetzt, herausgegeben, kommentiert und mit einem Nachwort versehen von Friedrich Hitzer. 1986. 410 Seiten. Serie Piper 466

Die Brüder Karamasoff

Roman in vier Teilen mit einem Epilog. Übertragen von E. K. Rahsin.
8. Aufl., 108. Tsd. 1977. 1303 Seiten. Leinen und Leder
(Auch in der Serie Piper 402 lieferbar)

Die Dämonen

Roman. Übertragen von E. K. Rahsin. 15. Aufl., 93. Tsd. 1985.
1031 Seiten. Leinen (Auch in der Serie Piper 403 lieferbar)

Der Doppelgänger

Frühe Romane und Erzählungen. Übertragen von E. K. Rahsin.
3. Aufl., 9. Tsd. 1976. 918 Seiten. Leinen und Leder

Der Idiot

Roman. Übertragen von E. K. Rahsin.
Mit einem Nachwort und einer Zeittafel von Ilma Rakusa.
16., im Anhang veränderte Aufl., 106. Tsd. 1983. 983 Seiten. Leinen
(Auch in der Serie Piper 400 lieferbar)

Der Jüngling

Roman. Übertragen von E. K. Rahsin.
1986. 919 Seiten. Leinen
(Auch in der Serie Piper 404 lieferbar)

Fjodor M. Dostojewski

Onkelchens Traum
Drei Romane. Übertragen von E. K. Rahsin. 2. Aufl., 7. Tsd. 1970.
1002 Seiten. Leinen

Rodion Raskolnikoff
Schuld und Sühne. Roman. Übertragen von E. K. Rahsin.
11. Aufl., 71. Tsd. 1975. 763 Seiten. Leinen
(Auch in der Serie Piper 401 lieferbar)

Sämtliche Erzählungen
Übertragen von E. K. Rahsin. 6. Aufl., 49. Tsd. 1984. 528 Seiten. Geb.
(Auch in der Serie Piper 338 lieferbar)

Sämtliche Werke in zehn Bänden
Übertragen von E. K. Rahsin. 1980. 9223 Seiten.
(Leinen und Leder in Kassette)

Der Spieler
Späte Romane und Novellen. Übertragen von E. K. Rahsin.
3. Aufl., 12. Tsd. 1974. 783 Seiten. Leinen
(Auch in der Serie Piper 507 lieferbar)

Tagebuch eines Schriftstellers
Übertragen von E. K. Rahsin. 3. Aufl., 9. Tsd. 1977. 666 Seiten. Leinen

Anna Grigorjewna Dostojewski
Erinnerungen
Das Leben Dostojewskis in den Aufzeichnungen seiner Frau.
Herausgegeben von René Fülöp-Miller und Friedrich Eckstein.
Aus dem Russischen übersetzt von Dmitri Umanski.
3. Aufl., 21. Tsd. 1980. 426 Seiten; 26 Fotos. Leinen

PIPER